Buch

Will Bertholds Bericht über den Zweiten Weltkrieg ist eine erschütternde Dokumentation, die wahrheitsgetreue Darstellung vieler bekannter und unbekannter Ereignisse der Jahre 1939–45. In erzählenden Passagen gelingt es dem Autor höchst eindringlich, die Atmosphäre jener blutigen Epoche zu beschwören. Er stützt sich dabei auf Augenzeugenberichte, Tagebücher, Regiments- und Divisionschroniken sowie auf zeitgeschichtliche Werke namhafter internationaler Autoren.

Dieser Band, der erste einer Trilogie, schildert den Feldzug in Polen, den Angriff von U 49 unter Kapitänleutnant Prien auf die im Hafen von Scapa Flow vor Anker liegende Home Fleet, den Wahnwitz von Narvik im nördlichsten Norwegen, wo unausgebildete Gebirgsjäger als Fallschirmspringer eingesetzt wurden, die Eroberung des belgischen Sperrforts Eben Emael aus der Luft, Rommels Maas-Übergang bei Dinant, Dünkirchen, das für die Deutschen zum Sinnbild von Sieg und Niederlage wurde, und den Zusammenbruch Frankreichs nach einem Krieg von sechs Wochen.

. . . und Autor

Will Berthold, 1924 in Bamberg geboren, wurde als achtzehnjähriger Abiturient zur Wehrmacht eingezogen. Er überlebte den Fronteinsatz im Osten und schlug sich 1945 aus dem belagerten Berlin nach Westen durch. Aus der Kriegsgefangenschaft entlassen, war er nacheinander Hilfsarbeiter, Pressevolontär und Werkstudent, wurde dann Mitarbeiter der »Süddeutschen Zeitung« in München und lebte später als freier Schriftsteller in München, Rom und Ascona. Ausgedehnte Reisen führten ihn in die Vereinigten Staaten, nach Kanada und nach Israel.

Berthold schrieb über dreißig Romane und Sachbücher sowie ein Dutzend Spielfilme und zeichnete als Autor wie als Regisseur einer Reihe von Fernsehdokumentationen. Seine Bücher wurden in vierzehn Sprachen übersetzt.

Eine Übersicht über die als Goldmann-Taschenbücher erschienenen Werke Will Bertholds finden Sie am Schluß dieses Bandes.

Will Berthold

Inferno I

Die ersten Blitzsiege

Originalausgabe

Wilhelm Goldmann Verlag

Made in Germany · 5/82 · 1. Auflage · 1.–25. Tsd.

Umschlagentwurf: Atelier Adolf & Angelika Bachmann, München
Gesamtherstellung: Mohndruck Graphische Betriebe GmbH, Gütersloh
Verlagsnummer: 6414
Lektorat: Martin Vosseler · Herstellung: Gisela Ernst
ISBN 3-442-06414-7

Inhalt

Der Polenfeldzug

Die Sonne brennt vom Himmel, als ginge es nicht auf den Herbst zu. An diesem späten Augusttag 1939 verwandelt die drückende Hitze das mit deutschen Soldaten vollgepfropfte Land ostwärts der mittleren und oberen Oder mit seinen Stromniederungen, Wiesengründen und Waldparzellen in ein riesiges Treibhaus, das ununterbrochen Gerüchte ausbrütet, aber sie verwelken noch schneller als das Laub, mit dem die jungen Panzersoldaten ihre Kampfwagen tarnen.

Ein Fahrzeug versperrt dem anderen den Weg. Die Soldaten mit den Milchgesichtern leben in Platznot, zusammengepfercht auf Stoppelfeldern, in Feldscheunen und in Kiefernwäldern, Einheiten ineinandergeschachtelt wie zum Beispiel die 46. Infanteriedivision und das Panzerregiment 35, die Waffengattungen durcheinandergemischt wie Pflaumen, Birnen und Äpfel beim »Schlesischen Himmelreich«, dem Stammgericht aus der Feldküche, das sie schon nicht mehr riechen können.

Die Verpflegung wurde üppiger, die Ausbilder, die ihre Gruppen vor kurzem noch geschliffen hatten, daß ihnen das »Wasser im Arsch kochte«, freundlicher, und selbst die Offiziere geben sich ansprechbar. »Und das«, sagt Kudritzki, der fixe Junge aus Essen, »läßt darauf schließen, daß es nun doch bald Krieg geben wird.«

»Wie's kommt, so kommt's«, erwidert der sommersprossige Haselmann, »Hauptsache, wir brauchen keine Gewehrgriffe mehr kloppen.«

»Und diesen Polen gehört längst das Maul gestopft«, schaltet sich Kienbaum, der Offiziersanwärter und frühere HJ-Gefolgschaftsführer, ein. »Von mir aus kann's morgen schon losgehn.«

Aber morgen ist wie heute und übermorgen wie vorgestern.

Nichts ändert sich.

Vorläufig kämpfen die Soldaten mehr gegen Verdauung und Fliegenschwärme. Die meisten Angehörigen dieser Panzerpionierkompanie haben sechs Monate Arbeitsdienst und zwei Jahre Wehrdienst hinter sich. Sie wären reif für die Entlassung, aber daran ist nicht zu denken, denn der Führer macht Geschichte.

Das Land zwischen den Karpaten und den Masuren ist ein einziges feldgraues Heereslager: In Ostpreußen macht sich die 3. Armee bereit, mit der 4., die aus Pommern hervorbrechen wird, in den Korridor einzufallen und von dort gemeinsam weiterzumarschieren. Im Süden bereiten die 8., die 10. und die 14. Armee in Mittel- und Oberschlesien und der Slowakei den Angriff vor. Ihre beiden Panzerdivisionen sollen im Kriegsfalle über die Weichsel vorstoßen und bis Warschau heranpreschen.

Die voll betankten und munitionierten Kampfwagen stehen herum wie gestrandete Schiffe, von ihren Besatzungen mit den Augen gehütet, als könnte sie einer stehlen. Nebenan werden Waffenappelle veranstaltet und Splittergräben ausgehoben, alles ziemlich pomadig, kein Druck, keine Schikane mehr. Ein paar Hitzköpfe sabbern vom Krieg, den sie noch nicht kennen. Die meisten haben die sechs Tage, die sie hier schon herumlungern, abstumpfen lassen. Erst am Abend klopfen sie wieder einen Skat, und wenn es gegen Mitternacht etwas abkühlt, werden sie wieder über ihre Mädchen sprechen.

Sie liegen im Aufmarschgebiet der 10. Armee, nur wenige Kilometer von der polnischen Grenze entfernt, zu der sie aufschließen werden, sowie der Befehl ergeht, in die Bereitstellungsräume einzurücken, und zwar so stumm und unauffällig wie möglich, damit die Polen nicht vorzeitig gewarnt werden. Die Bevölkerung ist aus den Grenzdörfern evakuiert. Ihr Vieh wird von Spezialkommandos der Wehrmacht versorgt. Die Soldaten leben wie am Ende der Welt, wo es keine Zivilisten und schon gar keine Weiberröcke gibt, in einer Art chaotischer Ordnung. Ausgangssperre für alle. Die einzige Abwechslung ist das Essen, und das ist eintönig, reichlich und phantasielos.

»Wieder Eintopf«, mault der Gefreite Haselmann und deutet

angewidert auf die riesigen Behälter, in denen das Essen angeschleppt wird.

»Erbsen mit Schweinebauch«, erwidert Kienbaum, der Zakkige.

»Und dabei muffelt ihr schon wie die Waldesel«, schaltet sich Feldwebel Sagorski ein. Er mischte sich unter die Männer seines Zuges und winkte schon von weitem ab, bevor einer »Achtung!« rufen konnte. Er hat ein breites, gutmütiges Gesicht, das schnell umschlagen kann, denn er, der Zwölfender, der schon in Spanien dabei war, hat mitunter unberechenbare Wutanfälle. Es gibt Schlimmere als ihn; Sagorski ist nicht unbeliebt. Die jungen Vaterlandsverteidiger drängen sich um ihn wie Küken um die Henne, denn seine Erfahrung stammt nicht von Platzpatronen.

»Hülsenfrüchte«, stellt Haselmann verächtlich fest, »die Trompeten des kleinen Mannes.«

»Möchten Sie lieber Eisbein mit Sauerkohl, Haselmann?« fragt Sagorski.

»Jawohl, Herr Feldwebel.«

»Dann schnappen Sie sich einen Wagen und zwei Mann und kommen Sie mit mir.«

Ein paar gluckern schadenfroh, andere beneiden den Gefreiten und seine Kumpels Kudritzki und Kienbaum um die Abwechslung, denn der Kübelwagen, mit dem sie losbrausen werden, fährt bestimmt nach hinten, in die Etappe, wo es Kneipen, Kinos und Kellnerinnen gibt. Es spricht sich herum, daß Sagorski, der wieder einmal beweist, in Spanien mehr gelernt zu haben, als zu töten oder sich totschießen zu lassen, irgendwo spottbillige Marketenderwaren organisieren will. Vielleicht ist es nur eine Latrinenparole, aber jedenfalls kommen Kudritzki, Kienbaum und Haselmann ein paar Stunden weg vom großen Haufen, von Skat und Mief und Thema eins.

Thema eins sind die Frauen. Ein unerschöpfliches Gebiet für Männer in rauher Zahl, erstens reizvoll, zweitens Ersatzbefriedigung, und zum dritten ist die sexuelle Freiheit die einzige, die man den jungen Soldaten läßt, sofern sie die Sanierungsvorschriften einhalten.

»Falle«, sagt Sagorski, als die drei außer Hörweite sind. »Kein Eisbein, keine Marketenderwaren.« Er grinste einen Moment schadenfroh: »Ich wollte nur nicht, daß die anderen etwas spannen.« Er spricht wie der große Zauberer, der die weiße Taube aus dem Zylinder flattern läßt: »Ich suche Freiwillige für einen Geheimeinsatz.«

»Es gibt also Krieg«, entgegnet Kudritzki.

»Was weiß ich«, erwidert der Feldwebel. »Bin ich Jesus?« Er bietet Zigaretten an. »Ich suche Kerle«, lockt er. »Keine Weichmänner.«

»Alles klar«, antwortet Kienbaum. »Und vielen Dank, daß Sie auf uns gekommen sind, Herr Feldwebel.«

»Na ja«, Sagorski grinst anzüglich und deutet auf das Leistungsabzeichen der Hitler-Jugend in Silber auf der Feldbluse des Offiziersanwärters: »Sie wollen ja nicht ewig mit diesem Dingsda auf der kahlen Heldenbrust herumlaufen.«

»Jawohl, Herr Feldwebel«, versetzt der Hundertprozentige stramm und wird rot.

Sie fahren los.

»Wohin eigentlich?« fragt Haselmann.

»Fragen stelle ich«, erwidert Sagorski und setzt, nicht gerade logisch, hinzu: »Zunächst nach Kreuzburg. Dort melden wir uns bei Leutnant Leimer. Schon mal was gehört von dem Mann?«

»Nein, Herr Feldwebel«, antworten alle drei.

»Ein Draufgänger«, erklärt Sagorski. »Kalt wie eine Hundeschnauze. War mit ihm bei der ›Legion Condor‹ zusammen.«

»Müssen wir uns nicht bei der Kompanie abmelden, Herr Feldwebel?« fragt Kienbaum.

»Nicht nötig«, entgegnet Sagorski. »Ich hab' eure Freiwilligenmeldung der Einfachheit halber gleich unterschrieben.«

Zunächst sieht es aus, als würden sie nie ans Ziel kommen; sogar die Feldwege sind noch verstopft. Mit der 1. und 4. Panzerdivision wird die 10. Armee im Falle eines Angriffs die Speerspitze des 16. Korps sein, und das heißt, daß sie zu den bestausgerüsteten Verbänden der Wehrmacht gehört. Immer wieder stehen die Männer vom Fußlappengeschwader um die Panzer I – die ihre Zwei-Mann-Besatzungen selbst »Sardinen-Büchsen« nennen – herum und bestaunen sie, als wären sie noch aus Pappe und Leinwand wie bei den früheren Manövern der Reichswehr, wo sie wie Zirkusattrappen gehandhabt worden waren.

Die sechs Tonnen schweren, schwachgepanzerten Kampfwagen sind im Grunde nicht viel mehr als fahrbare MG-Stände. Mit ihnen ist nicht viel Krieg zu machen, aber sie stellen unter den 3195 Stahlkästen mit dem Balkenkreuz am Turm fast die Hälfte aller Kampfwagen dar. Ihr Ruf ist nicht der beste. Beim Einmarsch in Österreich ist jeder dritte Panzer I ohne Feindeinwirkung ausgefallen, aber für diese Polen mit ihren müden Gäulen wird's ja wohl reichen, trösten sich die Besatzungen.

Zwischen flachwelligen Hügelketten sind Artilleriestellungen angelegt. Aus niedrigen Fichtenwäldchen ragen die Antennen gepanzerter Spähwagen hervor. Es dunkelt schon, bis die drei in Kreuzburg ankommen und sich zur Kaserne durchfragen.

»Merkt euch, ihr Anfänger«, sagt Feldwebel Sagorski, »nichts ist so eilig, daß es nicht noch eiliger werden könnte. Und mit leerem Bauch kommt man nicht weit.«

Sie landen in der Kantine. Eisbein gibt es nicht, dafür aber Schmorbraten, sogar mit Salzkartoffeln, die bei der großdeutschen Wehrmacht dem Sonntag vorbehalten sind.

Kudritzki kommt auf einmal mit einem Kochgeschirrdeckel, randvoll mit Schnaps, an.

»Saufen im Dienst?« sagt Sagorski streng. »Lassen Sie sich nicht erwischen!« Er nimmt ihm das Blechding aus der Hand und genehmigt sich ein paar ordentliche Schlucke. Aus den Augenwinkeln verfolgt er eine pralle Rothaarige, die Zigaretten und belegte Brötchen verkauft.

»Rothaarig und geil«, stellt Kienbaum fest, »sonst aber nicht besonders.«

»Blödmann«, kontert Sagorski gut gelaunt. »Sie können sich den Rotfuchs ja schönsaufen.« Er greift wieder nach dem Kochgeschirrdeckel, als wollte er damit beginnen.

»Wie war denn das in Spanien?« riskiert Haselmann eine

Lippe.

»Heiß«, antwortet der Feldwebel, »und staubig.«

»Und die Mädchen?«

»Oben toll«, entgegnet der Portepeeträger und grinst. »Und unten zugenäht.«

»Zugenäht?« fragt Kudritzki, um ihn zum Weitersprechen zu ermuntern.

»Jedenfalls hast du dir dort unten leichter 'nen Kopfschuß geholt als 'nen Tripper«, öffnet Sagorski den prallen Sack seiner Erfahrungen.

Die Rote an der Kasse macht Schluß. Sie setzt sich an den Nebentisch und zündet sich einen Glimmstengel an.

»Die deutsche Frau raucht nicht«, riskiert Sagorski als Annäherung.

»Stimmt«, erwidert sie und bläst Wölkchen in die Luft. »Sie treibt's auch nicht«, setzt sie hinzu, »und schon gar nicht mit Ihnen, Herr Feldwebel.«

Sagorski zeigt, daß er unerschrocken ist wie ein Mann, der dem Feind die abgezogene Handgranate zurückwirft: »Keine Zeit«, brummelt er. »Außerdem sind Sie nicht mein Fall, verdrossene Dame.« Er gibt seinen Begleitern einen Wink sitzenzubleiben und steht auf; es wird ja auch Zeit, sich beim Einsatzleiter zu melden. »Und dann halten die Blonden, was die Roten versprechen«, sagt er und hat einen gelungenen Abgang.

Nach zwanzig Minuten kommt er zurück. »Wir sind hier ganz falsch. Hoffentlich finden wir das Kaff«, sagt er und starrt auf die Generalstabskarte.

Das Kommandounternehmen Leimer ist im Schulhaus eines grenznahen Ortes untergebracht. Als sie sich bei dem Leutnant melden, stellt sich heraus, daß der Feldwebel einen Freiwilligen zu viel mitgebracht hat: Ein Offizier und neunundzwanzig Mann sind gefragt. Und keiner mehr.

Einer muß zurück.

Sie knobeln.

Kudritzki verliert. Er kann den Kübelwagen gleich zu seiner Einheit zurückfahren, auf Umwegen natürlich, denn das weiß selbst ein Anfänger, daß man beim Barras die Feste feiern muß, wie sie fallen.

Als erste Auszeichnung erhalten die Helden auf Vorschuß einen Händedruck des Einsatzleiters. Leutnant Leimer ist groß, hager; sein eingefallenes Gesicht wirkt unterernährt, und unterernährt ist offensichtlich auch seine Gefühlswelt.

»Nun hört mal gut zu, Herrschaften«, beginnt er. »Geheime Kommandosache. Wenn ich euch eröffnet habe, um was es geht, gibt's kein Aussteigen mehr. Ich will aber nicht unfair sein«, fährt er fort. »Ihr habt fünf Minuten Zeit, es euch zu überlegen.« Er unterbricht sich kurz: »Zigarettenpause.«

Manche schaffen zwei Glimmstengel in diesen fünf Minuten, aber keiner tritt zurück, der eine oder andere vielleicht nur, weil ihm der Mut fehlt, ein Weichmann zu sein.

Nach der Pause entrollt der Leutnant an der Tafel eine vergrößerte Generalstabskarte. »Es handelt sich um die Bunker von Lublinitz«, erläutert er. »Sie stehen gleich hinter der Grenze.« Sein Stab wandert auf der Karte entlang: »Ungefähr hier. Keine sehr tolle Befestigungslinie, aber sie steht dem Vormarsch unserer Panzer im Weg. Wir haben den Auftrag, diese Scheißdinger rechtzeitig auszuräuchern, mit Flammenwerfern, Rauchgranaten, geballten Ladungen, Handgranaten, Haftladungen und so weiter«, betet er seine unchristliche Litanei herunter. »Sie sind ja alle ausgebildete Sturmpioniere und kennen das Programm.« Er unterbricht sich kurz, wartet vergeblich auf Einwände und fährt dann fort: »Wenn wir diese Bunker knacken – und das werden wir –, können unsere Panzerspitzen ungehindert weiterrollen, Tschenstochau umfahren und«, der Zeigestab wandert weiter, »hier bei Radamsko über die Warthe setzen und dann gleich bis Warschau durchbrechen. Einverstanden?« fragt er.

»Jawohl, Herr Leutnant«, brüllen sie im Chor begeistert, als hätten sie die Bunker schon in die Luft gejagt.

»Haben Sie noch Fragen?« sagt der Einsatzleiter und sieht seine Leute an. Er ist sicher, daß er sie gebrauchen kann, denn sie wurden von ihren Einheiten vorgeschlagen und nicht nur nach der Parole: »Hart wie Kruppstahl, zäh wie Leder, flink wie

Windhunde« gedrillt, sondern darüber hinaus auch noch im Knacken von Betonbunkern ausgebildet.

»Wann soll denn der Einsatz stattfinden, Herr Leutnant?« fragt Kienbaum.

»Das weiß keine Sau«, antwortet der Offizier. »Jedenfalls eine Minute, bevor das große Remmidemmi losgeht. Wir schleichen uns schon Stunden zuvor an die Bunker 'ran, schleppen an Waffen und Munition mit, was wir nur tragen können, erledigen unseren Auftrag, und dann ist für uns der Polenfeldzug auch schon gelaufen.«

»Der Einsatz findet also schon vor der Kriegserklärung statt?« fragt Haselmann naiv.

»Das ist doch der Witz an der Sache«, erwidert Leutnant Leimer. »Sie haben's erfaßt, Mann.«

»Und wenn die uns schnappen?« fragt der sommersprossige Junge weiter.

»Erstens ziehen wir uns Windblusen über die Uniform, zweitens färben wir uns die Gesichter schwarz. Und dann gilt für das ganze Kommando-Unternehmen das elfte Gebot«, zitiert der junge Offizier. »Du sollst dich nicht erwischen lassen.«

Sie lachen geschlossen, auch wenn sie nichts zu lachen haben werden.

»Noch Einwände?« fragt Leimer.

»Kein Einwand, Herr Leutnant«, entgegnet Kienbaum. »Nur 'ne Frage: Wie kommen wir dann aus dem Schlamassel wieder heraus?«

»Von selbst«, versetzt der Offizier. »Mensch, Sie haben siebenundfünfzig deutsche Divisionen im Rücken. Meinen Sie, daß die den Angriffsbefehl verschlafen?«

»Und wenn sie aufgehalten werden?« fragt der Gefreite Haselmann.

»Mensch, Haselmann«, schaltet sich Sagorski ein, »Sie sind doch so gut im Verpissen. Sie hauen sich in Deckung und warten, bis Ihnen der Kommandeur zu Ihrer Heldentat gratuliert.«

»Jawohl, Herr Feldwebel«, brüllt der Junge mit den Sommersprossen, und sie freuen sich alle, als stünde ihnen eine KdF-

Reise bevor.

»Noch etwas, Herrschaften«, sagt der Leutnant: »Wir halten Funkstille. Während des ganzen Einsatzes herrscht absolutes Redeverbot. Ich möchte kein Wort hören. Kein Niesen und kein Rülpsen, keinen Fluch und noch nicht mal 'nen Furz. Das ist doch wohl klar?«

»Jawohl, Herr Leutnant!«

Feldwebel Sagorski stellt die letzte Frage, als er mit dem Kommandoführer allein ist: »Die Polen haben doch sicher Vorposten um ihre Befestigungsanlagen aufgestellt?«

»Anzunehmen«, erwidert Leimer. »Die müssen wir natürlich erledigen. Lautlos, Sagorski«, erklärt er, »Messerarbeit. Arschbacken zusammenkneifen und daran denken, was diese Polakken unseren armen Volksdeutschen alles antun.«

Die Freiwilligen des Zwangs werden in zwei Trupps eingeteilt; den ersten wird Leimer selbst führen, den zweiten übernimmt Sagorski. Sie lernen den Weg auf der Generalstabskarte auswendig, prägen ihn sich ein, gehen ihn hundertmal und kommen immer wieder lebend zurück. Sie haben Zeit. Sehr viel Zeit, denn nichts rührt sich in diesen heißen Augusttagen, die den Verstand einzutrocknen drohen. Sie haben Munition gefaßt, Waffen und Sprengmaterial, halten ihr Räuberzivil griffbereit. Sie klopfen Skat, und sie klopfen Sprüche, sie schimpfen über den Fraß und schlagen sich den Wanst voll.

Und dann kommt Leutnant Leimer, ganz gemächlich, wie auf eine Plauderstunde. »Quasselt euch auf Vorrat aus, Sportsfreunde«, rät er. »Heute nacht geht's los.«

Am Nachmittag hat Adolf Hitler in der Berliner Reichskanzlei den »Fall Weiß« ausgelöst.

Hinter dem lapidaren Funkspruch »X-ZEIT: 26. AUGUST 39, 4 UHR 30« verbirgt sich die erwartete Gewißheit, daß der Führer das Polen-Problem gewaltsam lösen will.

Funker hauen in die Tasten. Melder flitzen hin und her. Panzer werden angeworfen. Staub wird aufgewirbelt, vereinigt sich zu einer Hunderte von Kilometern langen Wolke. Panzer rumpeln in die frontnahen Bereitstellungen. Der Wald nordöstlich von Oppeln saugt sich mit Infanteristen voll wie ein Schwamm mit Wasser.

Im Aufmarschgebiet des 16. Armeekorps rings um die Kreisstadt Rosenberg rückt Einheit für Einheit in die geplanten Bereitstellungsräume. Es dauert Stunden, und die Vollzugsmeldungen bleiben irgendwo hängen. Das Telefonnetz bricht zusammen. Der Funkverkehr bleibt eingeschränkt, um den Feind nicht vorzeitig zu warnen. Häufig kommen die Befehle nicht durch. Die Kommandeure wetzen selbst los, um ihre Einheiten einzuweisen, in der Zwischenzeit sind sie natürlich nirgends aufzufinden.

Die 46. Infanteriedivision schließt im Südabschnitt dicht zur Grenze auf. Ihre Spitzen können die polnischen Patrouillen auf der anderen Seite mit bloßem Auge sehen. Die Staffeln der deutschen Luftwaffe rücken aus ihren hinteren Einsatzhäfen auf Behelfsflugplätze auf. Die Besatzungen fluchen um die Wette. Keine Vorbereitung, die Tankwagen sind weiß Gott wo. Nicht einmal Splittergräben wurden angelegt, und kein Mensch weiß, wie die Bomben herangekarrt werden sollen.

Es geht drunter und drüber. Alles ist improvisiert. Und der alberne Befehl, sich so unsichtbar wie möglich zu machen, schluckt Zeit. Aber irgendwie klappt es doch, wenn auch oft erst in letzter Stunde. Mit Hunderttausenden von Statisten bereiten die deutschen Generale eine nie dagewesene Masseninszenierung vor: den Blitzkrieg.

Der Stoßtrupp Leimer wird in einem Laster, mit einer Plane vor den Blicken Neugieriger abgeschirmt, von Lotsen durch die Bereitstellungsräume der 46. ID geschleust. Schon Stunden vor dem Einsatz erreicht das Himmelfahrtskommando die Absprungstelle an der Grenze. Gut getarnt warten die Männer unmittelbar vor dem Stacheldraht die Dunkelheit ab. Sie haben sich die Windblusen übergestreift und die Gesichter schwarz angestrichen. An zwei Stellen schneiden sich die ersten mit Scheren vorsichtig durch den Stacheldraht.

Leimer erreicht an der Spitze die andere Seite, sondiert, winkt dem Mann hinter ihm, der sofort durch das Loch robbt. Der nächste, der übernächste, der fünfte, der sechste.

Einer hinter dem anderen – ein Gänsemarsch der Wölfe.

Der Leutnant sieht auf die Uhr: In fünf Minuten muß in etwa 800 Meter Luftlinie das Ablenkungsmanöver einsetzen: eine Schießerei. Noch vier, noch drei, noch eine Minute.

Fast auf die Sekunde hämmert ein MG los.

Handgranaten werden abgezogen. Scheinwerfer flammen auf. Die wilde Schießerei erleichtert das stumme Einsickern.

Der erste Trupp hastet im geschlossenen Sprung vorwärts. Feldwebel Sagorski sichert mit seinen Männern, schiebt sich langsam nach. Die Verwegenen schleppen schwer an ihrer Last. Sie atmen keuchend und befehlswidrig, aber ihre Lungen trotzen der Order.

Pferdegetrampel.

Sie hauen sich in Deckung. Ihre Silhouetten verweben sich mit den Schatten der Nacht. Eine polnische Reiterpatrouille galoppiert an ihnen vorbei, so nah, daß ihnen der Sand in die Augen fliegt. Ein Schimmel bäumt sich auf und wiehert. Dann endet der Spuk. Die Männer rappeln sich hoch und ziehen weiter.

Leutnant Leimer sieht wieder auf die Uhr. Im Wettlauf mit dem Kriegsausbruch liegt er blendend in der Zeit. Er gönnt seinen Leuten eine kurze Rast; dann treibt er sie wieder an. Sie sind jetzt schon drei Kilometer tief nach Polen eingedrungen. Sie wagen kaum aufzutreten. Haselmann stolpert, fällt auf das Gesicht und flucht halblaut. Sagorski tritt ihn in den Hintern und reißt ihn hoch.

Weiter.

Noch drei Kilometer. Ein Wassergraben. Ein Hund bellt in einem einsamen Gehöft. Irgendwo randalieren ein paar Betrunkene. Dann ist es wieder so still, daß man den eigenen Atem hört. Schnaufend sichert der Leutnant nach allen Seiten. Es ist jetzt weit nach Mitternacht; er wird sein Ziel pünktlich erreichen. Genau nach Plan – und doch fünf Tage zu früh.

Der junge Haudegen hat keine Ahnung, was sich hinter ihm, jenseits der Grenze, abspielt.

Die Angriffsspitzen waren längst noch nicht alle in ihren Bereitstellungen, als völlig überraschend kurz nach 20 Uhr, zunächst beim Generalmajor der Luftwaffe und Fliegerführer z. b. V. Wolfram von Richthofen - er hat unter einem Dach mit dem Oberbefehlshaber der 10. Armee, General Walter von Reichenau, in Schloß Schönwald bei Rosenberg, nur zehn Kilometer vom Grenzübergang Grunsruh entfernt, Quartier bezogen - die Meldung eingeht, daß der »Ostmarkflug« abgesetzt sei. Es kann nur bedeuten, daß der Kriegsausbruch morgen früh nicht stattfindet.

Der General handelt sofort. Er läßt seine vorgerückten Staffeln und Gruppen durch verschlüsselte Funksprüche, durch improvisierte Feldleitungen und noch zusätzlich durch Melder von der überraschenden Wendung verständigen. Die Luftwaffe hat bereits zu dieser Zeit eine eigene, sehr gut eingespielte Nachrichtentruppe. Nach aufregenden Stunden weiß Richthofen, daß seine fliegenden Nahkampfverbände im Morgengrauen nicht starten werden.

»Na, mein Lieber, dann werden wir morgen die Schlacht wohl ohne Luftwaffe schlagen müssen«, sagt der Oberbefehlshaber der 10. Armee zu dem Fliegerführer. General von Reichenau hat der Anhaltebefehl nicht erreicht. Er läßt seine Truppen weiter vorrücken, denn Heer ist Heer, Luftwaffe ist Luftwaffe, und Befehl ist Befehl.

Um 21 Uhr 30 rollen noch immer Panzer an die Grenze. Erst eine Stunde vor Mitternacht wird die 10. Armee vom OKW verständigt, daß auch für sie der Überfall auf Polen vorläufig ausfällt. Reichenau muß die Kriegsmaschine anhalten. Das ist leichter befohlen als getan. Dutzende von Meldern schwirren aus, um die Kommandeure zu verständigen. Einheit nach Einheit kann von der Liste abgehakt werden, aber in den Bergen der Tatra rollt ein motorisiertes, einsames Regiment auf die Polen zu. Die Funkverbindung ist ausgefallen. Melder kommen zu spät. Wenn nicht in letzter Minute noch ein Wunder geschieht, wird ein einziges Regiment gegen die gesamte polnische Armee antreten.

Der Ia setzt sich in einen »Fieseler-Storch«, kurvt in den Bergen herum, landet mit dem letzten Sprit gerade noch rechtzeitig auf einer schmalen, staubigen Straße zwischen der Grenze und der Kolonne. Im ersten Moment sieht es aus, als würde das Fahrzeug an der Spitze das unerwartete Flugzeug rammen.

Macht es schon Schwierigkeiten, die regulären Verbände noch anzuhalten, so ist es fast unmöglich, die schon während der Nacht eingedrungenen Kommandotrupps zu stoppen. Einige werden von Meldern noch zurückgeholt. Aber von der Slowakei aus ist ein Stoßtrupp unterwegs, um einen wichtigen Eisenbahntunnel auf polnischem Gebiet zu sichern.

Die Männer halten sich nicht so pedantisch an die Uhrzeit wie weiter nördlich Leutnant Leimer. Im Handstreich nehmen sie den Tunnel, durch den Stunden später der Nachschub für die Panzer und motorisierten Verbände rollen soll.

Plötzlich kommt der Befehl, ihn unverzüglich aufzugeben. Sie schlagen sich zu den deutschen Linien zurück, bevor die Polen zum Gegenstoß antreten – aber sie sind jetzt gewarnt und jagen den Tunnel in die Luft.

Leutnant Leimer ist am Ziel.

Die Bunker sind schon in Sicht. Sagorski wird den linken nehmen, er den rechten. Zuvor muß er noch die Feldwachen erledigen. Er übernimmt die Dreckarbeit selbst, setzt zu einem Hechtsprung an.

Im gleichen Moment, da er sich auf den Mann am MG stürzen will, erhebt sich der Wachtposten zufällig. Er läßt den Angreifer ins Leere laufen. Durch das Geräusch alarmiert, kommt der Pole an die Waffe, bevor der Leutnant wieder auf den Beinen ist, und feuert einen Warnschuß ab.

Leutnant Leimer springt ihn an, reißt ihn zu Boden, setzt ihm das Messer an die Kehle – und dann ist der Teufel von der Kette.

Scheinwerfer flammen auf. Die Lichtarme vereinen sich, und dagegen helfen auch keine schwarzen Gesichter. Ein Leutnant und 29 Mann liegen auf dem Präsentierteller: Agenten, Saboteure, Spione. Durch kein Kriegsrecht geschützt – außerdem herrscht ja noch Friede.

Sagorski, der perfekte Soldat, sieht, daß er in der Falle sitzt. Kein Ausweg mehr, und so will er sein Leben so teuer wie möglich verkaufen. »Zielansprache. Dreihundert Meter links!« brüllt er. »Ein MG-Nest«, fährt er Kienbaum an. »Los! Die drehen wir durch den Wolf!«

Sie folgen dem Feldwebel mechanisch, wie auf dem Kasernenhof, gelernt ist gelernt: Einer springt, einer schießt.

Querschläger zischen ihnen um die Köpfe, aber sie kommen voran. Noch 70 Meter, noch 40. Sagorski zieht die Handgranate, springt hoch. In diesem Moment erfaßt ihn die MG-Garbe, zersägt ihn in zwei Teile.

Haselmann sieht es und haut sich in die Erde. Feuerstöße fetzen über ihn hinweg. Handgranaten krepieren. Der Gefreite ist geblendet, aber irgendwie schafft er es, sich im Gebüsch zu verkriechen. Der Schweiß rinnt von seiner Stirn. Er will sie mit dem Handrücken abwischen, da merkt er, daß es Blut ist. Dann sieht er, daß sich auch die Windbluse rot färbt, und begreift erst jetzt, daß es ihn erwischt hat.

Während der Gefreite darauf wartet, daß sie ihn aufstöbern und ihm den Fangschuß geben, muß er dem Untergang seiner Kumpels zusehen. Es wimmelt jetzt von Polen. Sie kommen aus den Wäldern und aus Bunkern. Sie stellen fest, daß die Angreifer unter den Windblusen deutsche Uniform tragen. Der Haß schießt hoch wie eine Stichflamme. Zu dritt greifen sie Kienbaum, den Offiziersanwärter.

Sie lehnen ihn gegen einen Baum, legen auf ihn an.

»Das könnt ihr doch nicht machen«, brüllt er. »Ihr Schweine, das ist gegen das –« Weiter kommt Kienbaum nicht. Die Polen schießen ihn in Fetzen.

Drei, vier Mann entkommen zunächst, werden verfolgt und auf der Flucht erschossen. Leutnant Leimer sieht auf der anderen Seite, daß er keine Chance mehr hat. Wie ein gefangener Skorpion tötet er sich selbst: Er setzt die Pistole an die Schläfen, drückt ab, er will den Polen nicht lebend in die Hände fallen.

Es macht keinen großen Unterschied. Sie töten, was ihnen vor den Gewehrlauf kommt, ob die Männer nun die Hände heben, verwundet sind oder versuchen, aus der Falle zu entkommen. Es gibt keine Überlebenden, bis auf den kleinen Haselmann, der noch immer unentdeckt in einem Dickicht liegt, aber verbluten muß, wenn er nicht schleunigst Hilfe erhält.

Leutnant Leimer und seine Männer sind die ersten Toten eines Krieges, der noch gar nicht ausgebrochen ist.

In Berlin kauerten in diesen bleiernen Stunden die Minister der Reichsregierung so bewegungslos auf ihren Sesseln wie die Infanteristen in den zur polnischen Grenze vorgeschobenen Dekkungslöchern. Im Palais Göring klingelte der heiße Draht, die Direktverbindung zur Reichskanzlei.

»Ich habe«, sagte Hitler zu seinem ersten Paladin, »die ›Operation Weiß‹ verschoben.«

»Endgültig?« fragte der Oberbefehlshaber der Luftwaffe hastig.

»Nein«, erwiderte sein Führer, »ich will nur versuchen, ein Eingreifen der Engländer zu vermeiden.«

Göring war erleichtert. Der Aufschub gab ihm Zeit, über seine schwedischen Verbindungen mit den Briten zu verhandeln.

Den Angriffsstopp in letzter Stunde hatte Benito Mussolini durch die Mitteilung ausgelöst, daß die italienische Armee noch längst nicht kampfbereit sei. Hitler nahm sie unwillig zur Kenntnis.

Einen endlosen, heißen Sommer lang hatten alle vom Frieden geredet, aber er war ausgelaugt, stranguliert, am Ende. Es war, als hätte der Krieg Europa geschwängert und als müßte täglich mit einer Sturzgeburt des Infernos gerechnet werden – wie im Vorjahr während der Sudetenkrise. Die Stimmung war gespannt, aber irgendwie setzten die meisten darauf, daß Hitler auch das Polen-Problem unblutig lösen könnte.

Von einer Minderheit gewählt, war er an die Macht gekommen. Fraglos hatte er nach seinen ersten sechs Regierungsjahren die absolute Mehrheit der Deutschen hinter sich gebracht. Die

Arbeitslosigkeit war beseitigt und der unsinnige und ungerechte Vertrag von Versailles Punkt für Punkt revidiert worden. Statt Reparationen für den Ersten Weltkrieg zu bezahlen, rüstete der Diktator für den zweiten - zunächst heimlich, dann offen. Die Wiedereinführung der allgemeinen Wehrpflicht. Die Rheinlandbesetzung. Der Blumenfeldzug in Österreich. Das Abkommen von München, bei dem die Engländer und Franzosen, die Tschechen und Slowaken opfernd, zu Hakenkreuze gekrochen waren.

Drei Millionen Sudetendeutsche kehrten heim ins Reich. Die Begeisterung der Massen für ihren Führer näherte sich dem Siedepunkt. Er wurde vergötzt, nicht, weil er mit dem Feuer gespielt, sondern weil er - wie sie fälschlich annahmen - durch sein diplomatisches Geschick den Kriegsausbruch verhindert hatte. Daß die Alliierten des Ersten Weltkriegs dem Diktator immer wieder den Bruch internationaler Abkommen erlaubten, während sie seinen demokratischen Vorgängern, den so geschmähten Erfüllungspolitikern, jede noch so kleine Erleichterung und Korrektur abgeschlagen hatten, war ihre unübersehbare Teilschuld am Zweiten Weltkrieg.

Hitler, der Hasardeur und Heuchler, hatte bereits am 5. November 1937 bei einer Geheimbesprechung in der Reichskanzlei seinen bestürzten Generalen eröffnet, daß die Erweiterung des deutschen Lebensraums nur durch eine konsequente Eroberungspolitik zu erreichen sei, weshalb unverzüglich der Krieg im Osten vorbereitet werden müsse. In der Öffentlichkeit spielte er - trotz aller Drohgebärden - den Staatsmann, der in schier übermenschlicher Anstrengung um den Frieden rang. Die Generale mußten schweigen, und die Bevölkerung fiel auf die verlogenen Friedensbeteuerungen herein.

Im Gegensatz zu 1914 fehlte den Deutschen dieses Mal jede Kriegsbegeisterung. Nach knapp 25 Jahren war ihnen der Erste Weltkrieg noch in zu schmerzlicher Erinnerung. Hitler war gezwungen, seine Volksgenossen langsam an die Katastrophe heranzuführen.

»Im Vorjahr hatte er einen Versuch gemacht«, beschreibt der

französische Autor Raymond Cartier die Situation, »den er in diesem Jahr nicht zu wiederholen wagte: die Parade einer Panzerdivision in Berlin. Er hatte einen Sturm der Begeisterung erwartet, aber das Resultat war nur Niedergeschlagenheit. Drei Stunden lang waren Panzer durch die Hauptstadt gerollt, inmitten einer schweigenden Menge; es war, als zöge eine feindliche Armee in eine eroberte Stadt ein. Hitler, der auf dem Balkon der Reichskanzlei die Parade abgenommen hatte, warf sich anschließend in seinem Arbeitszimmer in einen Clubsessel und beschimpfte das deutsche Volk - genauso, wie er sechs Jahre später, besiegt und sterbend, am gleichen Ort das deutsche Volk beschimpfte - das er verführt und entehrt hatte.«

Mit den Worten »Peace for our time« hatte sich der britische Premierminister Neville Chamberlain für seine Unterwerfung von München entschuldigt - Hitler bemerkte bei seiner Rückkehr nach Berlin zu seinen SS-Wachen: »Der Kerl hat mich um meinen Einzug in Prag gebracht« - aber sechs Monate später mußte der »Mann mit dem Regenschirm und dem langen, dünnen Hals« (Raymond Cartier) erkennen, daß er keinen »Frieden für unsere Zeit« erreicht hatte: Der Usurpator war nach Erfüllung der »letzten territorialen Forderung, die er an Europa zu stellen hatte« durch die Zerschlagung der tschechoslowakischen Republik erneut vertragsbrüchig geworden.

»Die Zugeständnisse, die Frankreich und Großbritannien Hitler in München gemacht hatten«, schreibt in seinem Buch »Blitzkrieg« der britische Autor Len Deighton, »ließen ihn zu der Überzeugung kommen, daß er die Schraube seiner territorialen Forderungen ruhig noch etwas stärker anziehen könne, ohne einen Krieg mit den Ländern jener Politiker befürchten zu müssen, die er geringschätzig ›alte Kaffeetanten‹ nannte.«

Einige Anzeichen sprachen dafür, daß Hitler endgültig den Bogen überspannt hatte und das Ende der verhängnisvollen Apeasement-Politik gekommen war. Großbritannien führte die allgemeine Wehrpflicht ein und garantierte erstmals Warschau die Existenz des polnischen Staates. Der britische Generalstab kalkulierte die Dauer des drohenden Krieges auf drei Jahre.

Während in Paris der Defätismus umging (»Mourir pour Danzig?«), richtete sich die Insel auf eine mörderische Zukunft ein: An die Bewohner nichtunterkellerter Häuser wurden Schutzbehälter verteilt; die zwei Meter hohen, splittersicheren Stahlkästen, von denen 2,5 Millionen benötigt wurden, waren im Garten oder auf Hinterhöfen zu vergraben. Gleichzeitig ordnete die Regierung die Massenfertigung billiger Pappmaché-Särge für künftige Opfer des Luftkriegs an. Eine ebenso vorsorgliche wie herzlose Bürokratie ließ in Erwartung der Bevölkerungsverluste eine Million Sterbeurkunden auf Vorrat drucken.

Die Franzosen, längst mit den Polen verbündet, begannen sich jetzt doch ihrer Verpflichtungen zu erinnern und zogen Reservisten ein. In ihren Schulen gab es ein neues Pflichtfach: Luftschutz. Am Himmel über Frankreich erschienen britische Bombergeschwader, um für die Waffenbrüderschaft zu demonstrieren.

Die gesteuerte deutsche Presse empörte sich einstimmig über die Provokation. Die eigenen Schritte an den Abgrund wurden nach der Sprachregelung von Propagandaminister Dr. Joseph Goebbels verniedlicht oder vertuscht: Kriegsvorbereitungen wurden Friedensbeschwörungen, die Mobilmachung in Wellen wurde als Reservistenschulung bezeichnet, der Aufmarsch an der polnischen Grenze als Sommerübung.

Während der Oberbefehlshaber der Luftwaffe, Hermann Göring, »Hermann Maier heißen wollte, wenn es einem Feindflugzeug gelänge, die Grenzen des deutschen Reiches zu überfliegen«, wurden dreizehn- bis vierzehnjährige Hitler-Jungen als Melder bei feindlichen Luftangriffen ausgebildet. Gauleiter besichtigten den in größter Eile errichteten Westwall; zwischen Aachen und Lörrach waren 22000 Betonbunker in einer Tiefe bis zu 50 Kilometern entstanden. Die »Siegfried-Linie« – so nannten die Engländer den Westwall, wurde in der deutschen Presse als uneinnehmbare Festung gefeiert; die Militärs freilich hielten ihn eher für ein Propagandabollwerk.

Am 22. Mai 1939 hatten Deutschland und Italien ein militärisches Beistandsabkommen geschlossen, den »Stahlpakt«. Während Hitler weiterhin den Frieden beschwor, wie ein Gaukler die Schlange, wurde die Wehrmacht auf eine Stärke von 102 Divisionen gebracht – die Reichswehr hatte vor sechs Jahren über zehn Divisionen verfügt. 1914 waren im deutschen Kaiserreich 25 Jahrgänge ausgebildeter Reservisten verfügbar gewesen; 1939 waren es nur fünf, und nur etwa die Hälfte der auf dem Papier stehenden Streitkräfte war voll einsatzfähig. Aber die neue Wehrmacht hatte als »Legion Condor« in Spanien Kriegserfahrung gesammelt und ihre Waffen erprobt, insbesondere das taktische Zusammenspiel von Flugzeugen mit Panzern, aus dem die Rezeptur der Blitzkriege entstehen sollte.

Die deutschen Generale hatten sich Hitler gegenüber fast geschlossen gegen den Krieg ausgesprochen, den sie ihm ermöglichten. Einige waren inzwischen abgesetzt oder in den Ruhestand befördert worden. Die meisten aber waren nicht so sehr gegen die blutige Auseinandersetzung selbst als vielmehr gegen den verfrühten Zeitpunkt, an dem sie ausgelöst werden sollte. Hitler ließ sich nicht von seiner Absicht abbringen, die Kriegsvorbereitungen gingen weiter, offen oder getarnt, gefährlich und mitunter auch lächerlich.

Durch die überstürzte Wiederaufrüstung und die Einberufung vieler Zivilisten waren Arbeitskräfte in Deutschland knapp geworden; eine staatliche Verordnung schaffte deshalb die Berufe der Hotelpagen, Türsteher, Bauchladenverkäufer und Eintänzer ab. Das »Reichsamt deutscher Kleingärtner« forderte in einem Erlaß die Blumenfreunde auf, neue Schrebergärten anzulegen, um die Versorgung der Bevölkerung mit Kartoffeln, Gemüse und Kleintieren sicherzustellen. Jede Hausgemeinschaft mußte insgesamt zwölf Luftschutzgeräte vorweisen; die Luftschutzwarte hatten die Volksgasmasken zu kontrollieren. Weniger sichtbare Kriegsvorbereitungen waren die soeben erfolgte Stiftung des »Mutterkreuzes« – ab dem vierten Kind – und die Gründung des »Lebensborns«, der die Zeugung lediger Kinder im gigantischen Ausmaß förderte; beide NS-Errungenschaften sollten den zu erwartenden Blutverlust ausgleichen.

Im August erreichte die Greuelhetze gegen Polen den Siedepunkt. Der Nervenkrieg droht zu einem Schießkrieg zu werden.

Am 19. schloß das Nachbarland den kleinen Grenzverkehr mit Deutschland. Eine Teilmobilmachung im Korridor, der Ostpreußen vom übrigen Reichsgebiet abtrennte, war längst erfolgt. Drohungen, Gegendrohungen, Greueltaten der Polen gegen eine Million Volksdeutscher in ihrem Land füllten seit Wochen den größten Teil der Nachrichtensendungen des Reichsrundfunks. Tagtäglich wurden mit sadistischer Ausführlichkeit Kinder mißhandelt, Frauen geschändet und Männer erschlagen. Es war nicht alles Lüge, was tönte. Die Polen – sie hatten sich im Vorjahr durch den Raub des Territoriums von Teschen am Ausverkauf der tschechoslowakischen Republik beteiligt – zeigten einen unbändigen Nationalstolz, der gelegentlich in Chauvinismus ausarten konnte. Dadurch war es nicht selten zu Gewalttätigkeiten und Exzessen gegen die deutsche Minderheit gekommen. Aber das Propagandaministerium des Dr. Joseph Goebbels übertrieb maßlos, machte aus angeblich 6000 Toten der antideutschen Pogrome 60000, aus jeder Ohrfeige einen Totschlag, aus jedem Fußtritt einen Mord.

Nacht für Nacht kam es jetzt im Korridor und im Grenzgebiet zu deutsch-polnischen Zusammenstößen und Schießereien. An der 2000 Kilometer langen Grenze fielen fortgesetzt Funken in ein Pulverfaß. Dabei hatte Hitler bereits 1934 mit dem Nachbarland einen Nichtangriffspakt geschlossen. Göring, der es schätzte, zur Jagd nach Polen zu fahren, ließ nach jedem Bock, den er geschossen hatte, die deutsch-polnische Freundschaft hochleben. Noch am 25. und 26. Januar 1939 war Warschau beim Besuch des deutschen Reichsaußenministers Joachim von Ribbentrop ein einziges Flaggenmeer mit vielen Hakenkreuzfahnen gewesen. Bei der Sudetenkrise hatten sich die Polen offen auf die Seite Hitlers gestellt, der sie kurze Zeit später mit seiner Forderung auf die Rückkehr der internationalisierten Stadt Danzig in das Reichsgebiet und exterritoriale Verkehrsstränge im Korridor verärgerte.

Die Propagandawalze war angeworfen worden. In Diplomatenkreisen kolportierte man die vertrauliche Äußerung des Diktators: »Polen erobere ich mit meinen motorisierten Verbänden in drei Wochen.« Die Polen fanden die Bemerkung lächerlich und sprachen ihrerseits von einer Schlacht bei Berlin, die sie mit ihren aus dem Korridor hervorbrechenden Reiterverbänden schlagen wollten. Das hielten auch die westlichen Verbündeten für Großsprecherei, aber der französische und englische Generalstab waren übereinstimmend der Ansicht, daß sich die polnische Armee ein halbes Jahr lang gegen die deutschen Invasoren halten könnte.

Inzwischen waren 57 Division, und damit fast alle aktiven Wehrmachtsverbände, an der polnischen Grenze zu einer, wie man auf beiden Seiten hoffte, »Operation Bluff« aufmarschiert. Hitler hatte der Luftwaffe versprochen, daß ein kriegsmäßiger Einsatz erst ab 1943 in Betracht käme und seiner Kriegsmarine sogar erst 1944. Der Westwall war nicht viel mehr als eine riesige Baustelle, und der Bombenvorrat deutscher Kampfflugzeuge reichte für genau 30 Tage.

An Rohstoffen war die Rüstung zu 25 Prozent bei Zink, zu 50 bei Blei, zu 70 bei Kupfer, zu 90 bei Zinn, zu 95 bei Nickel, zu 99 bei Bauxit, zu 65 bei Mineralöl und zu 80 bei Kautschuk von Einfuhren aus dem Ausland abhängig. Man hatte in aller Eile Vorratslager angelegt. Sie reichten bei Naturkautschuk für zwei, bei Magnesium für vier, bei Kupfer für sieben, bei Aluminium und Manganerzen für 19 Monate. Die Frage, wie Hitler unter diesen Umständen Krieg führen wollte, erhielt am 23. August 1939 eine furchtbare Antwort.

Großdeutschland und die Sowjetunion hatten sich verbündet. Die Welt stand kopf.

Stalin und Hitler, die Erzfeinde, Arm in Arm!

Rußland hatte am 18. April Großbritannien und Frankreich einen Dreierbund gegen Hitler angeboten und am 24. Juli einen entsprechenden Beistandsvertrag abgeschlossen. Er wurde jedoch nicht ratifiziert, weil die westlichen Alliierten der Roten Armee kein Durchmarschrecht durch Polen und Rumänien zugestehen wollten.

Während Stalin, Chamberlain und Daladier lustlos weiterverhandelten, erfolgte ein Blackout durch Partnertausch. Auf einmal standen die Nationalsozialisten und die Kommunisten, die man bisher wie Gift und Gegengift eingeschätzt hatte, in einer Linie.

Entsetzen in Polen, Verwirrung in Paris, Bestürzung in London, Erleichterung in Deutschland. Polen stand allein. Die Gefahr eines Zwei-Frontenkrieges schien gebannt, und die Russen würden künftig 52 Prozent ihrer gesamten Ausfuhr nach Deutschland liefern: monatlich 58545 Tonnen Mineralöl, 10625 Tonnen Phosphate, 6900 Tonnen Manganerze, 700 Tonnen Kupfer, 88877 Tonnen Getreide, 6104 Tonnen Baumwolle, 2624 Tonnen Ölkuchen und fast 100000 Tonnen Holz. Es war ein Gegengeschäft: Die Sowjetunion, die Hitler wirtschaftlich den Kriegsantritt ermöglichte, erhielt dafür deutsche Waffen – die nicht einmal zwei Jahre später auf die deutschen Eindringlinge gerichtet sein würden.

Der Diktator schickte sich an, den Schock der Alliierten auszunutzen, um über Polen herzufallen. »Diesmal wollte Hitler keinen neuen Blumenkrieg«, stellt der britische Autor Len Deighton fest. »Er wollte einen echten Krieg und einen militärischen Sieg in Polen. Doch er wollte Frankreich und England nicht in einen solchen Konflikt verwickeln.« Am Nachmittag des 25. August war an das Oberkommando der Wehrmacht der Angriffsbefehl für den kommenden Morgen, 4 Uhr 30, ergangen.

Stunden später war der Aufmarsch angelaufen. Göring hatte das Stichwort »Ostmarkflug« ausgelöst, und seine fliegenden Verbände rückten auf frontnahe Plätze auf. Von fünf deutschen Armeen, verteilt auf die Heeresgruppe Nord und Süd, gingen laufend Vollzugsmeldungen ein.

Dann kam Mussolinis Intervention, der Hitlers Angriffsstopp folgte; er glaubte noch immer nicht, daß die Franzosen und Engländer nach Abschluß des deutsch-sowjetischen Nichtangriffspaktes in den Krieg eintreten würden; er sah eine Chance, sie durch nichtssagende Versprechungen und hinhaltende Verhandlungen aus dem Konflikt herauszuhalten, und er hatte seinen Befehl zum Angriff widerrufen, als der Aufmarsch in die Bereitstellungen in vollem Gange war.

Europa hatte eine letzte Gnadenfrist: sechs Tage voller Hektik, Panik, Angst und Hoffnung. In Paris rotteten sich die Reservisten zusammen und tranken in den Straßencafés lärmend auf den Frieden. »Diese Narren«, quittierte der französische Premierminister Edouard Daladier die Demonstration, »wenn sie wüßten, was sie hochleben lassen!«

Am 26. August ließ der Politiker in einem Brief Hitler eine persönliche Botschaft überreichen; Daladier beschwor den »Führer« »von Frontkämpfer zu Frontkämpfer«, den Frieden zu erhalten, darauf hinweisend, daß Frankreich verständigungsbereit bleibe, aber im Kriegsfall seine Verpflichtung gegenüber den Polen einhalten müsse.

Am gleichen Tag erhielten die Schiffe der deutschen Handelsmarine von der Regierung den Befehl, in ihre Häfen zurückzukehren oder nicht auszulaufen. Gleichzeitig wurde der zivile Luftverkehr über Deutschland gesperrt. Am nächsten Tag schränkte die Reichsbahn ihren Fahrplan erheblich ein. Ab 28. August rollten von Frankreich aus keine Eisenbahnzüge mehr nach Deutschland. Wer – legal oder illegal – in das Nachbarland einreisen wollte, wurde an der Grenze zurückgewiesen.

Paris begann mit der Evakuierung der Schulkinder. Die Schweiz, Belgien und die Niederlande ordneten zum Schutz ihrer Neutralität eine Teilmobilmachung an. Deutschland führte die Bezugscheinpflicht ein.

Am 28. August wurde der britische Botschafter Neville Henderson bei Hitler vorstellig: Großbritannien bot ein letztes Mal seine guten Dienste an und erklärte sich bereit, Direktgespräche zwischen Deutschland und Polen zu vermitteln. Hitlers Antwort erfolgte einen Tag später und bestand aus erneuten Forderungen und neuerlichen Friedensbeteuerungen. Danzig und den Korridor bezeichnete er wieder einmal als seine »letzten territorialen Ansprüche«. Aber sein Gegenspieler fiel auf die heuchlerischen Zusicherungen nicht mehr herein.

Chamberlain, den der frühere Premierminister Lloyd George

als einen »Dummkopf« bezeichnet hatte, »ein nüchterner, ehrenhafter und sehr fleißiger Mann, mit der Mentalität eines Büroangestellten« (Len Deighton), war als Bürgermeister der Stadt Birmingham ein bewährter Kommunalpolitiker gewesen, der mehr oder weniger zufällig in die große Politik geschwemmt worden war und bei der Bevölkerung durch die Kürzung des Wehretats einigen Rückhalt gefunden hatte. Der alte Herr, der erstmals auf dem Weg nach München in einem Flugzeug gereist war, zeigte sich nunmehr ergrimmt über die Wortbrüche des braunen Diktators; noch erboster war er auf sich selbst, weil er auf einen politischen Betrüger hereingefallen war. Bedrängt von seinen eigenen Parteifreunden wie Winston Churchill, war er entschlossen, sich auf verbale Unverbindlichkeiten nicht mehr einzulassen.

Hitler, bestärkt von Ribbentrop, den der Diktator für einen »zweiten Bismarck« hielt, wiewohl er nur ein arroganter Sektverkäufer war, traute dem englischen Staatschef noch immer keine harte Haltung zu; er trieb sein altes Spiel weiter, erklärte sich bereit, einen polnischen Unterhändler zu empfangen, ließ ihn jedoch nicht vor und behauptete, von ihm versetzt worden zu sein.

»Als am 31. August die Sonne unterging, schien es noch eine winzige Möglichkeit für Verhandlungen zu geben«, schildert Raymond Cartier die Situation am Tag, an dem der Friede in der Agonie lag. »Hitler erklärte sich bereit, einen Bevollmächtigten Polens zu empfangen, nachdem Mussolini kurz zuvor eine internationale Konferenz zur Regelung aller europäischen Streitfälle vorgeschlagen hatte. In dieser Nacht schlief Europa ruhiger als in den vorangegangenen Nächten. Man war überzeugt, daß der kritische Punkt der Krise überschritten und der Friede noch einmal gerettet sei.«

Aber der selbsternannte Oberbefehlshaber der Wehrmacht hatte zu diesem Zeitpunkt den »Fall Weiß« zum zweiten Mal ausgelöst. Der Angriffsbefehl auf Polen war gegen 17 Uhr bei den militärischen Oberbefehlshabern eingegangen. In der Direktive Nummer 1, der ersten von 75, die er während des Zweiten Weltkriegs erlassen würde, hieß es: »Der Angriff gegen Polen ist nach den für den ›Fall Weiß‹ getroffenen Vorbereitungen zu führen mit den Abänderungen, die sich beim Heer durch den inzwischen fast vollendeten Aufmarsch ergeben. Aufgabenverteilung und Operationsziel bleiben unverändert. Angriffstag: 1. 9. 39.«

Während Europa vom Frieden träumte, waren die Terrorkommandos des SS-Sicherheitsdienstes bereits ausgeschwärmt, um Kriegsgründe zu liefern. Eine Meuchelschlacht mit verkehrten Fronten: Himmlers Mordtrupps trugen polnische Uniformen, die von der ahnungslosen Canaris-Abwehr besorgt worden waren. Die an den Schauplätzen gestellter Massaker herumliegenden Opfer waren ausnahmslos sorgfältig ausgesuchte KZ-Häftlinge, die man in deutsche Uniformen gesteckt hatte. Tote reden nicht, und so würde die internationale Presse auf die perverse Maskerade hereinfallen. Die Ungeheuerlichkeit lief unter dem Namen »Himmler-Plan«, die Leichen auf Abruf nannte man »Konserven«.

Am Vorabend des 1. September drang der damalige SS-Untersturmführer Alfred Naujocks mit schwerbewaffneten SD-Leuten in polnischen Uniformen in das Gebäude des grenznahen Reichssenders Gleiwitz ein. Das Rollkommando hatte den Auftrag, sich den Weg rücksichtslos freizuschießen und eine kurze Proklamation in polnischer Sprache auszustrahlen. Die Mitarbeiter der Sendestation waren nicht gewarnt und hielten Himmlers Gorillas für polnische Soldaten, sie setzten sich so gut zur Wehr, wie es ging. Der blutige Spuk hinterließ einen Toten und mehrere Verletzte. Diese kriminelle Inszenierung lieferte Hitler den letzten Vorwand zum Polenfeldzug, den er zunächst – getreu seiner heuchlerischen Sprachregelung – als Polizeiaktion deklarierte.

Sie sollte fünfeinhalb Jahre später mit 55 Millionen Toten saldiert werden.

Grelle Pfiffe schrillen von allen Seiten genau in dem Moment über den dichtgedrängten Bereitstellungsraum der 4. Panzerdivision, als der Gefreite Kudritzki einen angesagten Grand mit Dreien ausspielen will. »Scheiße«, sagt er, »da, seht mal her, drei Jungen.«

Aber weder Unteroffizier Meersmann noch sein Kumpel Wicht, noch der dicke Rambold und der hagere Lochner, der Kiebitz, interessieren sich für seinen verlorenen Gewinn. Schon vor der Befehlsausgabe ahnen die meisten der jungen Panzersoldaten, daß künftig der Krieg die Karten mischen wird.

»Auf los geht's los«, sagt Rambold, der immer große Schwierigkeiten hat, seinen mächtigen Hintern in den Panzer zu zwängen. »Alles ist besser als dieses Herumlungern.«

»Wart's ab«, erwidert Lochner altklug. »Nur schade, daß Feldwebel Sagorski abkommandiert ist.«

»Wirst doch kein Kindermädchen brauchen«, spottet Rambold. »Geht dir die Muffe, Kleener?«

»Leck mich am Arsch«, versetzt der Junge gereizt, aber der Bulle läßt es ihm durchgehen, vielleicht weil er selbst gemischte Gefühle hat. Seit sechs Tagen liegen sie nun schon in der Bereitstellung einen Kilometer hinter der Grenze. Seit sechs Tagen hat Kudritzki, den sie zurückschickten, nichts von Sagorski, Kienbaum und dem sommersprossigen Haselmann gehört. Einerseits ist er ihnen neidig, weil sie sicher was Tolles erleben, dann aber wieder ganz froh, dem Sonderunternehmen von der Schippe gesprungen zu sein. Es gibt sicher noch andere Gelegenheiten, sich im Krieg auszuzeichnen, vielleicht sogar dann, wenn man weiß, um was es geht, man kauft den Krieg nicht im Sack.

Die Männer fassen Proviant für drei Tage, Verpflegungszigaretten, Schnaps und Marketenderwaren reichlich. Jetzt, da die Offiziere zum Regimentskommandeur befohlen sind und die Unteroffiziere sich bereithalten müssen für eine anschließende Besprechung beim Kompaniechef, ist die Zeit der Ungewißheit vorbei.

Die Gewißheit werden sie im Morgengrauen kennenlernen.

Es ist kühler an diesem Abend als sonst, aber die Nacht, die sie in einem Holzschuppen verbringen, heizt ihnen ein. Eine Viertelstunde später ergeht Befehl, sich auf das Strohlager zu hauen und im Schnellverfahren zu schlafen. Das schaffen sie nicht. Es fallen ihnen Dinge ein, an die sie bisher wenig gedacht hatten: ungeschriebene Briefe, ungesagte Worte. Die Mütter sind auf einmal wichtiger als die Bräute. Die Soldaten schließen Wetten ab, wie lange sie bis zum Einzug in Warschau brauchen werden; Rambold tippt auf drei Tage, Kudritzki auf zwei Monate. Sie infizieren sich gegenseitig mit Mut, aber manches Großmaul hat die Hosen heimlich gestrichen voll. Die einen können nicht aufs Klo gehen, die anderen kommen von ihm nicht herunter.

Die Nacht ist laut und unruhig. Auf den E-Häfen veranstalten, schon Stunden vor dem Start, die Kuttenzwerge Probeläufe. Aus den Motoren schießen bläuliche Flämmchen. Die Luftschrauben wirbeln Staub auf, aber so viel Staub, wie man bräuchte, um die polnischen Augen blind zu machen, haben sämtliche 2000 Maschinen der Luftflotten 1 und 4, die morgen befehlsgemäß als erste am Feind sein werden, nicht. Die Munitionswarte sind froh, daß sie heute über Nacht die Bomben nicht ausladen müssen, wie bisher immer.

Das Wecken ist auf 3 Uhr 30 angesetzt, aber bis dahin ist jeder schon wach, verfolgt, wie die Infanteristen in Schützenreihe sich dicht an die Grenze heranschieben. Sie sind auf eine Tagesleistung von 35 bis 40 Kilometer trainiert. Der Feldzug vor dem Start wird ihnen Gewalttouren von 50 Kilometern mit feldmarschmäßigem Gepäck abfordern – freilich singen sie dann nicht mehr: »Infanterie, du bist die Krone aller Waffen.«

»Arme Schweine«, sagt Kudritzki. »Blasen an den Füßen, Dampf im Hirn und einen Wolf zwischen den Arschbacken.«

»Die ersten werden die letzten sein«, zitiert Meersmann grinsend. »Bei uns jedenfalls geht keiner zu Fuß, nicht mal der Küchenbulle . . .«

»Bei uns laufen höchstens die Filzläuse«, entgegnet Wicht, der sonst vor Mittag kein Wort herausbringt, fröhlich.

»Matrosen am Mast«, sagt der Spieß, der die Bemerkung des Gefreiten aufgeschnappt hat, »eure Sorgen möcht' ich haben.«

Das Regiment 35 hat eine Sollstärke von 164 Kampfwagen, die meisten davon »Sardinenbüchsen«, Pz-Kw I; es verfügt aber auch über Pz-Kw II, bereits mit Zwei-Zentimeter-Kanonen ausgerüstet, und der Stolz des Regiments sind drei Pz-Kw IV, 22,3 Tonnen schwere Kolosse mit 7,5-Zentimeter-Kanonen und vier Mann Besatzung: Fahrer, Funker, Kommandant und Richtschütze. Ihre Stahlplatten halten zumindest den leichten polnischen Panzerabwehrkanonen stand. Die Motoren saufen zwar viel Benzin, können sich aber theoretisch an jeder Tankstelle bedienen, und dieser letzte Schrei ihrer Waffengattung – ihr Offizierskorps wird zu 40 Prozent von abgesessenen Kavallerieoffizieren gestellt, die Reitergeist mitbringen – verfügt bereits über praktikable Notausstiege. Wie wichtig das ist, werden die Männer in den schwarzen Uniformen bald feststellen; dann nennen sie ihre unaufhaltsamen Vernichtungskästen »brennende Särge« oder »Witwenmacher«.

Alle Kampfwagen sind mit modernen Funkeinrichtungen versehen. Im Befehlswagen fährt der Kommandeur an der Spitze. Während in fast allen anderen Armeen 1939 Panzer als Hilfsmittel der Infanterie eingesetzt werden, sind sie bei der Wehrmacht nach dem Willen ihres Schöpfers und Einpeitschers, General Heinz Guderian – er führt das XIX. Korps der Heeresgruppe Nord an und verfügt zusätzlich über 278 recht gute tschechische Beutepanzer –, eine selbständige Waffengattung, die die Infanterie nur als Lückenfüller nutzt. Eine Armee innerhalb der Armee, mit eigener Artillerie, eigenen Panzerjägern, eigenen Pionieren, einem Nachrichtenbataillon und einer Aufklärungsabteilung.

Viel zu früh stehen sie an ihren Fahrzeugen und rauchen aus der hohlen Hand. »Ausgeschlafen?« fragt der Kompaniechef – früher ein bekannter Turnierreiter – leutselig und setzt tröstend hinzu: «Wenn's ordentlich ballert, werdet ihr schon wach.« Er zeigt, echt oder gespielt, beste Laune. »Und daß mir keiner unrasiert in den Krieg zieht.«

Von guter Morgenlaune kann bei den Kommandeuren der Luftwaffe keine Rede sein, vor allem im Nordabschnitt, wo die Erde mit einem dicken Dunstschleier überzogen ist. Die »Operation Wasserkante«, ein massierter Luftangriff auf Warschau, mit dem der Krieg beginnen soll, wird ausfallen, zumindest heute.

Zwar ist für den 1. September Sonnenschein angekündigt, die Bodennebel sollen sich auflösen, aber die uniformierten Wetterfrösche sind auch nicht unfehlbar, und Meteorologie ist die Lehre vom Zufall. Es ist fraglich, ob die bereitstehenden 648 Kampfflugzeuge, die 219 Sturzbomber, die 210 Jäger und die 30 Schlachtflugzeuge im Laufe des ersten Kriegstages überhaupt starten können. Auf dem Feldflughafen bei Elbing mosert ein Oberfeldwebel des Bodenpersonals: »Bei schlechtem Wetter findet der Krieg im Saale statt.« Er sieht seinen Staffelkapitän heranstapfen und meldet die drei Ju 87, die eine Viertelstunde vor der X-Zeit in den ersten Einsatz des Zweiten Weltkriegs gehen sollen, startklar: »Alles in Ordnung, Herr Oberleutnant.«

Bruno Dilley nickt, in Ordnung ist gar nichts, denn wenn dieser dichte Nebel nicht aufgekommen wäre, würden Fallschirmjäger im Handstreich diese verdammte Eisenbahnbrücke bei Dirschau nehmen. Sie ist für den deutschen Nachschub nach Ostpreußen unentbehrlich.

Von der Grenze aus, an der sich die 3. Armee bereitgestellt hat, sind es nur 200 Kilometer nach Warschau, aber der Weg wäre weit, müßten Munition und Brennstoff ausschließlich über die Ostsee herangeschafft werden. Deshalb versucht die 4. Armee, die von Pommern aus angreift und sich so rasch wie möglich mit der 3. vereinigen soll, in jedem Fall zu verhindern, daß die Weichselbrücke von den Polen gesprengt wird.

Die Fallschirmjäger können keinen Überraschungsangriff starten, da sie – um nicht am Boden zerschmettert zu werden – aus einer Mindesthöhe abspringen müssen, die in der Waschküche liegt. Auch die Sturzkampfflugzeuge greifen in der Regel aus 3000 Meter Höhe an. Bei diesem Einsatz aber haben Oberleutnant Dilleys lahme Krähen mit den Knickflügeln, dem starken Fahrwerk, dem pummeligen Rumpf und den grellen Jerichosirenen den Befehl erhalten, aus niederster Höhe die polnischen Sprengkommandos links und rechts der Weichselbrücke zu überrumpeln und zu zerschmettern. Man hat den Oberleutnant, als Zivilisten getarnt, zweimal durch den Korridor geschleust, damit er die Lage der Brücke vor Ort ausspähen konnte. Dilley hatte festgestellt, daß die Sprengkammern an der Südböschung des Bahndamm angebracht waren. Er hat das Bild genau im Kopf, aber von oben sieht es sich immer etwas anders an als aus einem vorbeifahrenden Zug.

4 Uhr 25. Der Oberleutnant nimmt noch einen Schluck aus dem Kochgeschirr mit starkem Kaffee und nickt seinen fünf Männern zu. Das Wetter wird nicht besser werden. Er muß eben versuchen, sich in der Waschküche zurechtzufinden. Über Baumwipfel zieht er die Maschine in die Nebelwand hoch, dreht nach Süden ab, sieht unter sich die Weichsel und geht dann auf Gegenkurs. Die Maschine hinter ihm pilotiert ein Leutnant, die dritte ein Unteroffizier.

Erwartete Flugzeit: acht Minuten. Nebelschwaden umgeben die Glaskabinen, in der Pilot und Bordschütze Rücken an Rükken sitzen, wie um sich gegenseitig den Buckel zu wärmen, gleich riesigen Wattebäuschen. Manchmal liegen sie dicht über der Erde, dann wieder schweben sie 50, 60 Meter über Grund. Wenn der Angriff gelingen soll, müssen die drei Ju 87 das Ziel im Sichtflug erreichen, und das heißt die Wolkendecke unterfliegen. Sechs Mann, verteilt auf drei Maschinen, zehn Minuten vor der X-Zeit, tastend und stotternd feindwärts.

Die Idee des Sturzkampfflugzeugs hat Generalluftzeugmeister Ernst Udet 1933 aus den USA importiert, als er verfolgte, wie Marineflugzeuge des Typs »Helldiver« im Sturzflug Punktziele bis auf 30 Meter genau angreifen konnten. Er erwarb zwei Maschinen von den Curties-Wright-Werken, ließ sie nach Deutschland schaffen und bei »Junkers« untersuchen, wo die Konstrukteure, gestützt auf die US-Anleihe, in jahrelangen Versuchen das Sturzkampfflugzeug Ju 87 entwickelten. Die Feuertaufe bestand der Sturzkampfbomber in Spanien; seitdem war seine

Motorenstärke auf 1150 PS verdoppelt worden.

Die häßlichen, billig herzustellenden Mühlen sind die Horrorwaffe der deutschen Luftwaffe und werden bald unter dem Namen »Stuka« zu einem Markenartikel des Grauens werden: Langsamer Anflug in 4000 Meter Höhe, meist unter Begleitschutz, Anvisieren des Ziels, die Kühlerklappen schließen, die Höhenruder ausfahren, Sturzflugbremsen heraus, und mit 350, 400 und oft auch 500 Sachen kippt die einmotorige Maschine im 70-Grad-Winkel nach unten ab und heult und heult und heult. Immer näher, lauter, bedrohlicher.

Die Generalprobe vor 14 Tagen in Neuhammer bei Cottbus in Gegenwart von drei Fliegergeneralen war blutig mißglückt. Die erste Gruppe des Sturzkampfgeschwaders 76 sollte mit 27 Maschinen die furchtbare Wirkung der Todesvögel vorführen. Plötzlich kam Bodennebel auf, in den die Maschinen mit mehr als 100 Meter Geschwindigkeit pro Sekunde hineinstießen. Im letzten Moment fing der Kommandeur Walter Sigel seine Ju 87 nur wenige Meter über der Erde ab. Er warnte die ihm folgenden Besatzungen über sein Kehlkopfmikrophon.

Für elf Maschinen war es zu spät, sie jagten ungespitzt in das trockene Unterholz, explodierten. Zwei weitere Ju 87 wurden von den Piloten überzogen und stürzten in die Bäume. An den Aufschlagstellen bildeten sich Brände, in denen Materialstücke und zerfetzte Menschenleiber verkohlten. 26 Piloten und Bordschützen hatten den Tod gefunden – aber der junge Staffelkapitän tröstete sich mit dem Bühnenaberglauben, daß die Aufführung klappen wird, wenn die Hauptprobe danebenging.

Der Nebel bleibt der schlimmste Feind der neuen Wunderwaffe, aber Oberleutnant Dilley und seine Männer werden auf die Eisenbahnbrücke heute nicht im Sturzflug angesetzt. Trotzdem ist der Anflug halsbrecherisch: knapp zehn Meter über der Erde, mal in der Waschküche, dann wieder 100 Meter Sicht für zwei, drei Sekunden. Mitunter sind die Rottenflieger links und rechts so nahe, als wollten sie zusammenprallen, dann sind sie wieder untergetaucht in den konturenlosen Schwaden.

Noch zwei Minuten. Nichts rührt sich. An den Grenzbäumen, auf den Straßen ist es vor Tag und Tau noch gespenstisch ruhig. Die drei Besatzungen starren in die Nebelwände, bis ihnen die Augen brennen. Meistens sehen sie nichts, gar nichts. Aber wenigstens auch keine polnischen Jagdflugzeuge. Die drei Jus im Tiefflug über der Weichsel – gleich muß aus dem Morgendunst die unverkennbare Stahlkonstruktion auftauchen. Noch immer schießt die Flak nicht. Noch immer scheinen die lahmen Krähen unentdeckt zu sein, aber das kann sich ändern, von einer Sekunde auf die andere.

4 Uhr 35. Die Stuka-Rotte erreicht das Ziel. Zehn Meter unter ihr der Bahndamm, der zur Brücke führt. Oberleutnant Dilley drückt auf den Auslöseknopf, klinkt die 250-Kilo-Bombe unterm Rumpf und die vier 50-Kilo-Bomben unter seinen Tragflächen aus, reißt die Maschine hoch, fegt über die Bahnlinie hinweg, hört hinter sich die Explosionen. Links und rechts von ihm greifen die beiden anderen Jus an.

Auch ihre Bomben liegen im Ziel.

Die Stukas schrauben sich hoch, gehen auf Heimatkurs. Hinter ihnen steigen Rauchsäulen schräg in die Höhe. Die Flugzeugführer finden sich in der Waschküche zurecht, landen in Elbing, stürmisch begrüßt von den Kuttenzwergen.

»Es hat geklappt«, sagt der Oberleutnant lakonisch.

Natürlich wissen die Polen jetzt, um was es geht. Sie werden versuchen, eine Schnellsprengung vorzunehmen. Bombenflugzeuge des Typs Do 17, von ihren Besatzungen »fliegender Bleistift« genannt, haben Befehl, im rollenden Einsatz eine Stunde später zu einem zweiten Bombardement zu starten. Außerdem ist die Kampfgruppe des Obersten Medem auf Dirschau angesetzt, um auf dem Landweg, allen anderen Verbänden voraus, die Brücke unversehrt zu nehmen.

Es ist 4 Uhr 45. Die Minute des Angriffs, er beginnt geradezu undramatisch: Keine Artillerievorbereitung wie bei den großen Materialschlachten des Ersten Weltkriegs, nur Motorengebrumm und vereinzelte MG-Stöße. Das einzige Hindernis beim

Vormarsch in der Kolonne, das sich der Vorhut des Panzerregiments 35 zunächst in den Weg stellt, sind PK-Leute, die wirkungsvolle Schnappschüsse vom rituellen Niederreißen der Grenzschranken schießen wollen.

Keine Zeit. Die Panzer rollen weiter. Der Troß wird für die Kameras posieren, aber das merkt keiner, denn der Krieg, den die Wochenschau zeigt, ist ohnedies geschönt, wenn nicht getürkt.

Der muntere Kudritzki sitzt im Panzer I an seinem MG und hat nur Gespenster im Visier. Keine feindlichen Soldaten, keine MG-Nester, keine Pak-Stellungen. »Diese verdammten Polakken müssen den Krieg verschlafen haben«, sagt er zu Lochner; sein Fahrer nickt, obwohl er kein Wort verstanden hat.

Auf einmal gibt's Zunder.

MG-Feuer von links.

Es hört sich an, als würden Kieselsteine gegen den Turm geworfen. Einen Moment lang wundert sich Kudritzki, daß die dünnen Panzerplatten tatsächlich die Geschosse aushalten, dann gibt er dem Kompaniechef Meldung durch und erhält den Befehl, die dünne Infanteriestellung niederzuwalzen.

Der Pz-Kw I rollt darauf zu. Noch 60 Meter. Die Polen ziehen viel zu früh Handgranaten. Noch 10 Meter, noch 5. Kudritzki feuert aus seinen beiden MGs, was die Läufe hergeben. Einer der Verteidiger verliert die Nerven, springt hoch.

Er ist der erste, den die Panzerketten erfassen. Das Sechs-Tonnen-Gefährt rollt über die MG-Stellung, dreht auf einer Kette, bleibt einen Moment stehen, dreht noch einmal. Was darunter liegt, muß vom Gewicht des Kampfwagens zermalmt worden sein.

Dann gibt Lochner Gas, rollt wieder auf die Landstraße zurück, reiht sich wieder in die auseinandergezogene Kolonne ein. »Befehl ausgeführt, Herr Leutnant«, brüllt Kudritzki in sein Bordmikrophon, »feindliche MG-Stellung niedergekämpft.«

So wohl, wie seine Stimme klingt, ist ihm nicht zumute. Sein Speichel schmeckt nach Blut. Er sieht immer wieder diesen armen Hund vor sich, der in Panik aufsprang und von den Ketten zerquetscht wurde.

Er preßt die Lippen aufeinander, nimmt Maß an unsichtbaren Gegnern. Die Spannung fällt allmählich von ihm ab, auch wenn seine Nerven im Takt des Motors vibrieren. Die Panzerkolonne kommt zügig voran. Der von der Sonne versengte Boden ist hart, ideal für Kettenfahrzeuge. Die Flüsse Narew, Bug und Weichsel führen Niedrigwasser; selbst wenn die Brücken gesprengt sein sollten, würde es für den Stoßkeil der 10. Armee nicht schwer sein, die Ströme zu überqueren.

Das Motorengeräusch wirkt monoton, beinahe einschläfernd. Kudritzki stellt erleichtert fest, daß es eigentlich ist wie bei einer Geländeübung zu Hause in seiner Garnisonstadt, wenn er über die Straßen in Bamberg-Ost rollt und die Mädchen zählt: Zu wenig Mädchen und zu viele Soldaten. Aber manche nehmen's gleich mit mehreren auf. Kudritzki hat auch eine zweite Braut in Kamenz, wo er vorher in Garnison lag, und er teilt seinen Urlaub redlich mit ihrer Bamberger Rivalin.

Urlaub liegt jetzt weit hinter ihm, die Kolonne rollt, Panzerspähwagen an der Spitze, sturheil auf der Landstraße Richtung Lublinitz. Am Horizont brennt ein Dorf. Der gepanzerte Stoßkeil teilt sich. Die ersten Fahrzeuge biegen nach Norden, in das 20 Kilometer von der Grenze entfernte Wielun ab, während der zweite Stoßkeil die Befestigungslinie niederkämpft. Die Erde bebt unter den Artillerieeinschlägen. In blinder Panik flüchten Zivilisten querfeldein.

Sowie der Tag lichter wird, verdunkelt sich die Sonne im Anflug deutscher Kampfgeschwader. Pendelverkehr nach Polen und zurück, Platznot in 4000 Meter Höhe. Die Pulks ziehen nach Lodz, nach Kattowitz, nach Krosno. Zwar ist der Massenstart mißglückt – die letzten Verbände können erst am späten Vormittag eingesetzt werden –, aber jetzt drehen sie auf, als wollten sie die verlorene Zeit wieder hereinbomben.

Dreifacher Kampfauftrag: Zuerst sollen sie ihren direkten Gegner, die polnischen Luftstreitkräfte, möglichst noch am Boden zerschlagen, dann strategischen Luftkrieg im feindlichen

Hinterland gegen Bahnhöfe, Munitionslager und Truppenansammlungen führen und zum dritten in den Erdkampf eingreifen.

Gestützt auf seine Spanien-Erfahrungen hat der Fliegerführer z. b. V. Generalmajor von Richthofen gegen viele Widerstände spezielle Nahkampfverbände aus Schlachtfliegern und Stukas zusammengestellt. Sie sind als erste am Feind, markieren die Hauptkampflinie, kämpfen taktisch mit den Panzerverbänden zusammen. Die zurückkehrenden He-111-Besatzungen melden, daß sie Hunderte polnischer Flugzeuge am Boden zerstört haben. Doch die Meinung, die Luftherrschaft sei schon am ersten Kampftag errungen worden, wird sich bald als Trugschluß erweisen: Die Polen hatten ihre einsatzfähigen Maschinen weitgehend nach hinten gezogen und nur Schulflugzeuge, Attrappen und untaugliche Maschinen als Zielscheibe zurückgelassen. Die aktiven Verbände werden aber nicht gegen die Angreifer mit dem Balkenkreuz eingesetzt, weil die polnische Heeresleitung, der sie unterstehen, nichts mit ihnen anzufangen weiß. Ohnedies sind sie in Geschwindigkeit, Bewaffnung und Manövrierfähigkeit den deutschen Me-109-Jagdmaschinen hoffnungslos unterlegen.

Der Sprit wird knapp, aber das 35. Panzerregiment rollt weiter. Wohin es geht, ist Kudritzki egal, Hauptsache, es geht vorwärts. Er kennt die alte Barras-Weisheit, daß man das Denken den Pferden überlassen soll, weil sie den größeren Kopf haben. Der Gefreite hat sich auch nichts gedacht, als er, der Protestant, zu einem Feldgottesdienst in den ehrwürdigen Bamberger Dom abkommandiert wurde. Der Standortälteste, ein hagerer General – der zum Ärger des Kreisleiters alljährlich in Uniform bei der Fronleichnamsprozession hinter dem Traghimmel herschritt –, hatte zehn Mann von jeder Kompanie zum Gottesdienst befohlen. Der fixe Junge aus Essen war jedenfalls lieber eine Stunde lang katholisch als beim Strafexerzieren.

Es geht los. Polnische Bereitstellungen am Waldrand. Die deutsche Artillerie ballert aus allen Rohren – aber sie hat nicht mit dem Vormarschtempo der Panzer gerechnet, und so krepieren die Granaten zwischen den eigenen Kampfwagen.

Einschlag links vorne, Einschlag knapp hinter Kudritzkis Panzer. Ein Volltreffer erfaßt den Pz-Kw I vor ihm, er fährt mit einer steilen Stichflamme in die Luft. Es ist, als ritte der Tod auf einem glühenden Hexenbesen. Feuerbestattung für Unteroffizier Meersmann, der so stolz darauf war, daß in seiner Division keiner zu Fuß geht, und für seinen Fahrer Pauli.

Auf einer Frontbreite von 280 Kilometern sind die Invasoren aus der Slowakei, aus Schlesien, aus Pommern und aus Ostpreußen zu einem unaufhaltsamen Angriff angetreten. »Das westliche Polen war wie ein riesiger Bissen, der zwischen Deutschlands Kiefern lag«, stellt in seinem Buch »Geschichte des Zweiten Weltkriegs« der britische Militärexperte Liddell Hart fest.

Im Norden müssen die Kampfflugzeuge mit ihren Starts bis Mittag warten. Im Südabschnitt entwickeln sich die ersten blutigen Gefechte.

Die Polen verfügen über 40 Divisionen und 11 Kavalleriebrigaden, die auf 7 Armeen verteilt sind und vorwiegend in Grenznähe stehen, in Posen, Lodz und Krakau. 12 Reservedivisionen halten sich im Raum Radom bereit.

»Die polnische Armee war weitgehend nach den Prinzipien des Ersten Weltkriegs aufgestellt«, beurteilt Raymond Cartier ihre Kampfkraft. »Die Luftwaffe besaß nur 852 Maschinen. Neben 22 völlig veralteten Kavallerieregimentern waren nur etwa 500 Panzer älterer Bauart vorhanden. Die Artillerie war noch zu einem Teil bespannt, das Fernmeldewesen sehr unzuverlässig. Flugabwehr gab es kaum. Die Mannschaften waren überfordert, die Munitionskolonnen und der Regimentstrain zum Teil auf Panjewagen angewiesen. Das Heer – nur unzureichend motorisiert – war nach polnischer Auffassung eine Bauernarmee, die beweglich und dem Lande angepaßt war, die keine Nachschubprobleme kannte und keine befestigten Wege benötigte, keinen Reparaturdienst, der für eine motorisierte Armee unerläßlich ist.«

In seinem Buch über den Panzergeneral »Guderian« ergänzt

der US-Autor Kenneth Macksey: »Die Kraft der Polen zur Verteidigung ihres Landes erwuchs hauptsächlich aus der grimmigen Entschlossenheit, ihre neugewonnene Unabhängigkeit zu bewahren.«

Sie haben keine Chance. Das Herzstück ihrer Armee ist die Kavallerie. Überall stehen Reiterverbände, Pferde, wohin man sieht, und ihre Reiter warten darauf, gegen die Eindringlinge anzustürmen. Man hat ihnen gesagt, daß die deutschen Panzer aus Pappe und Leinwand seien, und so begegnen sich bei den Attacken zwei Welten: Reiterschwadronen, die mit angelegter Lanze hoffnungslos die gepanzerten Ungetüme des 20. Jahrhunderts berennen. Sie verbluten, und die Panzer drängen ungestüm vorwärts. Bleiben sie stecken, fordern sie Artillerie an. Liegen sie außerhalb der Reichweite deutscher Geschütze, nutzen sie Stukas als »fliegende Artillerie«. In den Panzerkolonnen fahren Luftwaffenoffiziere mit, die in Funkverbindung mit ihren Nahkampfverbänden stehen und die Luftunterstützung innerhalb von Minuten herbeizaubern können.

Was sich stellt, wird überrollt, zermalmt, zerschossen, niedergekämpft. Die Bunker von Lublinitz werden im ersten Ansturm ausgeräuchert. Im Sturm erobert die Wehrmacht Polen und ein neuer Begriff die Welt: Blitzkrieg.

Das Töten hat eine neue Dimension erreicht.

Die Besatzungen des Panzerregiments 35 erleben den Krieg zwischen Hurra und Horror. Während ihre MGs und Geschütztürme bereits bei den Reiterverbänden am Horizont maßnehmen, werden sie bei Wielun Augenzeugen eines unvorstellbaren Gemetzels.

»Stukas stürzten sich auf die etwa drei Kilometer lange Kolonne, bevor sie in den umliegenden Feldern und Baumgruppen in Deckung hatte gehen können«, schreibt in seinem Buch »Die Luftwaffe« der US-Autor Herbert Molloy Mason. »Vom Himmel regneten die Bomben herab, und die Erde erbebte unter ihren Detonationen. Menschen, Tiere und Fahrzeuge wurden von den Maschinengewehren der Stukas niedergemäht, die nach dem Bombenwurf im Tiefflug angriffen. Kadaver und Fahrzeuge blockierten die Straße und die Gräben zu beiden Seiten und erschwerten so die Flucht vor den niederstürzenden Flugzeugen. Innerhalb weniger Minuten war aus einer kampffähigen Kavalleriebrigade ein zerschlagener Menschenhaufen geworden. Die erste Angriffswelle, die etwa 120 Bomben abgeworfen hatte und nur auf leichtes Flakfeuer aus Richtung Wielun gestoßen war, wurde von einer zweiten Stukagruppe abgelöst, der schließlich 30 Do 17 des Kampfgeschwaders 77 folgten, die Wielun und die dorthin Geflüchteten bombardierten. Die Kavalleriebrigade existierte nicht mehr, aber kein polnischer Jäger war erschienen, um die angreifende Luftwaffe an ihrem Zerstörungswerk zu hindern.«

Die Vorhut des Panzerregiments 35 wird nun dort angehalten: nicht von der polnischen Reiterbrigade, sondern vom Spritmangel. Die Soldaten müssen abwarten, bis der Nachschub herangekarrt ist. Kudritzki steigt aus, um seine Notdurft zu verrichten, er watet an zerfetzten Tieren vorbei, an schreienden Verwundeten, an entseelten Leibern.

Neben dem Gefreiten weidet ein Rappe friedlich auf der Wiese. Ein Bombensplitter hat ihm den Leib aufgerissen; seine Gedärme quellen bis zur Erde. Das Tier, das offensichtlich keinen Schmerz spürt, schaut Kudritzki aus großen traurigen Augen an. Er entsichert die 0,8, streichelt mit der linken Hand die Kruppe des Pferdes, das den Kopf wendet und ihm mit der Zunge über die Hand leckt.

Dann fällt der Schuß.

Der Rappe knickt in den Beinen ein, fällt neben einen sterbenden Polen.

Der Mann zuckt mit den Lippen: »Da – da – danke.«

»Was ist los?« fragt Kudritzki und beugt sich mit blinden Pupillen über ihn.

»Danke«, sagt der Sterbende zum zweiten Mal.

»Wieso sprichst du denn deutsch?« fährt ihn der Gefreite entsetzt an, und dann begreift er, daß der Mann einer der vielen Volksdeutschen ist, die in polnischer Uniform gegen die Invasoren angetreten sind.

Am Vormittag des 1. September meldeten die deutschen Rundfunkstationen immer wieder, daß überraschend der Reichstag zusammengerufen worden sei und Adolf Hitler eine wichtige Erklärung abgeben werde. Als der Diktator mit seiner Wagenkolonne das enge, dichtgedrängte Spalier an der Kroll-Oper durchfuhr, sahen seine fanatisch jubelnden Anhänger, daß er erstmals seine braune Uniformjacke mit einer feldgrauen vertauscht hatte.

Die dumpfen Töne des Badenweiler Marsches, dann trat Hitler an diesem Schwarzen Freitag der Weltgeschichte an das Rednerpult und eröffnete seine Ansprache mit den Worten: »Abgeordnete, Männer des Deutschen Reichstags.«

Allein in Großdeutschland, wo in den Schulen, Betrieben und Kasernen Gemeinschaftsempfänge organisiert worden waren, folgten ihm gebannt mindestens 50 Millionen Zuhörer, die noch nicht wußten, daß bereits vor Stunden im Osten das blutigste Massaker aller Zeiten begonnen hatte.

Der Demagoge sprach von dem »Drosselungskampf« gegen die Freie Stadt Danzig, den die Polen – vielleicht schon Abhängige einer nunmehr »entfesselten, wilden Soldateska« – entfacht hätten. Er beschwor seine »endlose Langmut« und behauptete, auf die von Himmler inszenierten Überfälle auf den Sender Gleiwitz und an anderen Orten des Grenzgebiets anspielend: »Polen hat nun heute nacht zum erstenmal auf unserem eigenen Territorium auch durch reguläre Soldaten geschossen. Seit 5 Uhr 45 wird jetzt zurückgeschossen! Und von jetzt ab wird Bombe mit Bombe vergolten! . . . Ich werde diesen Kampf, ganz gleich gegen wen, so lange führen, bis die Sicherheit des Reiches und seine Rechte gewährleistet sind! . . . Ich verlange von keinem deutschen Mann etwas anderes, als was ich selber mehr als vier Jahre lang bereit war jederzeit zu tun. Es soll keine Entbehrungen Deutscher geben, die ich nicht selber sofort übernehme! Mein ganzes Leben gehört von jetzt ab erst recht meinem Volk! Ich will jetzt nichts anderes sein als der erste Soldat des Deutschen Reiches. Ich habe damit wieder jenen Rock angezogen, der mir selbst der heiligste und teuerste war. Ich werde ihn nur ausziehen nach dem Sieg oder – ich werde dieses Ende nicht erleben! . . . Der Umwelt aber möchte ich versichern: Ein November 1918 wird sich niemals mehr in der deutschen Geschichte wiederholen. So wie ich selber bereit bin, jederzeit mein Leben für mein Volk und für Deutschland einzusetzen, so verlange ich dasselbe auch von jedem anderen! Wer aber glaubt, sich diesem nationalen Gebot, sei es direkt oder indirekt, widersetzen zu können, der fällt. Verräter haben nichts mit uns zu tun! Wir alle bekennen uns damit nur zu unserem alten Grundsatz: Es ist gänzlich unwichtig, ob wir leben, aber notwendig ist es, daß unser Volk, daß Deutschland lebt!«

Im orkanartigen Toben seiner Anhänger verloren sich die Klänge der Nationalhymne zunächst ebenso wie die Gewißheit, daß der Gewaltpolitiker den Frieden endgültig umgebracht hatte, und zwar eine Stunde früher, als er versehentlich in seiner Rede angab. Ein Volk, das nach der letzten Erhebung über 86 Millionen Seelen zählte, stand zwischen Orgiasmus und Verzweiflung. Während die Nachrichtensprecher bekanntgaben, daß das Eiserne Kreuz zum drittenmal erneuert worden sei – die ersten deutschen Soldaten, die es erhalten sollten, waren bereits gefallen –, fragte sich die Bevölkerung, ob es Hitler gelingen könnte, wenigstens die westlichen Alliierten aus dem Krieg mit den Polen herauszuhalten.

Falls die Franzosen mit ihren zwei Millionen Mann unter Waffen und ihren schweren Panzerkräften den Westwall, Hitlers Unvollendete, berennen würden, konnte ihnen nicht ein einziger deutscher Kampfwagen entgegengestellt werden. Sechseinhalb deutsche Panzerdivisionen und alle motorisierten Verbände standen ebenso wie die Masse der aktiven Regimenter ausnahmslos in Polen. Die Wacht am Rhein hielten – neben 216 Jagdflugzeugen – eiligst zusammengestellte, mangelhaft ausgebildete und unvollständig bewaffnete Reservedivisionen und Landsturmsoldaten.

»Allen Fachleuten, die damals im deutschen Westheer Dienst taten, standen die Haare zu Berge, wenn sie an die Möglichkeiten eines französischen Angriffs gleich zu Kriegsbeginn dachten«, stellte General Siegfried Westphal, Stabschef im Westheer, fest.

Der Hasardeur in der Reichskanzlei war am Abend des 1. September bester Laune. Seine Truppen waren ohne Kriegserklärung in Polen eingefallen, und bislang hatten die Franzosen und Engländer keine Hand gerührt. Mit erhobener Stimme las Hitler seinen Vertrauten die von allen Frontabschnitten eingehenden Siegesmeldungen vor: Im Norden drangen die deutschen Truppen ungestüm aus Ostpreußen gegen den Verteidigungsriegel von Mlawa vor, der die polnische Hauptstadt abschirmen sollte. Im Korridor näherten sich einander die Stoßkeile der 3. und 4. Armee. In einem bisher unvorstellbaren Tempo ging der Vormarsch voran, auch wenn sich der Gegner verbissen und todesmutig zur Wehr setzte.

Typisch für die Tapferkeit der Polen war der Kampf um die Weichselbrücke bei Dirschau: Trotz des Husarenflugs des Stuka-Offiziers Dilley und seiner Männer, trotz verheerender Angriffe von Kampfflugzeugen, trotz der den Panzerspitzen vorauseilenden Kampfgruppe Medem, die den Brückenkopf halten und den Übergang über die Weichsel sichern sollte, gelang es den dezimierten polnischen Pionieren, die zerfetzten Zündladungen zu flicken und die mächtige Konstruktion im letzten Moment noch in die Luft zu jagen.

Es war nicht die einzige Panne dieses Tages, die von den Angreifern hingenommen werden mußte. Die neue Technik war noch nicht eingefahren. Immer wieder wurden Flugzeuge mit dem Balkenkreuz von der eigenen Infanterie beschossen. Immer wieder krepierten von He 111 und Ju 87 abgeworfene Bomben in den eigenen Linien. Immer wieder griffen »Schlächter« – so nannten die Soldaten, je nach Situation wütend oder liebevoll, die HS-123-Rotten – deutsche Erdtruppen im Tiefflug an, weil sie nicht rechtzeitig oder deutlich genug das sie kennzeichnende Fliegertuch auf der Erde ausgebreitet hatten. Gelegentlich wichen die noch nicht kampferprobten deutschen Infanteristen sogar vor den polnischen Reiterschwadronen zurück.

Aber der in das Land getragene Krieg rollte mit der Präzision eines Uhrwerks ab. Der polnische Oberbefehlshaber Edward Rydz-Smigly hatte mit einer gemächlicheren Gangart bei der Kriegseröffnung gerechnet und wurde nunmehr von dem Tempo des deutschen Vormarsches buchstäblich überfahren. Der Generalissimus, ein gutaussehender Bilderbuchheld, schneidig im Salon, unschlüssig an der Front, hatte versäumt, ein wirksames Verteidigungskonzept auszuarbeiten. Er verließ sich ausschließlich auf improvisierte Gegenangriffe. Das Gros seiner Streitmacht stand westlich der Weichsel und damit auf verlorenem Posten, wenn die Heeresgruppe Süd ihren Umklammerungsstoß durchhielt. Dieses Schicksal wäre vermeidbar gewesen, wenn sich die Verteidiger jenseits der Weichsel und des San – freilich unter Preisgabe der westlich der Flußbarriere liegenden Industriegebiete – weiter im Hinterland postiert hätten.

»Auch unter den günstigsten Bedingungen hätte Polen die vorgeschobenen Gebiete schwerlich halten können«, schreibt Liddell Hart. »Aber die wirtschaftlichen Erwägungen, die Polen bewogen, den Vormarsch des Feindes auf die Hauptindustriegebiete zu verzögern, wurden noch unterstützt durch Nationalstolz und militärische Selbstüberschätzung sowie durch Illusion darüber, was die westlichen Verbündeten zur Entlastung Polens unternehmen konnten. Der Feldzug in Polen war die erste Demonstration und die erste praktische Anwendung der Theorie der motorisierten Kriegführung mit kombinierten Panzer- und Luftstreitkräften. Als diese Theorie in Großbritannien entwikkelt wurde, bezeichnete man ihre praktische Ausführung mit dem Wort ›lightning‹. Paradoxerweise, aber mit Recht, wurde sie nun unter der deutschen Bezeichnung ›Blitzkrieg‹ bekannt.«

Nicht nur die Polen fragten sich, ob die Engländer und Franzosen zu ihren Verpflichtungen stehen würden. Zwischen London und Paris glühten die Drähte. Am zweiten Kriegstag kam es zu heftigen Kontroversen zwischen den Verbündeten: Die Franzosen neigten dazu, Mussolinis Vermittlungsvorschlag einer Viererkonferenz anzunehmen. Die Engländer lehnten ab. Der amerikanische Präsident Franklin D. Roosevelt erklärte die strikte Neutralität der USA und sperrte die Ausfuhr jeglichen

Kriegsgeräts.

Hitler triumphierte. Er hatte, allen Unkenrufen zum Trotz, die »Kaffeetanten« wieder einmal richtig eingeschätzt. Er würde Polen überrennen, bevor sich seine Gegenspieler darüber einig waren, was sie nicht unternehmen wollten.

Im Radio jagten sich die Sondermeldungen. Die beiden Panzerdivisionen der 10. Armee hatten nach einem Vormarsch von 80 Kilometern in 36 Stunden die Warthe erreicht. Der im Ersten Weltkrieg blutig umkämpfte Jablunka-Paß im äußersten Süden der Front wurde mit Hilfe slowakischer Truppen von Soldaten der Sondereinheit »Brandenburg z. b. B.«, der Haustruppe des Admirals Canaris, im Handstreich genommen. Nicht die Jagdflieger, sondern ein Stuka-Bordschütze, Unteroffizier Frank Neubert, errang den ersten Luftsieg des Zweiten Weltkriegs und tönte im Radio: »Ich entdeckte vor mir eine einzelfliegende Ju 87, die von zwei polnischen Jägern angegriffen wurde. Mein Entschluß stand sofort fest, diesen Kameraden zu helfen, und ich versuchte nun, dem einen polnischen Jäger näher und in Schußposition zu kommen. Nachdem mir dies gelungen war, habe ich einen Feuerstoß abgegeben, ohne für mich sichtbaren Erfolg. Nach einem zweiten Feuerstoß konnte ich beobachten, wie die Leuchtspurgeschosse meiner MG-Garben im Flugzeugführersitz des polnischen Jägers verschwanden. Aber zunächst war keine weitere Reaktion zu bemerken. Als ich zum dritten Angriff ansetzte, ist die Maschine plötzlich in der Luft explodiert; wie ein großer Feuerball barst das Flugzeug auseinander; die Brocken sind uns buchstäblich um die Ohren geflogen ...«

Erstmals griffen die bisher aufgesparten polnischen Bomber und Jagdflugzeuge in das Kampfgeschehen ein. In 2000 Meter Höhe kam es nördlich von Warschau zu einem 50 Minuten dauernden Luftkampf zwischen 100 deutschen Kampfflugzeugen und Zerstörern des Typs Me 110 gegen 64 polnische Jäger des Typs P 11, Hochdeckern, deren Konstruktion noch auf das Jahr 1931 zurückging. Ihre Spitzengeschwindigkeit lag in Seehöhe bei 270 Kilometern, in 6000 Meter erreichten sie immerhin 360

Kilometer und waren damit noch immer zu langsam für die meist aus 4000 Meter Höhe angreifenden He 111.

An Verfolgung war unter diesen Umständen nicht zu denken. Die Piloten konnten ihren Gegnern nur entgegenfliegen, sie beim Anflug stellen und versuchen, sie mit Hilfe ihrer beiden Bord-MGs herunterzuholen. Als erstem Polen gelang das dem Unterleutnant Wladiyslaw Gnys. »Plötzlich, etwa fünf Kilometer südlich, tauchten in der Höhe von nicht mehr als dreihundert Metern einige Stukas auf«, schreibt in seinem Buch »Luftkrieg« Janusz Piekalkiewicz. »Während wir langsam an Höhe und Geschwindigkeit gewannen, eröffneten die Stukas das MG-Feuer. Ich konnte mich nur mit einer verzweifelten Kurve retten. Aus der P 11 des Staffelkommandeurs schoß plötzlich eine helle Stichflamme, und seine Maschine explodierte in der Luft. Ich wußte, daß ich keine allzu große Überlebenschancen hatte, denn ich konnte mich kaum mit den viel schnelleren und bedeutend stärker bewaffneten Stukas messen. Das einzige, worauf ich mich verlassen konnte, war die Wendigkeit der alten braven P 11. So stürzte ich mich auf einen der Gegner und schoß ihm fast das ganze Magazin in den Rumpf. Die getroffene Maschine zog mit vollen Motortouren hoch und ging dann sofort im Bogen zum Sturzflug über. Ich dachte bei mir: ›Der will mich einfach täuschen‹, schnitt ihm den Weg ab und griff wieder an. In der Kurve streifte er die Bäume und zerschellte am Boden . . .«

Der 3. September war ein freundlicher Herbsttag. Sein Morgen brachte wieder Sonnenschein und Sondermeldungen. Um 9 Uhr sprach der britische Botschafter Henderson beim Auswärtigen Amt mit dem Ersuchen vor, in wichtigster Mission vom Außenminister empfangen zu werden. Die Wilhelmstraße schien noch zu schlafen. Ribbentrop war so wenig zu sprechen wie andere AA-Spitzenbeamte. Der englische Diplomat wurde an den Dolmetscher Paul Schmidt verwiesen, dem er seine Note übergab. Sie enthielt ein Ultimatum: Falls Hitler bis um 11 Uhr dieses Vormittags, in zwei Stunden also, nicht bindend erklärte, seine Truppen unverzüglich aus Polen abzuziehen, betrachte sich Großbritannien mit Großdeutschland als im Kriegszustand befindlich.

Der Chefdolmetscher jagte in die Reichskanzlei und übergab dem Diktator das Schreiben. »Hitler saß an seinem Schreibtisch, Ribbentrop stand am Fenster«, schildert Raymond Cartier die Situation. »Schmidt übersetzte langsam das Ultimatum. Hitler war wie versteinert. Er blieb einen endlosen Augenblick bewegungslos sitzen, dann wandte er sich mit dem wütenden Blick eines Mannes, den man getäuscht hat, an seinen Außenminister. ›Was nun?‹ fragte er. ›Ich nehme an, daß die Franzosen uns in der nächsten Stunde ein gleichlautendes Ultimatum überreichen werden.‹ Schmidt beeilte sich, den Raum zu verlassen. Im Vorzimmer waren zahlreiche Adjutanten und hohe Parteifunktionäre versammelt. Schmidt teilte ihnen den Inhalt des englischen Ultimatums mit. In das darauffolgende tiefe Schweigen tönte plötzlich die Stimme Görings: ›Wenn wir diesen Krieg verlieren, dann möge uns der Himmel gnädig sein!‹ «

Um 17 Uhr überreichte auch der französische Botschafter eine Kriegserklärung, in der das Wort »Krieg« vermieden wurde. Das von den deutschen Generalen befürchtete Gespenst eines Kampfes an zwei Fronten war Realität geworden. Sie bedeutete, daß so rasch wie möglich Eliteverbände aus dem Osten abgezogen und in den Westen geworfen werden mußten.

»Nun durfte Marschall Rydz-Smigly damit rechnen, daß die Alliierten schnell und hart gegen den gemeinsamen Feind losschlagen würden, um seine Streitkräfte zu entlasten. Noch schien Polen nicht verloren«, stellte Herbert Molloy Mason fest. »Der Oberkommandierende der französischen Armee, General Maurice Gamelin, hatte bereits vier Monate vor dem Ausbruch der Feindseligkeiten der polnischen Regierung versichert, er werde unmittelbar nach Kriegsbeginn die Offensive ergreifen. Aber erst am 7. September überschritten die ersten französischen Truppen die deutsche Grenze und drangen in das Saargebiet vor. Auf schmaler Front, an der nur 9 der 58 aufmarschierten Divisionen eingesetzt waren, rückten die Franzosen – ohne auf Widerstand zu stoßen – zögernd vor. Bereits am 12. September wurde die ›Offensive‹ beendet, nachdem die französischen Truppen weniger als zehn Kilometer vorgerückt waren und zwanzig verlassene Ortschaften besetzt hatten. Im Vorfeld des Westwalls gruben sie sich ein; ein paar Schüsse wurden gewechselt; einige Soldaten wurden das Opfer von Minen, und nach zwei Wochen zogen sich die Franzosen in die Befestigungsanlagen der Maginotlinie zurück. Kein deutscher Soldat, kein Panzer und kein Flugzeug hatte wegen dieser ›Offensive‹ von der Front in Polen abgezogen werden müssen.«

Die Engländer waren weiter vom Schuß und somit entfernter von direkten Kriegshandlungen. Bevor das Expeditionskorps in Frankreich eingetroffen war, mußte sich die britische Aktivität auf den Luftraum beschränken. Die Royal Air Force verfügte theoretisch über so viele Maschinen wie die Luftwaffe, aber viele von ihnen waren veraltet und schrottreif. Sie hatten noch keine selbstabdichtenden Tanks und waren dadurch eine leichte Beute für die im Westen gebliebenen Messerschmitt-Jäger. Neben Wellingtons flogen die Engländer noch Kampfflugzeuge des Typs Hampden und Whitley. Sie benutzten sie zum Abwurf von Flugblättern, die – nach Meinung eines späteren Luft-Marschalls – keinen anderen Zweck haben konnten, als die deutschen Haushalte mit Klopapier zu versorgen.

Sie kamen nachts im Schleichflug in sehr großer Höhe. »Der Zustand von Beobachter und Funker war zu diesem Zeitpunkt so, daß sie sich alle paar Minuten auf den Boden legen und ausruhen mußten«, heißt es in einem Einsatzbericht einer Whitley-Besatzung, die im Raum Frankfurt-Düsseldorf Flugblätter abgeworfen hatte. »Die Cockpit-Heizung erwies sich als nutzlos. Wir froren scheußlich und besaßen keinerlei Mittel, um das zu ändern. Kommandant und Beobachter stießen die Köpfe gegen Fußboden und Kartentisch, um sich durch diesen andersartigen Schmerz vom Sauerstoffmangel und dem Frieren abzulenken.«

Der Krieg, der so lange dauern sollte, kam auf der alliierten Seite mehr als langsam in Schwung. Als die Franzosen und Engländer Hitler endlich militärisch entgegentraten, war der Korridor von deutschen Truppen bereits erobert. Im Norden stießen die Panzerkeile verstärkt gegen die Stellungen am Narew vor. Die 10. Armee hatte die Warthe bereits überquert. Das ideale Flug- und Panzerwetter hielt an. Herbstliche Regengüsse blieben aus.

Die deutsche Luftüberlegenheit stand längst außer Frage. Wagten sich die polnischen Hochdecker vereinzelt vor, wurden sie umgehend vom Himmel gefegt. Oft erlebten die Piloten nach dem Rückflug, daß ihre Einsatzhäfen zerstört oder bereits von deutschen Truppen besetzt waren. Die bespannte polnische Artillerie - eine motorisierte gab es nicht - fiel aus, weil die deutschen Schlachtflugzeuge die Pferde von den Lafetten weggeschossen hatten.

Am 5. September gab Rydz-Smigly endlich den Befehl an seine Truppen, sich hinter die Weichsel zurückzuziehen. Davon abgesehen, daß die Weisung wegen der zerschlagenen Nachrichtenverbindungen nur sehr schwer durchkam, war es für die meisten längst zu spät. Und die deutschen Operationen liefen ohne Pause weiter, immer die Panzer an der Spitze, ohne Rücksicht auf die Flankensicherung.

In Lodz wurde die Armee des polnischen Generals Juliusz Rommel, des Verteidigers von Warschau, umgangen, während die Armee des Generals Tadeusz Kutrzeba noch im Raum Posen stand.

»Der Widerstand, den die Polen leisteten, war zusammenhanglos, aber im allgemeinen heftig«, stellt Kenneth Macksey fest. »Die Attacke der polnischen Kavalleriebrigade Pomorska auf die Panzer der 3. Panzerdivision war nur einer von vielen tapferen, aber völlig nutzlosen Versuchen, die Katastrophe abzuwenden. Der polnische Aufmarsch war durch deutsche Luftangriffe auf die Nachrichtenzentren zusammengebrochen. Deutsche Panzer nutzten dieses Durcheinander, rollten fast unbehelligt vorwärts, feuerten auf die feindlichen Kolonnen, die sie auf den Landstraßen antrafen, unterstützten Infanterie und Pioniere beim Angriff auf Befestigungen und fuhren querfeldein weit ausgreifende Umgehungsangriffe, wenn die vorgeschriebene Angriffsrichtung blockiert war. Sie waren ständig in Bewegung und durch und durch eigenständig innerhalb einer mit allen Waffen ausgerüsteten Panzerdivision.«

Im Norden hatte Guderians Panzerkorps den Narew überschritten und griff am Bug hinter Warschau an. Die Spitze der 10. Armee war schon am 8. September durch eine Lücke zwischen Lodz und der Piliza nach einem Marsch von 220 Kilometern bis in die heftig verteidigten Außenbezirke von Warschau vorgedrungen.

Durch das Tempo hatte sie die Fühlung mit der weiter nördlich kämpfenden 8. Armee verloren. Ihre vier Infanteriedivisionen sahen sich plötzlich an der Südseite der Bzura, die sich hier in 100 Kilometer Entfernung westlich von Warschau dahinschlängelte, abgeschnitten. Eine ernsthafte Krise stand den Angreifern bevor. Kutrzeba, dessen Einheiten sich tagsüber in den Wäldern verborgen hatten, befand sich in nächtlichen Gewaltmärschen in Richtung Osten. Dabei erhielten die Truppen der Armee im Raum Posen großen Zulauf durch die Versprengten anderer Einheiten. Als die polnischen Verbände die Ortschaft Kutno erreicht hatten, waren sie auf 170000 Mann angewachsen, und der polnische General sah die Chance, auf die er so lange gewartet hatte.

Zwischen weiten Ebenen, einer Seenplatte und dichten Wäldern formierten sich Kavallerieschwadronen zum Angriff. Sie überschritten mit überlegenen Kräften die Bzura, und erstmals errangen die Kavallerie und die wenigen polnischen Panzer tiefe Einbrüche. Die in Bedrängnis geratene 30. Infanteriedivision wandte sich an den Oberbefehlshaber der Heeresgruppe Süd, Generaloberst Gerd von Rundstedt und dieser sich an den Fliegerführer z. b. V. von Richthofen. Während das 35. Panzerregiment im Vorfeld von Warschau auf Sprit und Munition wartete, drohten die deutschen Armeen von den Polen durch einen mächtigen Stoßkeil auseinandergetrieben zu werden.

Die deutschen Panzer rollen und rollen, ohne Flankensicherung, allein auf Kampfstärke und Luftunterstützung vertrauend. Sie stehen erst, wenn der Sprit ausgeht und wenn sie ungeduldig auf den Nachschub warten.

Bereits am 8. September erreicht die 10. Armee nach einem beispiellosen Durchbruch die Vororte Warschaus, an der Spitze die 35er, bravourös geführt von dem späteren General der Panzertruppen Heinrich Eberbach. Der Teufel reitet das Panzerregiment. Es versucht im Alleingang, die feindliche Hauptstadt zu erobern. Was Räder und Beine hat, schiebt sich vorwärts, durch trostlose Arbeiterviertel, weiter auf der Hauptstraße, vorbei an einem Park, in Richtung Hauptbahnhof.

Aus Kellerlöchern und Grünanlagen, Hochhäusern und Lagerschuppen empfängt die Verwegenen wütendes Abwehrfeuer. Die Polen sprengen mit geballten Ladungen die Panzerketten, verteidigen sich mit Handgranaten und raffiniert getarnten Pakgeschützen.

Der Kampfwagen des Leutnant Class - er führt die erste Kompanie - wird von einem Treffer in Brand geschossen und rollt weiter. Der nächste Treffer zerfetzt den Fahrer. Der junge Leutnant und sein Funker hechten aus dem Flammenmeer, bleiben liegen, werden geborgen - tot.

Die alten Festungswerke sind überrollt, aber die Verluste werden unerträglich. Wenn sich der Pulverdampf hebt, zeigt der Krieg einen Moment lang seine Fratze, demaskiert den Spaziergang nach Warschau: Von einem ganzen Rudel Panzer, die den Park säubern, kommen nur mehr drei zurück. Auch der Chef der 8. Kompanie, Oberleutnant Morgenrot, fällt. Mitten im Feuer werden zerschossene Fahrzeuge abgeschleppt.

Der Handstreich auf Warschau scheitert. Die Männer müssen zurück. Sie versorgen ihre Verwundeten, begraben ihre Toten. Dann stehen sie herum, drehen Däumchen, erzählen einander faule Witze, machen ein schnelles Nickerchen im Schatten, starren in den westlichen Horizont, aus dem endlich die Laster mit dem Nachschub heranpreschen müssen. In einer Stunde oder in einem Tag, oder überhaupt nicht. Und das heißt: Kein

Sprit, keine Munition, keine Verpflegung und auch keine Feldpost. Und ohne Treibstoff sind Panzer so hilflos wie Schildkröten auf dem Rücken.

Sie haben Feldposten aufgestellt; seitdem der dicke Rambold bei einer Pinkelpause buchstäblich von einer überraschend aus dem Gehölz hervorbrechenden Reiterpatrouille mit der Lanze aufgespießt worden war, sind sie verdammt vorsichtig geworden und halten Befehle peinlich genau ein.

Die Männer sind von den Strapazen gezeichnet. Entgegen dem Befehl des Alten ziehen sie längst unrasiert in den Krieg. Sie sind gefahren und gerollt, auf Biegen und Brechen, verschwitzt und verdreckt und doch halbwegs zufrieden, denn je schneller sie in Warschau wären, meinen sie, desto früher würde der Krieg enden. Und das hieß: Waschen, Schlafen, Ausgang, vielleicht sogar Urlaub.

»Ich hab' noch drei Zigaretten«, sagt Kudritzki. »Wenn die Laster nicht bald kommen, kann ich mir den Finger in den Mund stecken.«

»Kannste lange warten«, unkt Lochner. Sein Gesicht ist zerknittert, die Haare stehen ihm leicht zu Berg. Eines seiner Augenlider zuckt nervös wie ein Wackelkontakt. »Deine Aktiven rauchen die Polen«, versetzt der Panzerfahrer hämisch. »Die haben deine Glimmstengel doch längst kassiert.«

»Alter Miesmacher!« fährt ihn Kudritzki an. »Immer sauer. Na ja, kein Wunder«, sagt er und setzt – damit es alle hören – mit schmetternder Stimme hinzu: »Aus einem traurigen Arsch kommt nie ein fröhlicher Furz.«

Die Umstehenden lachen. Dann starren sie gleichzeitig nach oben: Die »Schlächter« sind wieder da, die sie auf ihrem ganzen Weg durch Polen begleitet haben wie Geier die Karawane. An der ganzen Front konnte die Luftwaffe nur eine Gruppe mit 36 HS 123 einsetzen. Sechs sind inzwischen ausgefallen, aber die anderen 30 täuschen durch pausenlose Einsätze – bis zu zehn pro Kampftag – permanente Präsenz vor. Die E-Häfen der robusten Maschinen wurden – wie die der Stuka-Staffeln – nach Polen verlegt. Da sie zum Start keine 200 Meter benötigen, können sie praktisch von jedem Stoppelfeld aufsteigen, im Tiefflug in den Kampf eingreifen und dann wieder dahin zurückfliegen, wo es Sprit gibt.

»Die haben's gut«, sagt Kudritzki. »Wenn's dunkel wird, nehmen die ein Bad und trinken 'n kühles Helles und schlafen im frisch überzogenen Bett.«

»Neidhammel!« revanchiert sich Lochner.

Sieben, acht, neun, zwölf Maschinen. Der gräßliche Lärm, den sie machen, sägt an den Nerven. Mit dem 660 PS starken BMW-Motor erreicht die in einer Kasseler Lokomotivfabrik gebaute »Eins-zwei-drei« eine Höchstgeschwindigkeit von 300 Stundenkilometern. Mit ihrer Steighöhe ist es nicht weit her, aber bei ihren Dauereinsätzen kommen die Piloten ohnedies nicht über 250 Meter. Oft überfliegen sie die Front so tief, daß die Angegriffenen glauben, sie könnten mit Steinen nach ihnen werfen, sie feuern mit allem, was sie haben, aber die Jabos sind bullig. Die Flugzeugführer werden durch den großen Sternmotor und eine Panzerplatte hinter dem Führersitz abgeschirmt. Von allen deutschen Maschinen kann die »Eins-zwei-drei« am meisten Treffer schlucken.

Die Formation schwenkt nach Norden, nimmt bei den Kavalleristen der Armee Posen Maß, geht mit der Höhe herunter. Im gleichen Augenblick schreit Lochner: »Die Laster! Die Laster sind da!«

Während die Soldaten des 35. Panzerregiments ihre Kampfwagen auftanken und munitionieren und wieder kriegsverwendungsfähig werden, gehen die »Schlächter« gegen die Stoßkeile des Generals Kutrzeba vor. Ihre Stärke ist ihre Bewaffnung. Sie haben zwei Maschinengewehre, die durch die Luftschraube schießen, schleppen je zwei 50-Kilo-Bomben und 94 Zwei-Kilo-Geschosse mit. In ihrem Rumpf ist ein Zusatztank, den sie so in die Reihen des Gegners werfen können, daß er wie eine Napalmbombe wirkt.

Generalmajor von Richthofen setzt 30 HS 112 der II. Gruppe des LG 2 als Feuerwehr ein, um die Krise um die 30. Infanteriedivision zu bereinigen. »Die nächsten zwanzig Minuten waren für Kutrzebas Soldaten, die nie zuvor einen Luftangriff erlebt hatten, ein höllischer Alptraum«, schreibt Herbert Molloy Mason. »Die Maschinengewehre mähten Soldaten und Pferde nieder, hunderte Splitterbomben regneten auf sie herab, die 50-Kilo-Bomben warfen Erdfontänen auf, durchschlugen die Wälder, und ihre Splitter bohrten sich in Mensch und Tier. Selbst nachdem sie ihre Bomben geworfen und ihre Munition verschossen hatten, beendeten die HS 112 ihre Tiefangriffe nicht. Die Piloten wußten, daß bei 1800 Umdrehungen der BMW-Motoren die dreiflügeligen Luftschrauben einen unbeschreiblich ohrenbetäubenden Lärm erzeugten. Unter seinem Eindruck verloren selbst harte Soldaten die Nerven und flohen nach allen Seiten, während die Pferde schlechthin verrückt wurden. Auf die Henschel folgten Ju 87 und dann Do 17 und He 111, die von der Luftschlacht über Warschau abgezogen worden waren. Den Abschluß bildeten Tiefangriffe von Me-110-Zerstörern. Die Bedrohung der deutschen 30. Infanteriedivision war mit einem Schlag beseitigt worden; die polnischen Überlebenden der ganztägigen Angriffe aus der Luft zogen sich im Schutz der Dunkelheit über den Fluß zurück. Die Verwundeten wurden zum Großteil mit Hilfe der wenigen Fahrzeuge, die den Angriff überstanden hatten, geborgen, und die Kavalleristen zogen über das Schlachtfeld und gaben den blessierten Pferden den Gnadenschuß. Am nächsten Tag kehrten die Schlachtflieger und mit ihnen die Schrecken des Vortags zurück. Die Armee Posen wurde auf einen etwa 30 mal 45 Kilometer großen Raum zusammengedrängt, der zu einem Schießplatz der Luftwaffe wurde. Die Polen wehrten sich mit Gewehren, Maschinengewehren und leichter Flak, schossen auch einige Flugzeuge ab, aber die von allen Seiten angreifenden Kräfte waren schlechthin überwältigend. Kein Fußbreit Erde blieb verschont.«

Die Krise war bereinigt. Die 10., 8. und 4. Armee kreisten Kutrzebas Verbände im Norden, Osten und Süden ein und drängten sie bei verlustreichen Kämpfen auf beiden Seiten auf einen kleinen Raum zwischen der Bzura und der Weichsel zusammen. Die Polen schlugen sich noch immer todesmutig, wiewohl sie keine Chance mehr hatten; nur wenigen polnischen Soldaten gelang auf nächtlichen Schleichpfaden die Flucht durch die deutschen Linien.

Und weiter griffen die deutschen Geschwader an. »Die heftigen Luftangriffe auf die Flußübergänge bei Wittkowitz haben, sowohl was die Zahl der eingesetzten Flugzeuge als auch was die Heftigkeit der Angriffe und die geradezu akrobatische Kühnheit der Flugzeugführer betrifft, kein Beispiel«, urteilte General Kutrzeba hinterher. »Jede Bewegung, jede Truppenansammlung, jeder Marschweg geriet unter ein alles zermalmendes Bombardement ... Die Brücken wurden zerstört, die Furten blockiert und die sich stauenden Kolonnen der Soldaten dezimiert ... Zu dritt fanden wir Deckung in einem kleinen Birkenwald außerhalb des Dorfes Myszory. Dort verblieben wir, unfähig, uns zu rühren, bis gegen Mittag die Luftangriffe vorübergehend aussetzten. Die Fortsetzung der Schlacht hätte nur ein Ausharren bedeutet. Blieben wir an Ort und Stelle, so drohte uns allen das Grab durch die Luftwaffe.«

Am 17. September endete im großen Weichselbogen die »Schlacht von Kutno«. 170000 polnische Soldaten gerieten in deutsche Gefangenschaft. Die erste große Einkesselungsschlacht des Zweiten Weltkriegs war geschlagen. Zwar hielten sich auch weiterhin Festungen und Plätze, wie die polnische Hauptstadt Warschau, wie Hela, die Westerplatte, Modlin, mit dem Mut der Verzweiflung, aber den sieben polnischen Armeen war das Rückgrat gebrochen.

Den Todesstoß führten nicht die Deutschen, er kam von völlig überraschender Seite: Am 17. September, dem Tag der Kapitulation an der Bzura, fielen sowjetische Divisionen auf der gesamten Grenzfront über Polen her. Die Rote Armee kämpfte sich bis zu Narew, Weichsel und San vor. Die Verteidiger, ohnedies am Ende, mußten jetzt auch noch einen Zwei-Fronten-Krieg führen. Zwischen Bialystok und Kowel setzten sie den sowjetischen Aggressoren fanatischen Widerstand entgegen, 737 Sowjets sind dabei gefallen.

An der Demarkationslinie trafen deutsche und russische

Truppen als Partner aufeinander. Die Angreifer aus dem Westen zogen sich zurück; die aus dem Osten drängten nach. Die Stadt Lemberg, eben noch von deutschen Truppen belagert, wurde nunmehr von der Roten Armee berannt. Die Polen kapitulierten den Russen gegenüber erst, als sie ihnen den freien Abzug nach Rumänien garantierten. Die Sowjets brachen das Versprechen, und 217000 polnische Soldaten gerieten in russische Gefangenschaft.

Warschau war von deutschen Truppen eingeschlossen und sollte durch die Blockade zur Kapitulation gezwungen werden. Hitler bestand auf der Bombardierung. Deutsche Flugzeuge kreisten von morgens bis abends über der fast wehrlosen Stadt. Stuka-Bomben zerstörten die Wasserleitungen. Die Artillerie feuerte in das Häusermeer. Überall am Horizont markierten Rauchwolken die Brände. Zuletzt wurden auch noch Ju-52-Transportmaschinen eingesetzt. Da sie keine Bombenschächte hatten, hängte man die Türen aus. Die Bordschützen warfen mit Kohlenschaufeln Tonnen von Stabbrandbomben auf Warschau. Frauen und Kinder versuchten das Flammenmeer mit Wasser zu löschen, das sie nicht hatten.

Schon vor dem Fall Warschaus befahl Hitler die Westoffensive noch für den Herbst 1939. Am 27. September kapitulierte die polnische Hauptstadt. Einen Tag später schlossen mit der vierten Teilung Polens Großdeutschland und die Sowjetunion einen Grenz- und Freundschaftsvertrag ab. Erst jetzt wurden die geheimen Zusatzabkommen, bei denen Hitler zum Beispiel Litauen den Sowjets opferte, bekannt.

Aus dem Zusammenwirken der feinen Brüder Hitler und Stalin sollten Horrornamen wie Auschwitz, Treblinka, Maidanek und Bergen-Belsen entstehen. Und auch Katyn. Hier, in dichten Wäldern, wurden Massengräber von insgesamt 4100 von den Sowjets durch Genickschuß getöteten polnischen Offizieren gefunden. Historiker schätzen, daß insgesamt 10000 Mitglieder des polnischen Offizierskorps liquidiert worden sind.

Die Sowjets hatten mit den Polen einen gültigen Nichtangriffspakt, über den sie sich hinwegsetzten. Die Engländer und

Franzosen hatten ein gültiges Abkommen mit den Polen, gegen jedes Land Krieg zu führen, das sie angriffe. Sie verzichteten unter Bruch des Vertrags darauf, Stalin den Krieg zu erklären. Der zwischen Großdeutschland und der Sowjetunion geschlossene Grenz- und Freundschaftspakt, auf zehn Jahre befristet, sollte über knapp 19 Monate nicht hinauskommen. Von wem auch immer geschlossen, die Verträge waren das Papier nicht wert, auf dem sie standen.

Der 19-Tage-Feldzug im Osten ist zu Ende. 700 000 Polen geraten in deutsche Gefangenschaft, 160 000 gelingt es, sich in Nachbarländer abzusetzen und später weiterzukämpfen. Auf deutscher Seite sind 10 572 Soldaten gefallen, 3409 vermißt und 30 322 verwundet. 285 deutsche Flugzeuge sind auszubuchen.

Längst vor Ende des Polenfeldzugs war die Hälfte der deutschen Kampfflugzeuge in den Westen abgezogen worden. Ebenso werden Panzereinheiten, die Verluste erlitten, sich jedoch glänzend bewährt hatten, vorzeitig aus dem Kampf genommen. Sie sollen in ihren Garnisonsstädten aufgefüllt, die Motoren überholt und die Verluste ausgeglichen werden.

So fehlt das Panzerregiment 35, per Schiene unterwegs in seine Garnisonsstadt, bei der großen Siegesparade im eroberten Warschau. »Man hat vergessen, die 4. Panzerdivision dazu einzuladen«, heißt es in Hans Schäuflers Chronik »So lebten und so starben sie«, »aber die zerschossenen und zum Teil ausgebrannten 30 Panzer unseres Regiments, die vom Stadtrand bis zum Hauptbahnhof standen, erinnerten die Teilnehmer an der Parade daran, wer es war, der am 8. und 9. September in blutigem Kampf als erste Truppe tief in die feindliche Hauptstadt hineingestoßen ist.«

Kudritzki, Seelmann und Gütler werden in Polen noch zu einem Auftrag benötigt, der in keiner Heeresdienstvorschrift steht. Von Einheit zu Einheit in Marsch gesetzt, landen sie schließlich in der Nähe von Wielun mit dem Befehl, sich bei einer deutschen Kommission zu melden, die Vermißtenfälle zu untersuchen hat. Das frißt Zeit, aber einstweilen schieben sie eine ruhige Kugel, und was das wert ist, haben die drei Panzersoldaten inzwischen gelernt.

Man stopft sie mit Verpflegung voll, und dann fassen sie bereits am frühen Morgen Schnaps, als müßten sie Mut tanken. Sie werden aufgefordert, sich bereit zu halten, aber es dauert nicht lange, bis man sie holt.

Ein frisches Massengrab, soeben ausgehoben, gefüllt mit halb verwesten Leichen in einer Art Räuberzivil. Landsturmsoldaten, die ihre Gewehre mit den überlangen Läufen in Pyramiden zusammengestellt haben, legen den schrecklichen Fund frei. Es geht langsam, ab und zu macht einer schlapp und muß abgelöst werden, denn sowohl Geruch wie Anblick sind unerträglich.

Während sie das Endprodukt des Heldentods aus dem Loch heben und in einer Reihe aufschichten, repariert ganz in der Nähe eine Propagandakompanie die Lautsprecher ihres Übertragungswagens. Sie haben befehlsgemäß von Einheit zu Einheit zu fahren und den Kriegsgeist zu besorgen. Als Requisit dienen ihnen Führerreden auf Schallplatten.

»Kommen Sie, Kudritzki«, sagt ein Sanitätsoffizier.

Der Junge aus Essen starrt auf Sagorskis zerteilten Körper und Kienbaums fast unkenntliches Gesicht. Er spürt, wie sich sein Magen mit Übelkeit beschlägt, wie der Schnaps langsam, doch unaufhaltsam die Speiseröhre hochkriecht. Er nickt und will weggehen.

»Seien Sie nicht so zimperlich!« fährt ihn der Stabsarzt an. »Sie werden noch genug Tote zu sehen kriegen.« Er merkt, daß sein Anschiß den verstörten Jungen nicht erreicht, und setzt etwas leiser hinzu: »Es ist für uns alle nicht schön, aber wir müssen die Namen haben, für die Angehörigen.«

Kudritzki steht vor einem Toten, den er nicht mehr identifizieren kann. In diesem Moment dreht der Ü-Wagen auf. »Wir alle bekennen uns nur zu unserem alten Grundsatz«, tönt Hitlers Stimme.

»Leimer«, sagt Kudritzki, »Leutnant Leimer muß das wohl sein.«

Der Stabsarzt nickt. »Und wer ist der mit dem verbrannten

Gesicht?« fragt er.

Der Gefreite schüttelt den Kopf. Auch die anderen beiden können keine Namen nennen.

»Es ist gänzlich unwichtig, ob wir leben«, dröhnt der Lautsprecher weiter, »aber notwendig ist es, daß unser Volk, daß Deutschland lebt!«

Kudritzki lehnt sich gegen einen Baum und übergibt sich. Dann nimmt er sich zusammen und sucht unter den Toten seinen Kumpel Haselmann. Erst später wird er erfahren, daß der sommersprossige Junge von mitleidigen Zivilisten geborgen, vor den eigenen Soldaten versteckt und gepflegt worden ist. Nach dem Einmarsch der deutschen Truppen muß Haselmann der rechte Oberschenkel amputiert werden. Der Krieg ist für ihn zu Ende. Vorläufig wenigstens, denn noch kann sich keiner vorstellen, daß er so lange dauern und in einen solchen Verzweiflungskampf ausufern wird, daß man dazu übergeht, auch Einbeinige als Nachschubfahrer einzusetzen.

Einstweilen jubelt die Zivilbevölkerung ihren Helden zu, die den ersten Blitzsieg der Militärgeschichte errungen haben. Auch auf den Straßen Bambergs stehen zwischen dem Bahnhof und dem Kasernengelände im Osten Hitlerjungen und Zivilisten und jubeln ihren Heimkehrern zu. Die Panzer sind gewaschen, die Gesichter der Soldaten rasiert und ihre Uniformjacken meistens dekoriert. Die Kommandanten stehen in ihren schwarzen Uniformen mit dem Totenkopf auf der Mütze in den offenen Türmen und winken lässig.

Keiner der Zuschauer dieses Triumphzuges stellt fest, daß 45 Panzer fehlen, 64 Soldaten gefallen und 58 verwundet sind.

Sonderunternehmen P

Ganze Schwärme schriller Möwen kreisen um den schlanken Stahlfisch. Der Kommandant von U 47 ist schon wieder bei Kommodore Dönitz, dem Führer der Unterseeboote, an Bord der im Kieler Hafen liegenden »Weichsel«. Dauerkonferenz in der Messe, die zweite schon innerhalb von zwei Tagen. Dabei kann sich die ganze Crew vorstellen, daß sich der mittelgroße, stämmige Kapitänleutnant Günther Prien – er kann wie ein Junge lachen und wie ein Roßkutscher fluchen – vor dem Auslaufen viel lieber bei seiner hübschen Frau und seiner niedlichen Tochter in der Marinesiedlung Kiel-Wik aufhalten würde.

»Möcht' nur wissen, was die da ausbaldowern«, sagt der Funkobergefreite Steinhagen.

»Da ist was Besonderes los, verlaßt euch drauf, Kumpels«, entgegnet der Gefreite Thewes von den Mechanikern. »Der Alte«, setzt er hinzu und markiert mit der flachen Hand den Halsausschnitt, wo das Ritterkreuz sitzt, so man es hat, »der will sich wohl die Blechkrawatte verdienen.«

»Warum auch nicht«, versetzt der Maschinengefreite Hötzer. »Da fällt sicher auch was für uns ab.«

»Mindestens das EK II«, erwidert Thewes. »Und vielleicht noch 'n Heimaturlaub dazu.«

»Damit du dann anständig angeben kannst«, sagt Steinhagen und zahnt mit den Mundecken fast bis zu seinen Ohren. »Als Held der sieben Meere.«

Die Umstehenden lachen, und dann beginnt wieder das Ratespiel, ob es diesmal in die Nordsee geht, in den Atlantik oder wieder in die Bucht von Biskaya. Weisheiten werden verzapft. Einer erzählt dem anderen, was er nicht weiß, bis sich der junge Oberleutnant Varendorff in das Palaver einmischt. »Was gibt's denn hier zu quasseln, Leute?« fragt er. »Ist ein Hellseher unter euch?«

»Nein, Herr Oberleutnant«, antwortet Werder, der Maschinen-Maat. »Kein Spökenkieker.«

»Also, dann haltet auch gefälligst die Klappe«, entgegnet der II WO.

»Dazu ist noch im Einsatz genug Gelegenheit«, mault Hötzer. »Wo geht's denn diesmal hin, Herr Oberleutnant?«

»Was weiß ich«, läßt Varendorff die unziemliche Frage durchgehen. »Aber wenn ich's wüßte, würde ich es Ihnen auch nicht auf die Nase binden. Ihr seid ja neugierig wie alte Weiber.«

»Kameradenschwein«, murmelt einer aus dem Hintergrund, sicherheitshalber so leise, daß es der II WO nicht hören kann.

U 47 ist nach seiner ersten, bereits erfolgreichen Feindfahrt längst aus der Werft zurück, überholt und bereits für den nächsten Einsatz ausgerüstet. Alle Besatzungsmitglieder haben sich zurückgemeldet, die Mannschaft ist vollzählig, das Boot aufgebunkert und bis in den letzten Winkel mit Proviant vollgepfropft. Nun lungert die Besatzung im Hafen herum, zuerst auf dem Wohnschiff »Hamburg« und jetzt an Bord von U 47, mit den Augen in den Matrosenkaschemmen, mit beiden Beinen aber auf dem einsatzklaren Tauchboot.

Ausgehverbot, dabei haben sie Geld wie Heu. Nachts träumen sie von versenkten Bruttoregistertonnen und Sonderurlaub, der dem Einsatz folgen wird; Milchgesichter, in denen bei der Heimfahrt Seemannsbärte sprießen werden – so es eine Rückreise gibt.

In der sechsten Kriegswoche haben alle Boote bis auf drei ihre Stützpunkte längst wieder erreicht. U 35 operiert noch im Ärmelkanal, aber zu zwei weiteren Tauchbooten war der Funkkontakt abgerissen, was das Schlimmste befürchten ließ. Kurz darauf bestätigt sich ihr Untergang, als die Briten bekanntgeben, daß sie U 39 nach einem Angriff auf die »Arc Royal« am 14. September versenkt haben und von ihnen sechs Tage später – nach einem kombinierten Zerstörer- und Bomberangriff im Butt of Lewis – auch U 27 gestellt und vernichtet worden ist. Die

Besatzungen dieser ersten beiden U-Boote, die eine endlose Verlustliste anführen werden, waren bis zum letzten Mann von den Tommies aufgefischt worden.

An Bord von U 47 ist das Debakel seit Tagen bekannt. Kaum ein Grund zur Unruhe. Mehr Bedauern für die abgesoffenen Kumpels, die in diesem Krieg auf Lametta und Orden, Sonderverpflegung und Sonderurlaub und auf die U-Boot-Zulage verzichten müssen.

Die Männer von U 47 dreschen Skat, erzählen einander Witze oder zum hundertsten Mal, was sie im Urlaub mit den Mädchen alles angestellt haben. Die Gespielinnen der Phantasie werden immer schöner und üppiger, richtige Tittenfees mit Prachtärschen, und jeder läßt den anderen mal an sie heran und ermuntert ihn noch zum Kameradendiebstahl.

Mitten in der verbalen Matratzenschlacht unterbricht Oberleutnant Endraß, der I WO, die Freizeitbeschäftigung.

Seine Befehle wirbeln die Crew auseinander; sie sind knapp und klar und doch unverständlich, weil es ein Blödsinn ist oder eine Schikane, den Kahn zuerst bis zum letzten Winkel vollzustopfen und dann die Hälfte des Proviants wieder an Land zu schaffen. Sie führen die Befehle aus, schweigend und gespannt, aber beim Essen merken sie, daß ihnen der Teufel in den Labskaus gespuckt hat.

Zuerst die Sache mit den Torpedos: Die Todesaale mit Preßluftantrieb werden ausnahmslos gegen elektrische ausgetauscht. Das läßt sich noch halbwegs erklären, denn die Kompressorgeschosse haben 180 Kilo Sprengkraft weniger als die jetzt an Bord genommenen und ziehen eine verräterische Blasenbahn. Vielleicht will der Alte diesmal nur ganz dicke Pötte knacken.

Aber dann kommt's erst richtig toll: Der Brennstoff, der auf jeder Feindfahrt knapp ist, wird auf einmal zur Hälfte aus den Tanks gepumpt. Das rare Trinkwasser ist ebenfalls teilweise abzulassen, und die wasserdichten Proviantsäcke verkehren in falscher Richtung. Die geschätzte Sonderverpflegung, die sonst in Form von Hartwürsten und Schinken malerisch von der Decke baumelt – ein Stück Schlaraffenland inmitten der Seehölle –, wird wieder von Bord geschafft. Dabei ist klar: Ein Seemann dieser Waffengattung ißt häufig im Stehen oder gebückt oder im Liegen und oft mit dreckigen Händen, doch stets nur das Feinste. Er hat die Taschen voller Zigaretten, wenn auch bei ständigem Rauchverbot. Sonst heißt es: 40 Mann und ein Klosett, aber jetzt verfolgt der Maschinengefreite Biermann verblüfft, wie sogar der zweite Schiffsgarten, sonst - Zweck geht vor Notdurft und Delikatesse - bis obenhin mit Verpflegung vollgepfropft, jetzt geräumt wird. »Mensch«, sagt er, »zwei Scheißhäuser; das wird die reinste Luxusreise!«

»Schön wär's«, entgegnet Werder. »Entweder setzen die uns auf halbe Ration, oder wir sind in drei Wochen schon wieder in Kiel.«

»Oder im Herbst bei der Kartoffelernte in Schottland«, unkt Thewes.

»Schnauze!« versetzt Werder gereizt.

Keiner will sich an der Schwarzmalerei beteiligen, und eine Stunde später unterbricht der zurückkehrende Kommandant ohnedies alle Debatten. Die Besatzung tritt zu seinem Empfang am Oberdeck an. Kapitänleutnant Prien steigt aus dem Verkehrsboot, schon von weitem erkennbar an seiner weißen Mütze; auf seiner Uniformjacke leuchtet das brandneue Band zum EK II wie ein frischer blutiger Schnitt. Der Alte ist erst 31 - für einen U-Boot-Kommandanten bald ein Methusalem-Alter. In Lübeck geboren und in Leipzig aufgewachsen, diente er als Offizier der Handelsmarine, mit einem »Kapitän auf großer Fahrt«-Patent.

Der Kapitänleutnant nickt seinen Männern zu, spricht ein paar Sätze, aber die Erklärung, auf die sie brennen, gibt er nicht. Sie verhehlen ihre Enttäuschung, so gut es geht. Die Besatzung von U 47 - im Durchschnitt 20 Jahre alt - weiß, daß ihr Kommandant ein Mann mit Hirn und Mumm ist, ein gelernter Mariner, der sich auf See fast sicherer bewegt als an Land. Das ist schon die halbe Lebensversicherung, und den Rest müssen sie sich dazudenken.

Bevor der Kapitänleutnant den Befehl »Leinen los!« gibt,

kommt es zu einer Zufallsbegegnung, die ihm einen Moment lang mehr Gänsehaut verschafft als explodierende Wasserbomben: U 40, von der Torpedoübernahme vom Arsenal Kiel-Gaarden zurückkehrend, läuft in die Förde ein. Beim Vorbeifahren kommt es zu dem üblichen Plausch von Brücke zu Brücke. »Na, Günther«, ruft Leutnant Barten durch die Flüstertüte, »hast du was Besonderes vor?«

»Wir laufen aus«, antwortet Prien.

»Na, der Alte wird ja nicht so verrückt sein und dich in die Höhle des Löwen schicken«, entgegnet Barten lachend, und der Kommandant von U 47 erstarrt einen Moment.

Kommodore Dönitz ist so verrückt, und Prien ist noch verrückter, den ihm freigestellten Wahnsinns-Raid zu wagen. Nur Oberleutnant Endraß und Obersteuermann Spahr, beide auf Geheimhaltung vergattert, kennen das Ziel des Sonderunternehmens P, das der US-Konteradmiral Dan Gallery später mit den Worten »Die größte individuelle Kriegstat zur See, die noch lange Jahre gelten wird« würdigt.

Der Kommandant von U 40 hat, ins Blaue schießend, zufällig ins Schwarze getroffen. Prien und Barten, zwei Freunde, winken sich noch einmal zu; sie wissen nicht, daß sie sich nie mehr wiedersehen werden, denn am gleichen Tag, an dem Prien in die Basis der Home Fleet eindringen wird, explodiert, auf eine Mine gelaufen, U 40 im Kanal und sinkt sofort. Keine Überlebenden.

E-Motoren ziehen das 66,5 Meter lange Schiff von der Pier weg. U 47 wendet ins Fahrwasser. Die Diesel-Motoren werden angeworfen. Das Unterwasserboot mit vier Offizieren und 36 Mann Besatzung tuckert durch den Kaiser-Wilhelm-Kanal zur Nordsee, die so kurz nach Kriegsbeginn bei den deutschen Matrosen noch nicht Mordsee heißt. U 47, im Jahre 1937 bei der Germania-Werft, einer Krupp-Tochter, auf Kiel gelegt und 1939 vom Stapel gelaufen, hat die Feuertaufe bereits hinter sich. Drei alliierte Frachter, die Dampfer »Bosnia«, »Rio Claro« und »Gartavon«, liegen auf dem Meeresgrund, zusammen 10113 BRT.

Ihre Besatzungen wurden größtenteils gerettet. Das ließ sich

Kommandant Prien Zeit und Nerven kosten. Noch gibt sich der Seekrieg meistens richtig fein; beide Seiten ziehen sich Handschuhe an, bevor sie einander morden.

Mit halber Kraft ziehen die beiden Jumbos, die mächtigen 1400-PS-Diesel-Maschinen, das schmale Boot durch die Nacht; sie ist stockfinster. Für die Beobachter im Turmausguck ersäuft die Kimm im Wasser, die richtige Beleuchtung für ein Himmelfahrtskommando: Es ist auf einen Dreizehnten angesetzt, der auch noch ein Freitag ist.

Nach sieben Stunden hat U 47 die offene See erreicht und nimmt Kurs Nord-Nordwest. Direkter Anmarsch. Ein paar Frachter, dicke Brummer, kommen dem Tauchboot vor die Torpedorohre, aber Prien – sonst auf Tonnage aus wie ein Wucherer auf den Zins – gerät nicht in Versuchung. Wer ihn auf dieser Fahrt beobachtet, wie er schon bei der fernsten Rauchfahne auf Seerohrtiefe geht, muß annehmen, U 47 befehlige Kapitän Hasenfuß.

Prien schweigt sich noch immer aus, ein beweglicher Mann, voller Optimismus und guter Laune, wiewohl er früher bei der christlichen Seefahrt bessere Tage erlebt hat. Heute überträgt sich seine Gelassenheit auf seine Männer weniger wirksam als sonst. Das Schiff hat vor dem Auslaufen einen blinden Passagier an Bord genommen: die Spannung.

U 47 erreicht Helgoland. Alarmtauchen. Die vier Männer der Brückenwache plumpsen wie Fallobst durch den Turm in die Zentrale. Wenn das Boot in 20 Sekunden von der Wasseroberfläche verschwunden sein soll, bleiben jedem von ihnen dafür 1,25 Sekunden Zeit, bei Übungsfahrten mit der Stoppuhr geprobt, im Einsatz unter Umständen lebensrettend.

Die dienstfreien Besatzungsmitglieder fahren von der Schlafkoje hoch und flitzen auf Gefechtsstation. Drei Mann vom technischen Personal schuften in der Zentrale, neun in den Dieselräumen, sieben in der E-Anlage, und vier machen sich bereit, die Dreckarbeit an den Torpedorohren zu verrichten.

»Ist es schon wieder soweit?« fragt hier Obermaat Bleek grinsend den Obergefreiten Herrmann – mit 19 ist der Junge der

Benjamin von U 47 –; vielleicht liegt es an der Beleuchtung, aber er ist schon wieder grün im Gesicht. Grün vor Angst, nicht vor den Tommies, sondern von der Seekrankheit, die ihn häufig heimsucht. Gleich nach dem Auslaufen ist es bei ihm soweit; die Kumpels ziehen ihn durch den Kakao, aber sie greifen ihm bei der Arbeit auch unter die Arme, bis er sich, wenn das Boot auf Grund liegt, erholt hat.

Probealarm.

U 47 taucht wieder auf. Der Antrieb wird von den E-Motoren auf die Diesel umgeschaltet, um Strom zu sparen. Bei Unterwasserantrieb schafft U 47 nur 60 Seemeilen in 24 Stunden, dann sind die Batterien am Ende, und das Boot muß auftauchen, um sie durch die von den Jumbos getriebenen Generatoren wieder aufzuladen. Jeder Kommandant wird deshalb darauf aus sein, Elektroenergie zu sparen, aber von nun an geht auf dieser Fahrt der Alte ganz dazu über, am Tag unter Wasser zu bleiben und nur im Schutz der Dunkelheit wieder aufzutauchen.

Zwar ist es unter Deck immer Nacht, aber jetzt merkt doch jeder, daß die Zeit versetzt ist. Bei Tag wird gepennt; das Frühstück gibt es um Mitternacht und das Mittagessen am Abend. Zwei Smutjes werkeln in der vier Quadratmeter großen Kombüse. Jeder bekommt das gleiche und soviel er will.

Alle atmen dieselbe schlechte Luft, sie miefen gleich und mit jedem Einsatztag mehr. Sie pinkeln in dieselbe Konservendose, wenn der Schiffsgarten wieder besetzt ist, weil die Deckwachen den Vortritt haben. Sie teilen die Angst miteinander und die Zoten. Sie schlafen zu zweit in einem Bett, nicht nebeneinander, sondern nacheinander. Jeder hat an allem Anteil, weiß, ob sein Nebenmann in der Koje schwitzt oder schweinigelt, mit der vollen Blase ringt oder gegen schlechte Verdauung ankämpft, ob er schläft oder betet, schnarcht oder träumt, einen Furz läßt oder beim Aufwachen einen Wasserständer hat. Und die Prinzessin auf der Erbse kann ohnedies keiner spielen, der im Konkubinat mit hochexplosiven Torpedos lebt.

»Wenn Worte oder Informationen von der Brücke kommen, nehmen sie die Männer auf wie Blinde, denen man vom Licht erzählt«, schreibt Hans Herlin in seiner Dokumentation »Verdammter Atlantik«. »Sie standen auf ihren Posten vor ihren Instrumenten. Jeder kannte nur seine Aufgabe. Sie waren Galeerensklaven einer modernen Zeit, 40 Männer in einem engen, stählernen Verließ. Ihre Lungen waren angefüllt mit den Abgasen der Motoren, und um sie war der Geruch ihrer Uniformen, die sie, solange sie auf See waren, nie ablegten und wie eine zweite Haut trugen. Sie hörten Geräusche. Sie hörten Kommandos. Sie versuchten, sich aus allem ein Bild zu machen. In Wahrheit konnten sie nur vertrauen. Sie konnten nur hoffen. Sie konnten Angst haben. Sie konnten mit offenen Mündern lauschen. Oft wußten sie nicht einmal, wann der Tod näher kam . . .«

Als U 47 in der Abenddämmerung südlich der Doggerbank auftaucht, hat es die Trimmtests und die deutsche Minensperre, »Westwall« genannt, bereits hinter sich. Es herrscht stürmischer Seegang. Der Himmel ist grau, und die Männer auf dem Wintergarten müssen sich anschnallen, um von den Brechern nicht über Bord gefegt zu werden. Das Boot mit dem Stier als Wappen am Turm bleibt auf Nordostkurs.

Am nächsten Morgen legt es sich tagsüber wieder auf Grund und taucht erst in der Abenddämmerung wieder auf. Die See kocht. Ausgerechnet der Obergefreite Herrmann, der so darunter leidet, ist als Backschafter in der Offiziersmesse eingeteilt. Er klappt die Tische raus, staubt sie ab, holt das Essen aus der Kombüse, kämpft sich in die Zentrale zurück:

»Herr Kaleu«, ruft er zur Brücke hinauf, »Ihr Essen.«

Das Boot krängt, legt sich in diesem Moment mit einem Ruck auf die Seite. Das Tablett fällt zu Boden, und die Kanne mit Kakao schwappt dem LI über die Hose, im gleichen Moment, da sich der Kommandant nach unten zwängt.

»Macht nichts, Herrmann«, tröstet er seinen Backschafter. »Soll mir der Smutje eben 'n Butterbrot zurechtmachen.«

Der Junge, der den Auftrag hatte, die Ohren zu spitzen, kann seinen Kumpels nur die Panne berichten, nicht jedoch, wohin die Reise geht.

Am Freitag, dem 13., ist U 47 kurz vor dem Ziel und geht um 4 Uhr 37 wieder auf Tiefstation. Der Kommandant befiehlt alle verfügbaren Männer in den Torpedoraum. Es braucht Zeit und Geduld. Damit sich das Boot in der Waage halten kann, muß das Körpergewicht jedes einzelnen Besatzungsmitglieds ausgetrimmt werden. Aber schließlich ist der größte Teil in dem schmalen, kalt-erhellten Raum mit den hochgeklappten Schlafkojen versammelt. In bunter Reihe: stehend, liegend, nebeneinander, aufeinander – selbst wenn die Hälfte der Fressalien zu Hause bleibt, geht es an Bord eines U-Boots noch zu wie in einer Heringsbüchse.

»Danke, bleiben Sie sitzen«, sagt Prien, als einer Meldung machen will. Er betrachtet seine Männer, lächelt ihnen aufmunternd zu; er hat sich ein paar markante Sätze zurechtgelegt, aber jetzt fehlt ihm die Zeit oder die Lust, oder das richtige Wort. »Ich will nicht lange darum herumreden«, beginnt der Kaleu lakonisch. »Wir werden versuchen, in die Hafenbucht von Scapa Flow einzudringen. Die Luftaufklärung hat ergeben, daß die britische Home Fleet hier versammelt ist.« Er stellt fest, daß seine Matrosen überrascht, aber nicht verstört sind. »Wir werden versenken, was uns vor die Rohre kommt. Haut euch jetzt in die Koje. Wecken um 16 Uhr.« Bevor er in die Zentrale zurückgeht, dreht er sich noch einmal um und setzt hinzu: »Ich verspreche euch, daß ich alles tun werde, um euch wieder heil aus Scapa Flow herauszubringen.«

Leise surren die E-Motoren, jedes überflüssige Licht geht aus, um Strom zu sparen. Es wird nur noch geflüstert auf U 47, das aber, trotz der befohlenen Ruhe, lebhaft.

»Schiß?« fragt Biermann seinen Kumpel Thewes.

»Quatsch«, raunt er zurück. »Aber ich bin froh, wenn ich's überstanden habe.«

»Ich auch«, versetzt der Maschinengefreite. »Und wenn wir wieder zu Hause sind, dann wird 'n gewaltiges Faß aufgemacht, was?«

»Wenn –«, schränkt der Torpedomechaniker ein und starrt an die Decke.

Sie schließen die Augen, aber wer hinterher behauptet, geschlafen zu haben, ist ein Heuchler. Scapa Flow? Englands legendärer Seekriegshafen, auf dessen Grund die selbstversenkte deutsche Flotte aus dem Ersten Weltkrieg liegt? Das Sprechverbot unterbindet Zustimmung wie Angst. Die Männer denken an die unter Wasser ausgelegten Netze. An die Horchgeräte. An die Sicherungsfahrzeuge. An die Küstenbewachung. An die Minen – und an die Verfolgungsjagd, die von den Briten ausgelöst werden würde, falls es U 47 tatsächlich gelänge, im Hafen ein Schlachtfest zu veranstalten.

Der Versuch, in die Höhle des Löwen einzudringen, ist selbstmörderisch, aber nicht neu: Im November 1914 hatte es Kapitänleutnant von Hennig mit UB 18 versucht, im Kielwasser eines Frachters durch den Hoxa-Sund zu schleichen; er wurde von einem Patrouillenboot erfaßt und gerammt. Ein Überlebender.

1918, kurz vor Kriegsschluß, versuchte UB 116 unter Oberleutnant zur See Emsmann noch einmal den Durchbruch. Horchgeräte erfaßten den stählernen Eindringling. Das Tauchboot lief gegen eine Minensperre und wurde von den Explosionen in Fetzen gerissen. Britische Taucher fanden Stunden später im Kommandoturm die Leichen von drei zerschmetterten Matrosen. Sie stiegen ein und kämpften sich, vorbei an grausam verstümmelten Toten, bis zum Kontrollturm vor. Sie sahen in dem verklemmten Luk zur Zentrale durch eine Spalte ausgestreckte Hände, als krampften sie sich, ins Leere greifend, an das Leben. Es konnte nicht festgestellt werden, ob sie dem Kommandanten von UB 116 gehörten, da sich das Luk nicht mehr öffnen ließ. Es war auch letztlich gleichgültig, denn alle Männer von UB 116 hatten im gleichen Moment den Tod gefunden, in der Minute, in der sie nach Scapa Flow eindringen wollten.

»Verdammt, also wieder gegen England«, hatte der Führer der Unterseeboote am Sonntag, dem 3. September 1939, in seiner Befehlsbaracke am Toten Weg in Wilhelmshaven die Meldung vom Kriegseintritt Großbritanniens quittiert. »Daß mir das noch einmal passieren muß.«

Karl Dönitz war von Seeoffizieren umgeben, die stumm seinen Zornesausbruch verfolgten; der U-Boot-Kommandant des Ersten Weltkriegs und U-Boot-Führer des Zweiten, Kommodore und Kapitän zur See auf dem Stuhl eines Admirals, der es in wenigen Jahren zum Großadmiral bringen würde, verließ wortlos den Kartenraum und igelte sich für eine Weile in seinem Büro ein.

Die Ablehnung eines neuerlichen Waffengangs mit der stärksten Seemacht der Welt hatte den Befehlshaber der einsatzfähigen U-Boote, über die Deutschland am Tage des Kriegsausbruchs verfügte, nicht daran hindern können, die Schlacht auf den Meeren tatkräftig vorzubereiten. Seit dem 19. August lagen vier Fünftel der kleinen deutschen Unterwasserstreitmacht in Lauerstellung an den großen Schiffahrtswegen, darunter 21 Frontboote, wie man die für den Antlantikeinsatz geeigneten grauen Wölfe des Typs VII nannte. Es waren 500-Tonnen-Boote, die mit einer 8,8 cm Spezialkanone und mit fünf Torpedorohren - vier am Bug, eines am Heck - bestückt und für eine Feindfahrt von mehr als 6000 Seemeilen ausgerüstet waren; sie konnten über Wasser mit einer Geschwindigkeit von 16,8 und unter Wasser von 8 Knoten laufen.

Die Unterwasserflotte bestand jedoch zur Hälfte aus 250-Tonnen-Booten des Typs II, die einst unter Umgehung des Versailler Vertrags nach deutschen Konstruktionsplänen auf finnischen, holländischen und spanischen Werften gebaut worden waren. Sie hatten nur 25 Mann Besatzung und nur drei Torpedorohre. Der begrenzte Aktionsradius ließ praktisch nur Einsätze in Küstennähe oder in der Nordsee zu. Sie würden bald aus dem Kampf gezogen und ausschließlich als Schulungsboote für neu auszubildende Besatzungen verwandt werden.

Mit 26 Frontbooten anstelle der geforderten 300 war nicht viel Seekrieg zu machen. Die 21, die Dönitz am Tage X im Einsatz hatte, stellten ein einmaliges »Massenaufgebot« dar. Nach einer Faustregel der U-Boot-Waffe kam auf ein Boot im Einsatz ein zweites beim An- und Abmarsch, ein drittes bei der Werftüberholung und Neuausrüstung; jetzt waren zwar alle Boote am

Start, aber nach der Ouvertüre mußte der übliche Rhythmus eintreten.

Als unbeirrbarer Lobbyist seiner Waffengattung hatte Dönitz immer wieder auf die Unterrepräsentation hingewiesen, aber im Zuge einer überstürzten Aufrüstung griffen viel zu viele Hände in einen viel zu kleinen Topf: Göring verlangte Flugzeuge, Guderian bestand auf Panzern, die Kriegsmarine aber wußte nicht, ob sie für einen Krieg über Wasser oder unter Wasser aufrüsten sollte.

Die potentiellen Feinde, die Engländer, hielten die U-Boot-Waffe für überholt, deshalb hatten sie bei dem Flottenabkommen des Jahres 1936, das die Stärke der deutschen Kriegsmarine auf 35 Prozent des Bestandes der britischen Flotte begrenzte, ohne weiteres der Sonderregelung zugestimmt, bei U-Booten eine 45-Prozent-Ausnahme zu machen.

Aber nicht nur die Engländer hatten den Kampf unter Wasser bereits abgeschrieben, auch im Oberkommando der deutschen Kriegsmarine war man ähnlicher Meinung: Was sollten langsame U-Boote im Zeitalter schneller Kampfflugzeuge? Schon vor der Erprobung des Blitzkrieges stimmten die Militärs weitgehend der Meinung des 1930 verstorbenen italienischen Fliegergenerals und Theoretikers Giulio Douhet zu, daß ein Krieg der Zukunft aus der Luft entschieden würde. Dönitz war ein einsamer Rufer in der Wasserwüste geblieben, lästig nicht nur den konkurrierenden Waffengattungen, sondern auch seinem eigenen Oberkommando. Wenn der Kommodore seine Waffe so weit ausbauen wollte, daß er die geplante Rudeltaktik anwenden konnte, mußte er spektakuläre Erfolge vorweisen, und zwar unverzüglich. Das hatte er den Kommandanten der grauen Wölfe eingeschärft; sie brannten darauf vorzuführen, wie tödlich ihre totgesagte Kampfesweise war.

Der 25jährige Oberleutnant zur See Fritz Julius Lemp gehörte zu den Kommandanten, die darauf brannten, die Schlagkraft ihrer Waffe vorzuführen. Zehn Stunden nach Kriegsausbruch lauerte er mit U 30 etwa 250 Seemeilen westlich von Irland feindlichen Handels- und Kriegsschiffen auf. Gegen 21

Uhr kam ihm ein dicker Pott, der mit abgeblendeten Lichtern fuhr, vor das Okular: der Überseedampfer »Athenia« (13581 BRT), mit 1400 Passagieren unterwegs von England nach New York.

Lemp sprach den auf Zickzackkurs laufenden Luxusliner fälschlich als Hilfskreuzer an und feuerte ohne Vorwarnung einen Torpedofächer auf ihn ab. Drei Todesaale explodierten im Ziel und rissen den Schiffsrumpf auseinander. Während die »Athenia« SOS funkte und südlich der Rochall-Bank unter den Schiffbrüchigen der Selbsterhaltungstrieb explodierte, schlich sich U 30 unter Wahrung der Funkstille davon.

Die englischen Zerstörer »Electra« und »Escort«, das norwegische Motorschiff »Knut Nelson«, der amerikanische Dampfer »City of Flint« und die schwedische Yacht »Southern Cross« kamen den Schiffbrüchigen zu Hilfe. An die 1300 konnten sie im Wasser auffischen, 112 Passagiere, unter ihnen 28 amerikanische, verloren ihr Leben. Der Zweite Weltkrieg hatte seinen »Lusitania«-Fall, der im Ersten entscheidend zum Kriegseintritt Amerikas beigetragen hatte.

Die alliierte Propaganda machte aus einer Voreiligkeit einen Akt entfesselter Barbarei. Die britische Admiralität schloß daraus, daß ihre Gegenspieler von vornherein einen totalen U-Boot-Krieg führen wollten, und stellte sich darauf ein.

Der Untergang der »Athenia« kam Hitler äußerst ungelegen; er hoffte noch darauf, nach Beendigung des Polenfeldzugs zu einem schnellen Friedensschluß mit den Engländern und Franzosen zu kommen. Der Diktator hatte deshalb die Kriegsmarine aufgefordert, die Regeln des Blockadekriegs so penibel einzuhalten, daß sie den Gegner geradezu schonten. Lemps Verhalten – ein Irrtum, doch auch eine Unmenschlichkeit –, belegt durch Hunderte von Zeugen in Wort und Bild, ließ die Hunnen des Ersten Weltkriegs aus der Greuellegende wieder auferstehen.

Propagandaminister Dr. Joseph Goebbels wußte Rat: Er drehte den »Athenia«-Zwischenfall um und behauptete, Winston Churchill habe an Bord dieses Schiffes eine Höllenmaschine zur Explosion bringen lassen, um durch die wahllose Ermordung amerikanischer Passagiere – unter ihnen Frauen und Kinder – die USA zum Kriegseintritt zu treiben.

Der Erste Lord der britischen Admiralität Winston Churchill wies diese Version unter scharfem Protest zurück, aber nicht alle glaubten ihm. Einwandfrei geklärt wurde die Wahrheit über die »Athenia« erst nach dem Kriege; dabei stellte sich heraus, daß Kommodore Dönitz die Besatzung von U 30 auf Stillschweigen vergattert und den Kommandanten Lemp gezwungen hatte, das Kriegstagebuch durch Herausreißen einer Seite zu fälschen; eine Order, die bewies, daß die Ehrauffassung der als besonders konservativ geltenden Marineoffiziere längst nicht mehr so steif war wie die Kragenecken ihrer blütenweißen Hemden.

Auch der nächste Akt des anrollenden Seedramas erwies sich als ein tragischer Irrtum, diesmal auf englischer Seite: Bei schwerem Seegang, mitten in der Nacht, war vor der norwegischen Küste auf der Höhe von Obrestad das englische U-Boot »Triton« auf ein vermeintlich deutsches U-Boot gestoßen. Die »Triton« griff sofort mit Torpedos an – und versenkte die »Oxley«. Nur der Kommandant und ein Matrose überlebten den Untergang des britischen U-Boots.

Inzwischen war an die deutschen U-Boote die Führerweisung ergangen, Passagierschiffe auch dann nicht anzugreifen, wenn sie im Geleit fuhren. Nur Truppentransporter blieben davon ausgenommen. Die U-Boot-Kommandanten hielten sich exakt an die Prisenordnung, aber der blutige Tonnagekrieg eskalierte rasch. U 48 kam die »Royal Spectre« vor die Torpodorohre. Kommandant Leutnant zur See Herbert Schulze versenkte den Frachter und funkte an Winston Churchill persönlich die Position durch, mit der Bitte, die Schiffbrüchigen zu retten: »Please pick up the crew.«

Am 17. September 1939 stieß U 29 unter Kapitänleutnant Schuhart im Bristol-Kanal auf den 22 500-Tonnen-Flugzeugträger »Courageous«, der sich in einem umständlichen Manöver in den Wind drehte, um seinen Bordflugzeugen die Landung zu ermöglichen. Angriff, Volltreffer. Die »Courageous« ging mit

500 Mann Besatzung unter.

Die SOS-Rufe angegriffener, brennender und sinkender Handelsschiffe verwandelten den Atlantik in ein blutiges Inferno. Die Engländer begriffen rasch, daß sie die U-Boot-Gefahr zu früh bagatellisiert hatten. In den ersten sechs Wochen des Krieges versenkten die von den Briten so genannten »Ungeheuer der Tiefe« fast so viel Tonnage wie im gesamten Kriegsjahr 1916.

»In der ersten Woche haben wir durch U-Boote 65 000 Tonnen verloren«, erklärte Churchill vor dem Unterhaus. »In der zweiten waren es 46 000 und in der dritten 20 000 Tonnen. In den letzten sechs Tagen haben wir noch einmal 9000 Tonnen verloren.« Der spätere Kriegspremier wollte nicht Verluste eingestehen, sondern mit den Zahlen beweisen, daß sich die Abwehr nach anfänglicher Überrumpelung verstärkt hatte.

Aber weiterhin jagten sich in Deutschland die Sondermeldungen, während britische Reeder große Schwierigkeiten hatten, für ihre dicken Handelspötte oder gar für die Tanker Seeleute anzuheuern. London stellte wieder Konvois zusammen, die von schnellen Kriegsschiffen umtollt wurden wie eine Schafherde von Hunden. Die Royal Navy verfügte über ein neuartiges Ortungsverfahren, das Asdic-Gerät, einen Vorläufer des Radars, das Positionen und Tiefen getauchter U-Boote mit untrüglicher Sicherheit ausloten sollte. Über den tatsächlichen Wert dieser Abwehrwaffen hatte man im OKM noch keine klaren Informationen. Aber die von den ersten Kriegseinsätzen heimkehrenden Boote hatten bereits mit Asdic unangenehme Bekanntschaft gemacht: Wenn sie von den Ortungsstrahlen erfaßt wurden, ging durch das ganze Boot ein widerliches Klicken, so als ob Kieselsteine wider die Stahlhaut geworfen würden. Kieselsteine hatten sie nicht zu fürchten, wohl aber die neuen britischen Wasserbomben, die auf genau eingestellten Tiefen krepierten.

Auch die deutsche Kriegsmarine verfügte über eine Geheimwaffe: TMB-Minen mit 400 bis 500 Kilo Sprengstoff. Sie explodierten, sowie ein vorbeifahrendes Schiff in ihr Magnetfeld geriet. Die Minen, in 20 bis 25 Meter Tiefe verlegt, konnten auch so eingestellt werden, daß sie auf Schraubengeräusche oder auf den Wasserdruck vorbeiziehender Pötte reagierten. Immer wieder mußten die Engländer an Bord ihrer Schiffe Explosionen hinnehmen, für die sie keine Erklärung hatten. Erst mit der Zeit entdeckten sie das Geheimnis der tödlichen Eier, mit denen U-Boote und Zerstörer die Seewege verseucht hatten, und begannen, ihre Schiffsrümpfe zu entmagnetisieren.

Die grauen Wölfe hatten zwar unerwartet und ungeheuer schnell den Trugschluß britischer und deutscher Admirale widerlegt, daß »diese besonders heimtückische Waffe« (Lothar-Günther Buchheim, Autor des Weltbestsellers »Das Boot«) ins Marinemuseum gehöre, aber die Reaktivierung bewies nur um so deutlicher, daß die Kriegsmarine von allen drei Wehrmachtsteilen am wenigsten auf den Kriegsausbruch vorbereitet war. Hitler hatte ihrem Oberbefehlshaber, Großadmiral Dr. h. c. Erich Raeder, wiederholt versichert, daß ein Krieg gegen England ausgeschlossen sei, und seine Garantie erst während der Sudetenkrise 1938 durch den Zusatz eingeschränkt: »Jedenfalls bis 1944.«

Hitler, der Binnenländer, hatte kein echtes Verhältnis zu den Seestreitkräften. Große Schlachtschiffe hielt der gebürtige Österreicher für eine Fehlinvestition und, in Erinnerung der Meuterei der Kieler Matrosen von 1918, für eine Brutstätte des Defätismus. Er traf zunächst keine oder naive Entscheidungen, wie zum Beispiel aus Symbolgründen die »Deutschland« in »Lützow« umzubenennen, um zu verhindern, daß möglicherweise im Zuge von Kampfhandlungen ein Schlachtschiff mit dem Namen »Deutschland« untergehe.

Als seine Machtpolitik auch international auf Konfrontationskurs ging, revidierte Hitler plötzlich seine Meinung. Nunmehr hielt er Kolosse bis zu 60000 Tonnen der H-Klasse für die richtigen Requisiten bei der Unterstreichung seines Weltmachtanspruchs.

Damit näherte er sich – aus ganz anderen Gründen – der Meinung der meisten alten Seeoffiziere, die immer noch von der Skagerrak-Schlacht im Ersten Weltkrieg träumten, während eine Minderheit in Marineblau annahm, daß der Luftkrieg den Seekrieg von Grund auf verändern würde.

Es kam zu Debatten, Kontroversen und Ablösungen, bis man sich – sieben Monate vor Kriegsausbruch – auf den sogenannten Z-Plan einigte, der in den nächsten sieben, acht Jahren abgewikkelt werden sollte. Zwar würde der durch seine Mahnungen lästige Kommodore Dönitz, der 300 Frontboote forderte, bis dahin 229 U-Boote erhalten, aber der Schwerpunkt der Rüstung lag neben Zerstörern und Torpedobooten auf sechs Superschlachtschiffen, zwei Flugzeugträgern, fünf schweren Kreuzern.

»Der frühe Kriegsausbruch traf den Z-Plan in den ersten Anfängen seiner Verwirklichung«, stellt in seinem »Bildbuch der deutschen Kriegsmarine« der Autor Cajus Becker fest. »Lediglich von zwei H-Schlachtschiffen war der Kiel gestreckt, doch das verbaute Material mußte bald wieder abgebrochen werden. Der Kampf um Kapazitäten und Prioritäten entbrannte nun im vollen Umfang ...«

Während Großadmiral Raeder, ein Oberlehrersohn und selbst ein von oberlehrerhafter Besserwisserei nicht freier Experte, selbst nach Kriegsausbruch noch die von der Wirklichkeit torpedierten Schlachtschiffpläne verteidigte, wurde sofort offenkundig, daß die deutsche Kriegsmarine für den neuerlichen Waffengang mit England zu spät und zudem falsch aufgerüstet worden war.

Der Krieg zwang zum Umdenken in der Rüstung. Die Debatte von Jahren mündete in das Gebot der Stunde, U-Boote zu bauen. Nach einem Erfahrungswert schaffte ein Arbeiter pro Jahr eine Tonne Kriegsschiff. Ein Monster der H-Klasse würde also 60000 Facharbeiter ein ganzes Jahr lang binden. Mit dem gleichen Aufwand ließen sich – zumindest theoretisch – 120 U-Boote des Typs VII bauen. Dieser Rechnung verschloß sich die Seekriegsleitung nicht länger, aber während Dönitz den Rüstungsschwerpunkt bei U-Booten mittlerer Größe sah, bestand das Marineoberkommando darauf, schwerfällige U-Kreuzer bis zu 4000 Tonnen zu bauen, was der Kommodore für unsinnig hielt. Er wollte sich mit ganzen U-Flottillen an die britischen Geleitzüge hängen und sie in der längst in der Ostsee erprobten Rudeltaktik auseinandertorpedieren, aber mangels Masse hatte er nach dem Eröffnungsschlag bei Kriegsbeginn kaum mehr als drei, vier Unterseeboote gleichzeitig im Antlantikeinsatz.

Dieses Mißverhältnis sah inzwischen auch das OKM ein, aber wenn U-Boote die Hauptwaffe des Blockadekriegs werden sollten, mußte ihr Ausbau in einem ganz anderen Tempo vorangetrieben werden, zumal es auch galt, die sich immer weiter verstärkenden Abwehrmaßnahmen der Engländer zu überrunden und eigene Verluste auszugleichen.

Die grellen Akkorde der den Sondermeldungen vorausgehenden England-Fanfare verschafften sich ohnehin Gehör, aber Dönitz arbeitete daran, durch einen beispiellosen Coup zum Tagesgespräch der ganzen Welt zu werden. Gleich nach Kriegsausbruch hatte er streng geheim begonnen, die Überrumpelung von Scapa Flow vorzubereiten. Als Kommandant von UB 68 war er während des Ersten Weltkriegs durch die Netzsperren des sizilianischen Hafens Augusta geschlüpft und, an allen Sicherungen vorbei, in das Hafenbecken eingedrungen und hatte sein Boot auch unversehrt wieder hinausgebracht. Den Plan, ein ähnliches Husarenstück im wichtigsten englischen Kriegshafen zu vollbringen, steigerte sich bei ihm beinahe zur fixen Idee. Der Kommodore sammelte Nachrichten, ließ die Basis im nördlichsten Schottland durch Fernaufklärer erkunden, dann suchte er unter den U-Boot-Kommandanten einen Seeoffizier, der sowohl besonnen wie tollkühn war. Favorit bei seiner Wahl wurde Günther Prien mit seinem U 47. Dönitz eröffnete Prien seine Geheimplanung, wies auf das übermächtige Risiko hin, lockte aber auch mit den Dimensionen eines Erfolges, falls es gelänge, das Himmelfahrtskommando unter Wasser erfolgreich zu überstehen.

Der Kapitänleutnant ließ sich nicht blindlings auf das Abenteuer ein; er beriet sich mit seinem I WO und seinem Obersteuermann. Getrennt machten sich alle drei daran, die Unterlagen zu studieren, und kamen zu dem gleichen Ergebnis, daß das

Husarenstück – wenn überhaupt – nur in der Nacht vom 13. auf 14. Oktober gestartet werden könnte, weil Neumond aufzog und beide Stauwasserzeiten in die Dunkelheit fielen.

Der Kapitänleutnant erhielt zwei Tage Bedenkzeit, aber Prien wäre nicht Prien gewesen, hätte er diesen Wahnsinns-Raid nicht übernommen. Nicht nur, wie es im Jargon der Zeit hieß, für Führer, Volk und Vaterland, sondern auch und vor allem, um die U-Boot-Waffe ganz groß ins tödliche Fach zu bringen.

Die unwirkliche Ruhe, die an Bord von U 47 herrscht, taugt nichts, auf keinen Fall beruhigt sie die Nerven. Auch wenn der Mann, der den Gefreiten Walz, einen der Köche, um 14 Uhr weckt, seine Schuhe mit Lappen umwickelt hat und leise wie ein Hühnerdieb auftritt, hört ihn jeder genauso wie Leutnant Varendorff, der mit zwei Mann durchs Boot geht und Sprengladungen für den Fall der Selbstversenkung auslegt.

Ungeweckt klettert die Besatzung um 16 Uhr aus den engen, feuchten Kojenbetten. »Die Henkersmahlzeit«, raunt Thewes seinen Nebenmännern zu; sie nicken und grinsen verlegen, klappen die Tische heraus. Es gibt Suppe, Kasseler Rippchen, Bratensaft, Kartoffeln, Winterkohl und danach starken Bohnenkaffee. Keiner will erkennen lassen, daß er vor Bammel keinen Appetit hat; sie greifen beherzt zu, obwohl sie wissen, daß ein Boxer nicht mit vollem Wanst in den Kampf zieht.

Dann hängen sie sich den Beutel mit der wasserdichten Notverpflegung um, schnappen sich die Kalipatrone, den Tauchretter mit der Sauerstoffflasche für den Fall, daß sie plötzlich aussteigen müssen. Aber das ist nur bei einer begrenzten Tiefe möglich; unterschreitet das Boot sie, zermalmt der Wasserdruck seine Stahlhaut, die Männer an Bord werden zerquetscht wie Fliegen von der Klappe.

Das ist ihnen bekannt, aber ihre Gedanken unterschlagen das Wissen; ohnedies muß das Ziel über Wasser angesprochen werden, weil U 47 im Schutz der Dunkelheit angreift. Die Freiwilligen treten lautlos auf, bewegen die Lippen stumm, sie hören ihre

Herzen schlagen und überlegen sinnlos, ob die englischen Horchgeräte den Puls orten können.

Der Kommandant zieht sich in seine Kajüte zurück, es ist der einzige Bereich an Bord, den er allein für sich hat, zwei Quadratmeter, ein Klappbett mit Schlafkoje; ein Vorhang dient als Sichtblende. Er simuliert eine Ruhe, die er nicht hat, nicht haben kann, immer wieder geht er den auswendig gelernten Seeweg durch, überlegt, was alles schieflaufen könnte.

Er braucht nicht lange zu warten; die erste Hiobsnachricht bringt ihm der LI, der den Vorhang beiseite schiebt und vorsichtig den Kopf in die Kajüte steckt.

»Was ist los?« fragt Prien.

»Seewasser im Schmieröl«, antwortet Oberleutnant Wessels.

»Scheiße im Trompetenrohr«, schimpft der Kaleu.

»Bei hoher Fahrstufe werden die Lager der Diesel nicht mehr geschmiert, und dann –«

»Können wir die Jumbos nicht reparieren, wenn wir wieder in der Werft sind?«

»Wir werden nicht mehr in die Werft kommen, Herr Kaleu«, entgegnet der LI.

»Dann werden wir eben reparieren.«

Die genaue Untersuchung ergibt, daß am Backbordmotor die Zylinderbuchse undicht ist. Durch die poröse Stelle läuft das Salzwasser in die Kurbelwanne.

»Wie lange brauchen Sie, um die Zylinderbuchse auszuwechseln, LI?« fragt der Kommandant.

»Stunden –«

»Und was anderes können Sie sich nicht ausdenken?« fragt Prien ungehalten.

»Will's versuchen, Herr Kaleu.«

Mit provisorischen Mitteln zaubert der Ingenieuroffizier einen Blechschutz, eine Art Regenrinne, die an der defekten Zylinderbuchse das Wasser ableitet.

Ein schlicht-genialer Notbehelf überbrückt die erste Panne, aber gegen das nächste Desaster helfen keine Bordmittel. Als U 47 auftaucht, um unter Ausnutzung der Gezeitenströmung und der lichtlosen Nacht über den schmalen Kirk-Sund in das feindliche Marinelager einzudringen, ist der Himmel phantastisch beleuchtet, aber es ist weder Vollmond noch ein brennender Tanker am Horizont.

»Nordlicht!« knirscht der Kommandant.

Zwar ist es auf dem Wasser stockdunkel, aber am Firmament steht ein strahlender Leuchtball und konturiert das schottische Hochland rings um die Bucht. Es ist, als deutete man mit dem Zeigefinger auf den Einschleichtod. Einen Moment lang erwägt Prien, das Sonderunternehmen abzubrechen, aber für einen zweiten Versuch unter gleichen Bedingungen müßte er den nächsten Neumond abwarten und könnte so erst in ein paar Wochen starten, und bis dahin kennt die halbe Kriegsmarine den mustergültig abgeschirmten Geheim-Raid.

Auch ein anderer Anfahrtsweg in den stark armierten Naturhafen ist unmöglich. Die Sperren des Hoxa-Sunds hält der Kommandant für kaum überwindbar und auch den Anmarsch durch den Switha und den Clestrum-Sund für aussichtslos. Wenn überhaupt, ist die feindliche Basis nur über den Holm-Sund, über drei quer im Fahrwasser versenkte Wracks möglich. Südlich der Sperrschiffe bis zum Lamb Holl klafft – das zeigen Aufklärungsfotos deutlich – bis auf sieben Meter Tiefe eine Lücken von 1 Meter 70 Breite: Abgesehen von den zu überwindenden Minensperren muß sich U 47 durch diese hohle Gasse quälen.

Über Wasser.

Hinein und hinaus.

Halb aufgetaucht starrt der Kommandant durch das Sehrohr: Oben ist es zu hell, unten zu dunkel. Dicke Wolken befrachten den Horizont wie Hafersäcke. Schatten bewegen sich; vielleicht sind es nur Halluzinationen. Es können aber auch Sicherungsboote sein, die gleich Alarm schlagen werden.

U 47 taucht ganz auf. Mit einem Knall springen die Diesel an; sie machen einen Krach, daß auch noch der letzte Engländer aufwachen müßte, falls er schlafen sollte.

Die starke Strömung greift sich das Boot. Harte Ruderschläge versuchen, den Kurs auszugleichen. Jede Maschine hat ihre eigene Schraube. Dreht sie zu stark, kreiselt das Boot wie eine Nußschale und knallt manövrierunfähig gegen ein Sperrschiff; gibt man ihr zu wenig Dampf, bestimmt der Gezeitenstrom den Kurs. »Die Sicht ist ganz übel«, heißt es im Kriegstagebuch. »Unter Land ist alles dunkel, hoch am Himmel ist das flackernde Nordlicht, so daß die Bucht, die von ziemlich hohen Bergen umgeben ist, direkt von oben beleuchtet wird. Gespenstisch wie Theaterkulissen stehen die Sperrschiffe in den Sunden.«

Als U 47 darauf zuschießt, sieht der Kommandant die Stahltrossen, mit denen die als Sperre versenkten Schiffe miteinander verbunden sind.

»Das Licht lag auf den Stahlseilen, die von den Aufbauten schräg ins Wasser hinuntertauchten und zum nächsten Schiff wieder aufstiegen«, schildert Hans Herlin die drohende Katastrophe Nummer drei. »In diesem Licht waren sie wie scharfe, tödliche Klingen. Die Strömung war stark, und sie riß das Boot mit sich nach Steuerbord, dem Ufer zu. Der Strom schob das Boot genau auf die stählernen Trossen zu, die sich vom Bug des nördlichsten Schiffes zum Land hin senkten. Es war, als springe das Boot wie ein Selbstmörder in die Klinge.«

Befehl an den Rudergänger. In einem verzweifelten Manöver wird das Schlimmste, die Karambolage mit den drei halbversenkten Blockadeschiffen, vermieden. Aber getrieben von der übermächtigen Strömung, streift der ranke Stahlfisch eine stählerne Trosse und verliert dabei seinen Minenabweiser.

Ein Ruck.

Das Boot ist wieder frei.

Ein vierzigfacher Seufzer geht durchs Boot.

»Wir sind durch«, sagt Prien ins Sprechrohr.

Die Flüstermeldung verbreitet sich an Bord wie Donnerhall.

Eintrag im Logbuch: 14. 10. 39, 0 Uhr 27: »Wir sind in Scapa Flow.«

U 47 hat auch die zweite Minensperre durchbrochen und tastet sich durch die Höhle des Löwen. Das Boot fährt langsam, mit gedrosselten Jumbos. Es ist so ruhig, daß der II WO aus dem Turm in den Wintergarten klettert, aber er wird mit einem geflüsterten Anschiß von Prien zurückgepfiffen.

Der Kommandant starrt durch das Okular.

Wo ist sie, die Home Fleet, die deutsche Aufklärer vollzählig an ihrem Ankerplatz fotografiert haben?

Wo sind die Schlachtschiffe »Hood«, »Repulse«, »Royal Oak«, »Nelson« und »Rodney«, die Kreuzer »Newcastle«, »Sheffield« und »Aurora«, der Flugzeuträger »Furious«?

An ihren Ankerplätzen liegen sie jedenfalls nicht.

»Gehen Sie mal ran, Endraß«, sagt der Kaleu.

Der I WO sucht die Positionen ab. »Fehlanzeige«, sagt er.

Katastrophe Nummer drei: Die Home Fleet ist nicht in Scapa Flow, die Männer von U 47 haben Mut und Angst vergeblich verschwendet.

»Da hinten, Herr Kaleu«, sagt der I WO ohne die Stimme zu dämpfen.

Prien setzt das Glas wieder an die Augen, er sieht den dunklen Schatten. Es kann eine Fata Morgana der Hoffnung sein oder auch ein Schlachtschiff oder wenigstens ein Kreuzer.

In vorsichtiger Fahrt nähert sich U 47 dem Schemen, der sich langsam konturiert.

Die Geheimhaltung hatte sich selbst ein Bein gestellt. Nur ganz wenige Offiziere waren von Dönitz informiert worden, daß Prien sich nach Scapa Flow schleichen wolle. Aus Sicherheitsgründen hatte man selbst bei Admiral Raeder die Zustimmung zu dem Sonderunternehmen P nur mündlich eingeholt, und so waren am 8. Oktober – fast gleichzeitig mit U 47 – die »Gneisenau« mit dem Flottenchef, Admiral Hermann Böhm, der Kreuzer »Köln« und neun Zerstörer mit Nord-Nordwest-Kurs in Richtung Kattegat ausgelaufen, um der Home Fleet eine Falle zu stellen.

Die »Gneisenau« und ihre Begleitschiffe dienten dabei nur als Köder, um die britischen Schlachtschiffe aus Scapa Flow zu lokken. Sowie nun die Home Fleet herandampfte, würde sich der deutsche Schiffsverband zurückziehen, um den Kampfflugzeugen der Luftwaffe den Angriff zu überlassen.

Das gleiche beabsichtigten die Engländer, wenn auch an anderer Stelle. Die Home Fleet setzte sich aus Scapa Flow in Marsch und näherte sich dem deutschen Verband. Das Wetter war miserabel, schon deswegen ging keiner in die Falle der anderen - Flugzeuge konnten in der Waschküche gar nicht starten. Admiral Böhm lief mit der von der »Gneisenau« geführten Schiffsgruppe ohne Feindberührung in den Heimathafen zurück. Auch sein Gegenspieler, Admiral Forbes, brach die Operation ab und dampfte heimwärts; er entschloß sich, Scapa Flow nicht anzulaufen, sondern seine Armada zum Stützpunkt Loch Ewe zu führen. Hinter dem britischen Verband blieb die »Royal Oak« etwas zurück, eine Veteranin aus der Skagerrak-Schlacht. Dem Schlachtschiff mit dem Kosenamen »Mighty Oak« (»mächtige Eiche«) wurde erlaubt, die Home Fleet zu verlassen und sich allein in die sichere Base Scapa Flow zurückzuziehen.

»Schon einigermaßen kriegsmüde ächzte die an die 25 Jahre alte Dame in all ihren Fugen, und schwerfällig schleppte sie sich an ihren angestammten Platz«, stellte in seinem Dokumentarbericht »The Royal Oak Disaster« der englische Autor Gerald S. Snyder, der bei Überlebenden beider Seiten exakt recherchiert hat, fest. »Sie schaffte es nur noch mit Mühe, denn die rauhe See hatte nicht nur ihre Geschütztürme an Backbord total außer Gefecht gesetzt, auch die Ventilation war beschädigt, ebenso die Schotts, deren Nieten sich teilweise gelockert hatten. Einige Lecks in den Seitenwänden führten überdies dazu, daß Salzwasser an Steuerbord in die Frischwassertanks am Heck und in die Messe der Royal Marines drang und schließlich auch noch in den Gerätelagerraum direkt darunter, der über einen halben Meter tief im Salzwasser stand. Dergleichen war die ›Royal-Oak‹ eigentlich nicht gewohnt, denn sie war ein durchaus elegantes Schiff und ein kampffähiges dazu, fleckenlos vom Flaggenknopf bis zur Wasserlinie, mit glänzenden Geschützrohren, sauber geputzten Gangways. In den Emaillebeschlägen konnte man sich spiegeln, auf keinem Deck ein Krümel Schmutz.«

Der traditionelle englische Kriegshafen lag zwischen den Orkney-Inseln an der nördlichsten Spitze Schottlands, wo die Fischer einen Lachs von hervorragender Qualität fingen; es war eine so kahle, entlegene Gegend, daß sie den Schiffsbesatzungen das Leben an Bord mitunter anheimelnder erscheinen ließ als einen Landgang. Man hatte ihnen eingetrichtert, sie seien in Scapa Flow vor Wasserangriffen sicher, vorerst, und daß sie sich ganz auf die Luftverteidigung konzentrieren müßten.

Tatsächlich hatten wiederholt die Sirenen geheult, als deutsche Fernaufklärer den Hafen überflogen. Die Admiralität hatte darüber hinaus die Bergungsfirma »Metal Industries« beauftragt, insbesondere zu überprüfen, ob die im Kirk Sund ganz und halbversenkten Blockadeschiffe genügten, um deutschen U-Booten den Weg zu versperren; inzwischen aber scheuten die Lords die Kosten für einen weiteren Ausbau der Sicherung und drückten der »Metal Industries« Anerkennung für ihre Bemühungen aus.

Der Bergungsleiter dieser Firma, Thomas McKenzy, war mit dieser Entscheidung nicht einverstanden. In einem Protestbrief an die Admiralität schrieb er, daß ein feindlicher Angriff wegen der starken Gezeitenströmung und der komplizierten Navigation durch die Sunde und die installierten Hindernisse sehr schwierig sei. »Man kann aber mit Sicherheit annehmen«, so hieß es wörtlich, »daß ein unerschrockener U-Boot-Kommandant in Kriegszeiten Risiken auf sich nehmen wird, die ein besonnener Seemann in Friedenszeiten niemals wagen würde.«

Zwar konnte die britische Marinebürokratie genauso schwerhörig sein wie die deutsche, aber schließlich setzte sich – wenn auch langsam – die Meinung durch, daß die Sicherung vor der Geldausgabe rangiere, und man entschloß sich, ein weiteres Blockadeschiff in der Lücke zu versenken, durch die U 47 geschlüpft war.

»Prien hatte gut daran getan, sein Unternehmen nicht aufzuschieben«, schrieb in seinem Buch »The secret menace« der US-Autor David Mason, »denn bereits am nächsten Tag traf ein weiteres Blockadeschiff in Scapa Flow ein, das gerade an jener letzten ungesicherten Stelle, durch die er eingedrungen war, versenkt werden sollte. Wäre dieses Sperrschiff nur einen Tag früher eingetroffen, scheint es fraglich, ob Prien so erfolgreich durch den Sund gekommen wäre.«

Es war jetzt weit nach Mitternacht, und fast die gesamte Besatzung der »Royal Oak« schlief längst. Kapitänleutnant Prien sprach die »Royal Oak« als Schlachtschiff der Revanche-Klasse an und ging bis auf 3000 Meter Entfernung heran. Die Lichter an Bord waren gelöscht, aber nunmehr tauchte aus der Nacht die Silhouette eines danebenliegenden Kriegsschiffes und einiger Zerstörer auf.

Es war 54 Minuten nach Mitternacht, als Kapitänleutnant Prien befahl, die Bugtorpedorohre fertig zum Abschuß zu machen.

Es war der Befehl, auf den 39 Mann gewartet hatten.

»Alle Rohre klar«, meldet der I WO.

»Fächer aus Rohr eins bis drei!« befiehlt der Kommandant.

Oberleutnant Endraß nimmt Maß und legt den Abschußhebel um.

Die Torpedos verabschieden sich mit einem harten Ruck, der durch das ganze Boot geht und in einem sanften Schaukeln ausklingt. Drei Aale ziehen die tödliche Bahn wie einen geraden Strich.

Im Turm starrt man, bis die Augen tränen. Unten wartet man mit angehaltenem Atem auf die Explosion. Die Nerven stoppen die Zeit mit.

Eine Minute.

Die zweite.

Zuerst scheint der Sekundenzeiger stillzustehen, dann die Torpedos.

Eine Explosion.

Eine, nicht drei.

Kein brennendes Schiff.

Es ist die Katastrophe Nummer vier: Zwei abgeschossene Aale sind Blindgänger, der dritte verfehlt das Ziel und trifft nur eine Ankerkette.

Die Detonation bringt nichts, muß aber auch den letzten Briten wecken.

Prien geht auf Gegenkurs.

Er feuert das Hecktorpedo ab.

Warten auf den Donnerschlag. Die aufsteigende Wassersäule. Den Feuerball, in dem das auseinanderberstende Schlachtschiff verglüht.

Drei Minuten.

Drei Minuten, 50 Sekunden.

Oberbootsmann Spahr läßt nach vier Minuten die Stoppuhr anhalten. Wieder ein Versager.

Jetzt müßte U 47 von Barkassen und Zerstörern gejagt werden, von Suchscheinwerfern erfaßt, aus hundert Rohren unter Feuer genommen, mit Wasserbomben gehetzt werden.

Aber der verdammte Hafen liegt noch immer im Dornröschenschlaf.

Es ist unfaßbar und zerrt einen Moment lang genauso an den Nerven wie eine entfesselte Verfolgung. Aber es ist jetzt nicht die Zeit für Prien, darüber nachzugrübeln, warum die brutal geweckten Engländer noch immer pennen; er nutzt das ungeklärte Rätsel – tatsächlich halten die Briten die Detonation an der Ankerkette für eine Explosion auf der »Royal Oak« und forschen umständlich in den unteren Decks des schlafenden Riesen nach der Ursache – zu einem weiteren Angriff mit Torpedos, die unter Umständen wieder versagen.

»Rohre eins bis drei nachladen!« befiehlt Prien.

Es ist eine mühselige, gefährliche Schufterei. Die Torpedomechaniker schaffen es in zwölf Minuten und stellen damit einen schiffseigenen Rekord auf.

Inzwischen ist U 47 wieder auf Gegenkurs gegangen. 2000 Meter Entfernung. 1500. Der Kapitänleutnant pirscht sich noch näher an sein 29150 Tonnen schweres Opfer mit mehr als 1000 Mann Besatzung an Bord heran.

Noch immer ist die Hafenszenerie verdächtig ruhig.

Entfernung: 1000 Meter.

»Noch näher ran!« befiehlt Prien. Offensichtlich reitet ihn der Teufel. Auch sein für die Torpedoattacke zuständiger I WO will es diesmal ganz genau wissen.

Endlich kommt der Befehl: »Torpedos los!«

Um 1 Uhr 23 rauscht ein dreifacher Fächer auf das Ziel zu: Zwei Todesaale sind auf das größere, der dritte auf das kleinere Schiff abgefeuert, das Prien fälschlich für die »Repulse« hält.

Kein Versager. Die Todesaale krepieren im Ziel.

Eine riesige Stichflamme leckt in den Himmel. Sekunden später eine zweite, fast gleichzeitig mit der dritten.

Prien kann den Todeskampf der »Royal Oak« nicht mitansehen. Spätestens jetzt müssen die Engländer wissen, daß ein deutsches U-Boot in ihren Hauptkriegshafen eingedrungen ist. Wenn sie die Ausgänge besetzen, ist Feierabend.

Mit äußerster Kraft voraus: Die Jumbos kämpfen aufheulend gegen die Gezeitenströmung. Die Hetzjagd hat begonnen.

»Da rollt, knallt, bumst und grummelt es gewaltig«, heißt es im Logbuch von U 47. »Zunächst Wassersäulen, dann Feuersäulen, Brocken fliegen durch die Luft. Jetzt wird es im Hafen lebendig. Zerstörer haben Lichter, aus allen Ecken wird gemorst, an Land, etwa 200 Meter vom Meer ab, brausen Autos über die Straßen.«

Jeder an Bord weiß, daß es geklappt hat, aber es herrscht eine unheimliche Ruhe auf den Gefechtsstationen; erst später wird der Freudentaumel explodieren. In diesen entscheidenden Minuten geht es nicht um den Sieg, sondern ums Überleben.

»Prien jagte sein Boot mit aller Maschinenkraft in Richtung Kirk-Sund«, schildert David Mason die Verfolgung von U 47, »hinter sich einen verräterischen weißen Schaumstreifen, der sicherlich bald entdeckt werden würde. Und schon war ihm ein Zerstörer auf den Fersen, der bedrohlich näher kam und das U-Boot mit dem Signalscheinwerfer anmorste. Doch dann geschah das Unglaubliche: Der Zerstörer drehte plötzlich ab und warf seine Wasserbomben anderswo. Dicht unter der Küste, wo die Bootssilhouette mit den Felskuppen verschmolz, ging die hastige Fahrt. Da kam die Küstenstraße von Scapa Bay her ein

Auto, dessen Scheinwerfer in einer Kurve der Straße für kurze Zeit das Boot hell anstrahlten. Mit einemmal wendete der Wagen und raste nach Scapa Bay zurück. Weiter ging die Fahrt gegen den reißenden Gezeitenstrom, wobei die Elektromotoren zu den Dieseln zugekuppelt wurden, um das Allerletzte an Geschwindigkeit herauszuholen.«

Während U 47 zu entkommen versucht, auf dem gleichen Weg, wie es sich in Scapa Flow eingeschlichen hat, spielen sich auf der »Royal Oak«, der gefällten Königseiche, Schreckensszenen eines nicht mehr steigerbaren Entsetzens ab. Es ist ein Nebeneinander von Panik und Schlafmützigkeit, kopfloser Hast und mörderischer Zeitverschwendung.

Die erste Explosion an der Ankerkette hatte die meisten Matrosen geweckt, aber in den ungenützten 13 Minuten bis zu den Fangschüssen zeigte die Mannschaft mehr Ärger über die unnötige Schlafstörung als Interesse für die Ursache der rätselhaften Detonation. Während die Seeleute ihrem Zorn Luft machten, explodierte der erste Torpedo an der Schiffswand und riß den Boden heraus. In den unteren Decks hatte man den Eindruck, eine Riesenfaust schüttle das Schiff.

In Sekundenabständen folgten die nächsten Detonationen.

»Es waren todbringende Schläge«, berichtet Gerald S. Snyder, »die die ›Royal Oak‹ unten an der Steuerbordseite trafen, zwischen den Geschütztürmen A und Y, und ihre Wirkung trat ebenso plötzlich auf wie katastrophal: Das Schiff hob sich, sackte wieder ab, und die Offiziere starrten sich entsetzt an, fassungslos, daß das Unmögliche und Undenkbare passieren konnte ... Das Schiff schlug sehr plötzlich um. Dicker schwarzer Qualm hüllte es achtern an Backbord ein. Ein Geruch von brennendem Kordit hing in der Luft. Schotten gingen zu Bruch. Decks fielen zusammen, und Feuerbälle schlugen von vorn bis achtern hinauf, hungrig nach Luft suchend. Überall Schrecken und Schreie. Männer flogen aus ihren Hängematten, wurden durch die Türen geschleudert, krachten gegen Luken und Wände, fielen von Leitern und wurden bei lebendigem Leibe von den Flammen erfaßt – und all das geschah innerhalb der sechzig Sekunden, nachdem der letzte Torpedo eingeschlagen hatte ...« Mitschiffs sind die Luks aus Sicherheitsgründen versperrt. In den entscheidenden Minuten und Sekunden erfassen die Eingeschlossenen nicht mehr, daß sie in der Feuerfalle sitzen. Vom Bug bis zum Heck, auf dem Oberdeck, im Mittel- und im Unterdeck gilt das Gesetz: Rette sich, wer kann.

Die »Royal Oak« verglüht nicht in einem einzigen Feuerball, keine ihrer Munitionskammern explodiert. Der Tod läßt sich Zeit, erfindet immer neue Versionen der Grausamkeit. Aus dem Feuer flüchtend, hasten die Männer in das Flammenmeer. Sie wälzen sich auf glühenden Platten, um die aus ihren Haaren und Uniformen züngelnden Flammen zu löschen. Sie ersticken und verkohlen. Das eingeschaltete Notaggregat arbeitet unzuverlässig und fällt schließlich ganz aus, wie die Funkverbindung, über die Hilfe von anderen Schiffen im Hafen angefordert wird.

»Die ›Royal Oak‹ bekam immer mehr Schlagseite«, schildert Gerald S. Snyder weiter. »Jeder rannte kopflos in eine andere Richtung, irgendwelche Leitern hinauf, durch irgendwelche Türen und Luken, kroch auf immer schiefer werdenden Decks herum, und jeder vertraute nur auf seinen eigenen Orientierungssinn ... Wohin man schaute, brachen Flammen hervor, verbanden sich zu einem regelrechten Flammenmeer und rollten dann durch die Messen ... Sie hatten die Männer blitzschnell eingeschlossen, schlugen hüfthoch an ihnen hinauf und hatten sich oft schon unter ihnen ausgebreitet, ehe sie auch nur die Zeit fanden, aus ihren Hängematten zu springen. Die es dennoch taten, fingen sogleich mit ihrem dünnen Unterzeug Feuer und rannten dann erst recht verzweifelt in die Flammen ... Das Schlachtschiff legte sich auf den Grund des Meeres – ein Grab für mehr als achthundert Männer, fünfzehn Faden unter der Oberfläche, auf 58° 55′ 42″ nördlicher Breite und 2° 58′ 54″ westlicher Länge. Nun lag sie zusammen mit ihren ehemaligen Widersachern aus der Skagerrak-Schlacht vereint. Es war ungefähr 33 Minuten nach ein Uhr. 20 Minuten waren seit der ersten, 17 Minuten seit der letzten Explosion vergangen ...«

Um 2 Uhr 15 hat U 47 Scapa Flow unversehrt verlassen. Kaleu Prien ruft ins Sprachrohr: »Wir sind durch! Meldung weitergeben!«

Jetzt erst bricht eine Art Tollheit aus. Einer gratuliert dem anderen. Die Männer kühlen ihren Siegesrausch mit einer Flasche Bier, die ihnen der Kommandant genehmigt. Im Kriegstagebuch heißt es: »Der Lichtschein von Scapa Flow ist noch lange zu sehen, anscheinend werfen sie noch Wasserbomben.«

Während die britische Admiralität den Verlust der »Royal Oak« bekanntgibt, liegt U 47 auf Grund. Erst am 14. Oktober meldet sich Kapitänleutnant Prien per Funk – für diese Fahrt wurde ein eigener Schlüssel ausgearbeitet – bei Kommodore Dönitz: »Unternehmen nach Plan ausgeführt.«

Einmal gerät U 47 auf dem Heimweg in einen feindlichen Flottenverband, wird geortet; der Kommandant zählt 32 Wasserbomben, die in größerer Entfernung vom Schiffsrumpf explodieren. Prien hat noch fünf Torpedos an Bord, aber der Krieg braucht Helden – und so wird U 47 zurückbeordert.

Schon die Fahrt durch den Kaiser-Wilhelm-Kanal wird zu einem Spießrutenlaufen des Erfolgs. In Kiel kommen Admiral und Kommodore an Bord. Hitler schickt die »Führermaschine«, eine FW 200, und ein zweites Flugzeug, um die Besatzung nach Berlin zu fliegen. Propagandaminister Dr. Joseph Goebbels veranstaltet einen ganz großen Bahnhof und arbeitet so Karl Dönitz in die Hände.

Auf mehrere Wagen verteilt, werden die U-Boot-Fahrer durch die Reichshauptstadt gekarrt. Pimpfe erhalten schulfrei für das Jubelspalier. Auch die Erwachsenen drängen sich eng zusammen und winken. Die Mannschaft steigt im Hotel »Kaiserhof« ab und geht von da zu Fuß zur Reichskanzlei. Vor den Kameras der Wochenschau überreicht der Diktator dem zum Nationalhelden hochstilisierten Kapitänleutnant Günther Prien das Ritterkreuz. Die gesamte Besatzung war schon zuvor mit dem EK II dekoriert worden.

Prien wird aufgefordert, weitere Vorschläge für EK-I-Verleihungen einzureichen. Der Rundfunk veranstaltet eine wahre

Propagandaorgie. In den Berliner Nachtbars wird wegen Priens Crew das Tanzverbot aufgehoben. Der Rummel hält Tage an. Anschließend erhalten die Männer von U 47 Heimaturlaub. Ihr Kommandant ist schließlich froh, als er wieder an Bord des Schiffes ist, das sehr bald schon zu seinem Schicksal werden wird.

Während in Großdeutschland der Trommelwirbel der Propaganda tagelang nicht abflaut, erklärt Churchill als Erster Lord der Admiralität im englischen Unterhaus: »Das Schlachtschiff ›Royal Oak‹ wurde am 14. Oktober um etwa 1 Uhr 30 von einem U-Boot in Scapa Flow, vor Anker liegend, versenkt. Es kann bisher nur vermutet werden, wie das U-Boot die Verteidigungsanlagen des Hafens überwunden hat. Wenn wir bedenken, daß während des ganzen letzten Krieges dieser Ankerplatz sich als immun gegen derartige Angriffe gezeigt hat, was die Strömungen als natürliche Hindernisse und die zusätzlich angelegten Netzsperren anging, dann muß dieses Eindringen eines U-Boots als eine bemerkenswert geschickte und wagemutige Tat angesehen werden ...«

Neben Prien ist Dönitz der Mann der ruhmreichen Tage; er wird zum Admiral befördert, und seine Wünsche beim U-Boot-Bau sind nunmehr – nur von der Kapazität begrenzte – Befehle. Allein von dem von Dönitz bevorzugten Typ VII baut man auf deutschen Werften im Laufe des Krieges 691 Boote.

Bei den Meldestellen erfolgt ein Ansturm von Freiwilligen zu einer Waffengattung, die bis 1945 2779 Schiffe versenken wird.

Dönitz, von seinen Besatzungen »der Löwe« genannt – laut Eigenbekundung empfindet er sich, vom Führer kommend, nur als »ganz kleines Würstchen« –, führt seit Scapa Flow offiziell den Titel »Befehlshaber der U-Boote«.

Er wird diese Waffengattung vom ersten bis zum letzten Tag in immer aussichtslosere Situationen führen; seine Männer erleiden die härtesten Verluste der deutschen Soldaten. Von vier U-Boot-Fahrern fallen drei, von drei Booten kommen vom Feindeinsatz zwei nicht mehr zurück.

Die Freiwilligen des Unterwasserkriegs werden hundert

Wabo-Tode sterben, sowie das Ping-Ping der Asdic-, später der Radar-Ortung ankündigt, daß sie entdeckt sind. Vielleicht kommen sie noch einmal durch oder können noch aussteigen, gelangen mit dem Tauchretter an die Oberfläche und werden aufgefischt. Aber die nächste Wasserbombe kann ein Volltreffer sein, der sie zerfetzt - ein noch vergleichsweise milder Tod. Sinkt das beschädigte Boot in eine Tiefe, für die es nicht konstruiert ist, dann zerquetscht sie es wie eine Konservenbüchse, oder mit elementarer Wucht eindringende Wassermassen zersägen die Menschen an Bord wie Schneidbrenner. Selbst dieser Tod wird nicht der schlimmste sein, denn wenn ein beschädigtes Boot auf den Meeresgrund sinkt und nicht mehr hochkommt, werden die Männer mit den Gedanken an zu Hause bei langsam schwindenden Sinnen einen qualvollen, unendlich langsamen Erstickungstod sterben.

In England finden noch heute in regelmäßigen Abständen Gedenkfeiern für die Opfer der »Royal Oak« statt. Einer der Teilnehmer ist Herbert Herrmann, der einst häufig seekranke Benjamin der Crew, der kurz vor dem Eindringen in Scapa Flow dem LI den Kakao über die Hose geschüttet hatte. Rechtzeitig von U 47 auf ein anderes Boot kommandiert, hat er den Zweiten Weltkrieg überlebt und danach eine Engländerin geheiratet, mit der er heute in Schottland lebt.

Die Schlacht im Untergrund

Der Reigen beginnt im März 1940 an der schönen blauen Donau, aber erstens ist der Strom nicht überall schön, zweitens nirgends blau und zum dritten überlagert in dieser Zeit der Marschtritt den Walzertakt.

Der Krieg sucht sich, sieben Monate nach seinem Ausbruch, in dem neutralen Rumänien einen neuen Schauplatz. Bei schönem Wetter findet er noch im Freien statt, aber seine Hauptkampflinie ist der Hinterhalt. Der Sold wird in britischen Pfunden, deutschen Mark oder französischen Francs bezahlt. Oder mit einer verirrten Kugel. Oder auch mit dem landesüblichen Messerstich.

So hat es Link erwischt bei einer Schlägerei in einer Kaschemme; der Täter entkam unerkannt. Frenssen wurde in einer Scheune erhängt aufgefunden und Bauer, ein vorzüglicher Schwimmer, ertrunken bei Orsova geländet. Diese beiden Fälle erledigt die rumänische Polizei unter dem Stichwort »Selbstmord aus Lebensüberdruß«. Drei Mann der Geistereinheit »Brandenburg« sind stillschweigend auf der Verlustliste abzubuchen, getötet von einheimischen Handlangern vermutlich des britischen oder des französischen Geheimdienstes. Wer dem kleinen deutschen Sonderkommando angehört, das ins Land eingeschleust wurde, zweifelt nicht daran, denn er arbeitet mit den gleichen faulen Tricks nach dem System: »Schlägst du meinen Bauern, schlag' ich deinen Bauern.«

Wer nicht aufpaßt, ist nach Meinung des Unteroffiziers Jonas selber schuld; er heißt zur Zeit Brändli und mimt einen Uhrenvertreter aus der Schweiz. Sein Paß ist falsch wie ein Hurenkuß, aber Namen sind Schall und Rauch im Untergrund. Im Quentzgut wird der Unteroffizier unter dem Spitznamen »Prophet« geführt; er gilt als Pfiffikus einer Kommandotruppe, bei der Gefreite gelegentlich Majore anschnauzen und sich der Heldentod nicht selten am Galgen abspielt.

Jonas braucht heute kein Prophet zu sein, um zu wissen, was los ist. Die Liste mit den britischen Agenten, die der angebliche deutsche Militärattaché den Rumänen zugespielt hat, zeigt Trefferwirkung.

Während ein richtiger Rumäne möglichst bis in die Mittagszeit hinein schläft, rasseln heute schon am frühen Morgen Militärkolonnen und Polizeifahrzeuge durch die aufgeschreckte Stadt, scheinbar planlos, aber Jonas ist sicher, daß die schwerbewaffneten Trupps nach einem Rezept des smarten Geheimdiensthauptmanns Stefanescu vorgehen und heute Alliierte wie Fallobst einsammeln, wie in der vorigen Woche Deutsche.

Der Bukarester Sicherheitsoffizier ist schlank und sieht aus wie ein Liebhaber, der in einer Schmachtoperette einen k. u. k. Offizier darstellt. Sein Äußeres erweist sich als Masche, mit der er Tölpel hereinlegt. Sein Haupttrick aber ist die Unbestechlichkeit. Jedenfalls versuchen er und seine Männer verzweifelt, Rumänien aus dem Zweiten Weltkrieg herauszuhalten, wie ein Nichtschwimmer den Kopf aus dem Wasser streckt.

Jonas geht weiter, auf das Café »Dragomir« am Boulevard Elisabeta zu, wo ihn sein V-Mann Melchior erwartet. Die eidgenössische Legende wurde ihm verpaßt, weil man von ihm nicht verlangen kann, daß er nach einem Schnellkurs von fünf Tagen die Landessprache beherrscht, und so spricht Jonas ganz offen ein leicht schweizerisch gefärbtes Deutsch.

Die anderen 35 Kumpels beherrschen Rumänisch mehr oder weniger gut und wurden über Nacht als Korsettstangen in das schnellgeknüpfte deutsche Spionagenetz eingezogen, unter ihnen einige Volksdeutsche aus dem Banat und aus Siebenbürgen, die zweisprachig aufgewachsen sind.

Sie sind Soldaten, aber wie immer im Tarneinsatz: Die Bukarest-Uniform ist ein erstklassiger Maßanzug, freilich ausgeliefert vom Kammerbullen der Brandenburger. Spitzenstellungen erreichten einige Männer der Gespenstereinheit, die beim

»Bayerischen Lloyd« untergeschlüpft sind und nunmehr als falsche Donau-Dampfschiffahrts-Gesellschafts-Kapitäne auf- und abschippern.

Jonas sieht den dicken Melchior von weitem. Der Mann kauert am runden Tisch bei »Dragomir«; daß er auf einem Pulverfaß sitzt, trübt seine Laune nicht. Seit er in das Land als angeblicher tschechischer Flüchtling eingeschleust wurde, hält er den lieben Gott von Frankreich allenfalls für einen armen Vetter des lieben Gotts von Rumänien. Admiral Canaris zahlt ihm Vertrauensspesen, und so ist Melchior gewissermaßen schon am frühen Morgen im Dienst, fressend und saufend, läßt sich mit Ruburet, dem jungen, halbvergorenen Wein, vollaufen und bestellt bereits die dritte Portion Pastrama, ein luftgedörrtes Ziegenfleisch, sein Leibgericht.

»Mensch, schlag dir doch nicht den Ranzen so voll«, begrüßt ihn Jonas. »Du wirst ja fett wie ein Schlachtschwein.«

»Kommen schon wieder magere Tage«, unkt der Gefreite. »Und wer frißt, der lebt.« Er streicht grinsend mit beiden Händen die Wampe entlang. »Alles Tarnung«, setzt er hinzu und lacht dröhnend.

Wieder fährt ein Razziawagen vorbei, vollbesetzt mit Verdächtigen. Stefanescu ist nicht kleinlich und fängt ziemlich wahllos zusammen, was nicht rechtzeitig in Deckung gegangen ist. Vermutlich wird die menschliche Fracht per Lastwagen an die ungarische Grenze gekarrt und dann formlos abgeschoben. Ein paar Tage später ist dann mindestens die Hälfte der Ausgewiesenen wieder in Bukarest.

Sie kommen immer wieder zurück, wie ein Bumerang, die Deutschen wie die Engländer. Oder andere. Unbekannte. Dann wird's gefährlich, denn sie müssen erst enttarnt werden.

Die Untergrundidylle trügt. In Rumänien braut sich eine Geschichte zusammen, die sich in Öl und Blut gewaschen hat.

Noch trägt Hauptmann Stefanescu Samthandschuhe; er will weder der einen noch der anderen Seite einen Vorwand zum Einmarsch liefern, und so vollbringt er beständig einen Eiertanz am Hochseil ohne Netz, Akrobatik auf rumänisch.

Der Kellner nimmt die Bestellung des Propheten auf. »Na, Tell«, sagt er dabei zu Jonas, »wie gefällt dir das: Heute wandern die Tommies und die Franzmänner reihenweise ins Kittchen.«

»Von mir aus können sie die Deutschen gleich mitnehmen«, versetzt Jonas überlaut. »Ist mir Wurscht. Wir Schweizer sind streng neutral. Schließlich beliefern wir die englischen und die deutschen U-Boote gleichzeitig mit der Oerlikon-Kanone.«

Ein paar Umsitzende grinsen und nicken: Man erkennt einen echten Schweizer daran, daß er auf die Schweiz schimpft, um sofort in Harnisch zu geraten, wenn sich ein Ausländer an dieser Schelte beteiligt.

Gegen elf Uhr wird die Spannung unerträglich. Selbst der Corso der Eleganz wirkt heute auf dem Boulevard mehr hektisch als gemächlich. Aber die Frauen sind genauso schön wie an jedem anderen Tag. Glutäugig, dunkelhaarig, temperamentvoll und unerreichbar, sofern man sie nicht, wie der dicke Melchior, einfach mit den Augen nimmt.

»Schau dir das an«, sagt er und deutet auf ein neuangekommenes Paar, das in der vorderen Tischreihe Platz nimmt: die Gräfin Levandowsky, am Arm eines bekannten Unbekannten. Die Gräfin ist keine Gräfin, aber das gleicht sich aus, denn ihr Begleiter – breitschultrig, blond, schräg zueinanderstehende graue Augen – ist auch kein flämischer Ölaufkäufer, sondern ein deutscher Geheimdienstleutnant.

»Mensch, schau dir diesen Schübler an«, sagt Jonas mit großen Augen und noch größerem Mund. »So ein Aufriß!«

»Du Neidgenosse«, sabbert Melchior und stellt mißgünstig fest, wie geschickt dieser Gigolo der Gräfin die Kissen richtet, in Dur und Moll turtelt und vermutlich von Liebe spricht, während alle Welt vom Krieg redet. ». . . poussiert für Deutschland«, sagt er leise.

»Für Führer, Volk und Daunenschlacht«, ergänzt Jonas.

Leutnant Schübler ist sein alter Kumpel und sein Freund, seitdem sie bei Kriegsbeginn von der Slowakei aus den Jablunka-Paß im Handstreich genommen haben. Der junge Offizier ist zwar kein Kostverächter, aber der Pseudounterhändler kann sich vorstellen, daß er in diesen Tagen sozusagen Vergnügen auf Befehl betreibt.

Die Rumänin ist so bekannt wie pikant. Man sagt ihr recht enge Beziehungen zum britischen Militärattaché nach, zu einem französischen Journalisten und behauptet gleichzeitig, daß sie die Geliebte Stefanescus sei. Ob sie es nun mit dem Hauptmann vom Sicherheitsdienst hat oder nicht, jedenfalls ist sie seine Vertraute und weiß mehr als alle anderen, was auf dem Balkan gespielt wird. Vielleicht ist sie nicht feil, aber doch zu haben. In keinem Fall für Geld; Geld hat sie ohnedies genug. Sie liebt das Leben, vielleicht ein bißchen zu sehr, und schätzt das Spiel mit dem Feuer - vor allem zwischen Bohrtürmen.

»Was macht denn der Krieg?« fragt sie unvermittelt.

»Da muß ich Sie enttäuschen, Teuerste«, antwortet ihr Begleiter. »Aber was macht der Krieg schon außer Unfug, Mariu?«

»Sie würden einen prächtigen Soldaten abgeben«, erwidert sie lachend. »Gestern war übrigens der britische Attaché bei mir zum Tee.« Ihre Augen strahlen den angeblichen belgischen Petroleumkaufmann an, mit mindestens 100 Watt.

»Der Attaché?« fragt Schübler etwas hölzern.

»Neugierig?«

»Immer«, entgegnet er. »Auf alles. Und eifersüchtig auf jeden.«

»Auf welcher Seite stehen Sie eigentlich?« kommt die Gräfin Levandowsky wieder auf den Krieg zurück.

»Auf keiner.«

»Irgendwie mag ich die Deutschen«, behauptet sie. »Aber auch die Engländer sind mir nicht unsympathisch -«

»Und wen mögen Sie nun eigentlich wirklich, Mariu?« fragt der Gigolo, nimmt ihre Hand und küßt sie.

»Den Sieger«, versetzt sie und drückt ihre Zigarette aus. »Schon mal was von Sulina gehört?« fragt sie.

»Meinen Sie den Schwarzmeerhafen?«

Die Gräfin nickt. »Da ist was los«, fährt sie fort. »Eine Versammlung von Schiffen, zum Beispiel die ›Lord Byron‹, die

›Princess Elizabeth‹, die ›Thermondt‹, die ›King George‹ und noch ein paar andere, ich kann mir die Namen nicht alle merken –«

»Schiffe im Hafen ist doch wohl eine natürliche Bestimmung.«

»Und morgen wird die ›Mardinian‹ einlaufen. Dreimal dürfen Sie raten, was sie an Bord hat und was dann geschieht.«

»Woher wissen Sie das alles?«

»Sie sind zerstreut, René«, erwidert die Gräfin. »Ich sagte Ihnen doch schon, daß gestern der britische Attaché –«

»Reden die Engländer immer so viel?«

»Das«, entgegnet die Rumänin gedeht, »kommt darauf an, an welchem Ort.«

Sie lächeln, lehnen sich zurück, wenden ihr Gesicht der Sonne zu.

»Mensch, geht der ran«, sagt Jonas fünf Tische weiter. »Aber er hat noch einige Arbeit vor sich, muß erst mal sehen, wie er ihr breites französisches Bett ausmistet.«

»Woher weißt du, daß sie ein breites französisches Bett hat?« fragt der Dicke.

»Solche haben immer ein solches«, versetzt der Neidgenosse weise.

»Und in wie vielen solchen Betten hast du dich schon gesuhlt?«

»Blöder Hund«, erwidert Jonas: »Meine Braut ist noch Jungfrau.« Er grinst und sieht, daß Schübler aufsteht, sich artig bei der Gräfin entschuldigt und ins Haus geht. »Übernimm mal Feuerschutz«, raunt er Melchior zu.

Jonas folgt dem Leutnant auf die Toilette; sie warten, bis sie allein sind, auch wenn die Meldung, die Schübler weiterreicht, so brisant ist, daß sie nicht viel Zeit zu verlieren haben.

»Alarm«, sagt der Offizier im Gigoloeinsatz. »Fall ›Eisernes Tor‹.«

Jonas ist darauf vorbereitet.

Wenn Schüblers Meldung stimmt, wird der Major nach Plan die »Operation Liebeslaube« auslösen.

Der Mann, der am 8. Dezember 1939 in Bukarest eingetroffen war, wirkte schlank, fast gebrechlich; er war nur einen Meter 60 groß und erst 53 Jahre alt, aber er hatte müde Augen und graue Haare. Er reiste unter falschem Namen, aber die Rumänen wußten, um wen es sich handelte: um einen der gefährlichsten Männer Europas, einen Strategen des Untergrunds.

Er mochte seine Marotten haben, aber er hatte auch seine Meriten. Die Engländer schätzten seine Fähigkeiten nicht geringer ein als die Deutschen, deren militärische Abwehr er leitete. Man nannte ihn hinter seinem Rücken den »kleinen Levantiner«. Stets fürchtete er sich vor Krankheiten, auch vor eingebildeten, tatsächlich war er anfällig gegen Erkältungen. Er konnte keine großen Männer leiden, keine langen Kerls; Besucher mit überdimensionierten Ohren waren bei ihm ebenso unten durch wie Männer, die von seinen Dackelhunden Seppl und Sabine angekläfft wurden. Häufig nahm er die Vierbeiner mit auf Reisen, sogar auf subversive, mietete ein eigenes Apartment im Hotel für die Tiere. Hatte er sie nicht bei sich, führte er stundenlange Ferngespräche mit seiner Frau, und dann versuchten die Mithörer in der Leitung vergeblich, einen besonders raffinierten Code zu knacken. Stets war man hinter ihm her - und bislang immer erfolglos. Orte, an denen er aufgetaucht war, standen meistens schon kurze Zeit später im Brennpunkt der unsichtbaren Front.

Bei dem geheimnisvollen Gast aus Berlin, den der Chef der rumänischen Geheimpolizei, der »Siguranta«, Oberst Moruzow, mit konspiratorischer Raffinesse empfing, handelte es sich um Admiral Wilhelm Canaris, den Fuchs vom Tirpitzufer. Es war der Sitz der deutschen militärischen Abwehr. Nur wenige Vertraute des rumänischen Obersten wußten, wer der Mann mit dem falschen Paß war, und noch weniger sollten erfahren, um was sich das Geheimgespräch drehte. Ohnedies konnte nur ein Punkt auf der Tagesordnung stehen: Petroleum, Rumäniens schwarzes Gold.

Im Ersten Weltkrieg hatte das Land auf seiten der Alliierten gestanden und sich selbst an der Zerstörung der Fördertürme rings um Ploesti beteiligt. Die Entschädigung, die den Rumänen von den Briten dafür versprochen worden war, blieb bis 1923 ganz aus und war dann so dürftig ausgefallen, daß die meisten Erdölfirmen von den ausländischen Multis aufgekauft wurden.

Vier von fünf Bohrtürmen hatten vor dem Kriege für englische und holländische Firmen gefördert, die fünfte für das rumänische Königshaus. Die größte Firma des Landes, die »Astra Romana«, zum Beispiel war eine hundertprozentige »Shell«-Tochter, die – wie alle anderen – den größten Teil des Petroleums nach Ungarn, Österreich und Deutschland schaffte, der kürzeste Transportweg sorgte automatisch für geeignete Abnehmer.

Mit dem Ausbruch des Zweiten Weltkriegs war eine groteske Situation eingetreten, denn das Öl, das englische Firmen förderten, floß – so gut wie ausschließlich – in Hitlers Kriegsmaschine. Der Diktator bezahlte die »Astra Romana« dafür, daß sie es ihm ermöglichte, gegen Großbritannien Krieg zu führen. Zwar hatten sich die Konzerne zuerst gegen den Ölexport nach Deutschland gestemmt, aber die Rumänen, die weder der einen noch der anderen Partei einen Grund zum Einmarsch liefern wollten, bestanden darauf, daß die Tanker weiter donauaufwärts fuhren wie im Frieden. Die Konzernchefs entließen in aller Stille einen Großteil ihres Personals, um die Förderung auf die Hälfte herabzudrosseln. Die rumänische Regierung schritt dagegen ein und zwang die ausländischen Multis, die Vorkriegsleistung aufrechtzuerhalten.

Deutschland war auf das rumänische Öl angewiesen. Zwar hatten deutsche Ingenieure ein Verfahren erfunden, aus Kohle synthetischen Treibstoff zu hydrieren, aber es war umständlich und kostspielig und konnte niemals ganz das natürliche Produkt ersetzen. Fachleute hatten errechnet, daß Deutschland ohne Rumäniens Petroleum höchstens zwei Jahre Krieg führen könne.

Es war klar, daß die Briten alles versuchen würden, um die Ölausfuhr in das Feindesland zu blockieren; sie hatten einen Teil ihres Personals in Ploesti durch Agenten des Secret Intelligence Service ersetzt. Es war nur eine Frage der Zeit, wann sie zu einem Anschlag auf den Treibstoff der deutschen Kriegsmaschine ausholen würden.

Die Sabotageakte im Vorfeld ihres großen Coups waren vergleichsweise kindisch gewesen und hatten allenfalls den Zweck verfolgt, den Argwohn der deutschen Abwehr zu beschäftigen. Im Auftrag britischer Agenten waren zum Beispiel von einer rumänischen Zigeunersippe von allen aus Deutschland zurückrollenden Bahnwaggons die im Krieg schwer ersetzbaren Messingarmaturen gestohlen worden. Es sollte so aussehen, als verschaffte sich das rohstoffarme Land auf diese Weise Mangelware. Der organisierte Diebstahl währte nicht lange: Abwehragenten stöberten zwei Bukarester Altmetallhändler als Hehler auf. Die Diebe wurden festgenommen; sie sagten aus, daß ihre Anstifter in Ploesti säßen.

Auch der nächste Sabotageversuch fiel ins Donauwasser. Es gab ein Gesetz, daß nur rumänische Staatsbürger Flußlotsen sein durften. Die Engländer boten Riesensummen im Werte bis zu 20000 Mark für den Fall, daß diese raren Spezialisten krank feierten. Nach einigen Anfangserfolgen traten aber die Lotsen geschlossen wieder ihren Dienst an, obwohl die Werber noch einmal 5000 Mark auf das Höchstangebot legten. Die »Siguranta« hatte die Schiffer gezwungen, das Geld auszuschlagen und ihren Beruf weiterhin auszuüben. Die Rumänen tendierten kulturell nach Frankreich, politisch nach London, wirtschaftlich hingen sie von Deutschland ab. Sie waren gezwungen, auf dem Pulverfaß, das jeden Moment explodieren konnte, zu jonglieren.

Canaris, der schillernde Drahtzieher, war nicht mit leeren Händen angereist; er brachte Oberst Moruzow ein Exemplar der »Daily Mail« mit, in dem der englische Journalist Gordon Beckles, der lange in Bukarest gelebt und die rumänischen Verhältnisse vor Ort recherchiert hatte, eine schwungvolle Reportage über die Möglichkeiten schrieb, Hitler den rumänischen Ölhahn ganz abzudrehen.

Die strategische Planung, wie zum Beispiel eine Invasion in Rumänien – die Engländer hielten im nicht so fernen Nahen

Osten eine Million Soldaten unter Waffen –, oder die Sprengung der Öltürme, überließ der findige Reporter den Militärs. Er selbst knobelte ein wenig aufwendiges Patentverfahren aus, ohne zu wissen, daß die zuständigen SIS-Offiziere den Anschlag längst vorbereiteten: Beckles schlug vor, mit Zement beladene Frachtkähne an einer Engstelle der Donau zu versenken, um die Fahrrinne zu blockieren. Er hatte sie auch schon gesucht und gefunden: das pittoreske Eiserne Tor mit den weithin sichtbaren Felsen, die, fachmännisch gesprengt, zusätzlich die Donau verstopfen und mindestens bis Kriegsende die Schiffahrt blockieren würden.

Die »Siguranta« hatte längst ebenfalls die »Daily Mail« gelesen, und so rannte der deutsche Geheimdienstchef mit seiner als Bitte vorgebrachten Forderung offene Türen ein. Canaris verlangte von Oberst Moruzow, als Zivilisten getarnte Soldaten der Geistertruppe »Brandenburg« zur Sicherung der Öltransporte und des Petroleumfördergebiets ins Land zu lassen.

Etwas mußte gegen die britischen Anschläge unternommen werden, und wenn den brisanten Teil der Arbeit die Deutschen besorgten und sich die Rumänen dabei scheinbar heraushielten, konnte es der »Siguranta« nur recht sein. Canaris war ein Experte, der es verstand, seine Spuren zu verwischen, vor allem ein Mann der lautlosen Lösungen.

Und Oberst Moruzow wußte spätestens seit dem 10. November 1939, seit dem Venlo-Zwischenfall an der holländischen Grenze, daß Hitler auch noch über einen zweiten Geheimdienst verfügte, der weder Skandal noch Krawall fürchtete: das Reichssicherheitshauptamt seines SS-Führers Heinrich Himmler.

Die Agenten des britischen Geheimdienstes in Deutschland waren von den Niederlanden aus von den SIS-Offizieren Major S. Payne Best und Captain R. H. Stevens gesteuert worden und dabei auf eine Widerstandsgruppe um den Hauptmann Dr. Schemmel in der OKW-Transportabteilung gestoßen. Die Untergrundkommandeure vergewisserten sich zwar, daß es einen Hauptmann dieses Namens gab – er war während des Geheimdienstspiels vorübergehend abkommandiert worden –, aber das Duell im Untergrund war eine Schlacht mit verkehrten Fronten: Die britischen Fachleute benahmen sich wie Anfänger, während ihre Gegenspieler, die RSHA-Dilettanten des Obergruppenführers Reinhard Heydrich, sich wie Zauberlehrlinge des Secret Service verhielten.

Die Engländer hatten berufenen Vertretern der deutschen Opposition, die längst versucht hatten, durch Beseitigung Hitlers den Kriegsausbruch zu verhindern, ausnahmslos mißtraut; auf den Hauptmann, der so unecht war wie sein Monokel, fielen sie herein: Er war der RSHA-Mann SS-Oberführer Walter Schellenberg, der es während des Krieges vom verkrachten Jurastudenten zum Chef der gesamten Auslandsspionage bringen sollte.

Nach dem Attentat im »Bürgerbräukeller« befahl Hitler, der im Secret Intelligence Service den Auftraggeber sah und an seine Allgegenwart, Schlagkraft und Tücke blindlings glaubte, dem RSHA-Beauftragten persönlich, die beiden SIS-Offiziere an die Grenze zu locken und dort unter Bruch der Neutralität gewaltsam nach Deutschland zu entführen.

Schellenberg schickte einen Funkspruch an die Firma »N. V. Handelsdienst voor het Continent« im Nieuwe Uitleg 15 in Amsterdam. Hinter diesem langatmigen Firmennamen verbarg sich die Zentrale des britischen Geheimdienstes in Holland. Er bestellte Best und Stevens nach Venlo, wo er mit 14 Mann auf der Lauer lag. Das Kommando bestand aus den gleichen SS-Rabauken, die durch den fingierten Überfall auf den Sender Gleiwitz den Zweiten Weltkrieg gezündet hatten.

»Draußen auf den Straßen herrschte an jenem Tag starker Verkehr, darunter auffallend viele Zivilisten, von Polizeihunden begleitet«, schildert Walter Schellenberg in seinen Memoiren seinen Gangsterfilm. »Ich war ein wenig nervös und bestellte in dem Venloer Café einen Aperitif. Würden Best und Stevens kommen? Sie ließen ziemlich lange auf sich warten– es war bereits 15 Uhr, und noch immer war nichts von ihnen zu sehen. Plötzlich zuckte ich zusammen – blitzschnell brauste ein grauer

Wagen in voller Fahrt heran. Ich war schon aufgesprungen, da packte mich mein Begleiter am Arm: ›Irrtum, es ist ein anderer.‹ Ich blickte bedenklich zum deutschen Zollhaus hinüber – würde sich das dort versteckte SS-Kommando nicht auch täuschen? Aber es blieb alles ruhig. Schließlich bestellte ich mir einen starken Kaffee, und gerade hatte ich den ersten Schluck genommen, da stieß mich mein Begleiter an: ›Jetzt kommen sie!‹ Wir schlenderten bewußt gemächlich nach draußen. Die Mäntel ließen wir hängen . . . Der Buick schwenkte stark bremsend von der Landstraße ab, dem Parkplatz hinter dem Café zu. Ich war noch etwa zehn Schritte vom Wagen entfernt, als ich das Auspuffgeknatter unseres Kommandoautos hörte. Und schon fielen Schüsse. Dann laute, brüllende Stimmen, offensichtlich von der konsterniert hin und her hastenden holländischen Grenzpolizei. Im gleichen Moment sprang Leutnant Copper aus dem Buick, zog einen schweren Dienstcolt aus der Tasche und legte auf mich an. Ich war unbewaffnet und sprang zur Seite. Im gleichen Augenblick raste der Kommandowagen um die Hausecke. Copper kehrte sich dem gefährlicheren Ziel zu und schoß hintereinander einige Male in die Windschutzscheibe. In einem Bruchteil von Sekunden sah ich das Aufsplittern der Scheibe und glaubte schon, daß einer der Schüsse den Fahrer oder den neben ihm sitzenden Kommandoführer getroffen habe. Doch schon sprang der Kommandoführer mit einem Riesensatz aus dem Auto, und nun begann ein regelrechtes Pistolenduell zwischen ihm und Copper. Plötzlich ließ Leutnant Copper die Pistole sinken und stützte seinen Körper auf die Knie. Ich stand noch immer in seiner Nähe. Da fuhr mich die rauhe Stimme des Kommandoführers an: ›Nun hauen Sie doch endlich ab!‹ Ich sauste um die Hausecke in Richtung meines Wagens und sah noch im letzten Augenblick, daß Best und Stevens wie ein Bündel Heu aus ihrem Wagen gehoben wurden . . .«

Copper – der in Wirklichkeit der holländische Leutnant Klop war – starb auf dem Weg ins Krankenhaus von Düsseldorf; die SIS-Offiziere wurden zur »Spezialbehandlung« in das KZ Sachsenhausen bei Berlin eingeliefert.

Die Welt hatte eine schaurige Premiere erlebt: Kidnapping im Staatsauftrag über die Grenze eines neutralen Landes hinweg. Es war ein offener Bruch des Völkerrechts und ebenso ein Verstoß gegen die Regeln des Untergrunds, dessen Gesetz Nummer eins es ist, nicht aufzufallen. Hitler aber verlieh vor den präsentierten Gewehren einer Ehrenkompanie im Hof der Reichskanzlei den Entführern das Eiserne Kreuz und stellte damit Menschenräuber den Frontsoldaten gleich; in den neutralen Ländern aber grassierte seitdem die Angst vor Himmlers Fünfter Kolonne.

Die Abwehr war über den Venlo-Coup nicht informiert worden; Canaris erfuhr erst nachträglich das Gangsterstück, das seine Rivalen, die RSHA-Dilettanten der Prinz-Albrecht-Straße, inszeniert hatten. Zwei Geheimdienste in einem Land, der eine mit erfahrenen Fachleuten besetzt, der andere mit politischen Abenteurern, mußten von vornherein mehr gegeneinander als miteinander arbeiten. Der »kleine Levantiner« führte einen erbitterten Zwei-Fronten-Krieg, nach außen wie nach innen. Zwar war er gerngesehener Gast im Hause seines Nachbarn Heydrich und lauschte häufig dessen Violinspiel, aber es war klar, daß eines Tages die Saiten reißen würden.

Die deutschen Verhältnisse kannte man bei der rumänischen »Siguranta« sehr wohl, und so wußte Oberst Moruzow, daß die Schergen des SS-Obergruppenführers Heydrich in sein Land kämen, so er sich den Männern des Admiral Canaris versagte. Unter diesen Umständen wurde er sich rasch mit dem Abwehrchef einig, und der Admiral konnte bereits am 9. Dezember wieder nach Berlin zurückreisen, ohne daß die Engländer etwas von seinem Blitzbesuch in Bukarest erfahren hatten.

Der Fuchs vom Tirpitzufer verfügte nicht nur über ein schon vor dem Krieg aufgebautes, weltweites Spionagenetz, sondern über eine eigene Haustruppe, ihres Standorts wegen »Brandenburg« genannt. Aus der Friedenskompanie war bei Kriegsbeginn ein Bataillon geworden, und von nun an kam die Spezialtruppe, mit dem Schwert und der Schlange im Wappen, so ins Geschäft, daß sie bis zur Divisionsstärke ausgebaut werden sollte.

Eine Division Einzelkämpfer, deren Waffe die List, deren Handschrift die Verwegenheit und deren Endstation - meistens - der Untergang war. Brandenburg, das war eine Neuerung, die der Zweite Weltkrieg groß ins Fach spülen würde, auf beiden Seiten: Kommandotruppen, die sich in der Uniform des Feindes hinter die gegnerischen Linien stahlen und hier - von keinem Völkerrecht geschützt - Verwirrung stifteten.

Bei den Amerikanern hießen die patriotischen Desperados »Rangers«, bei den Engländern »Special Air Service«. Ob auf deutscher oder alliierter Seite, sie waren drahtige Einzelkämpfer, deren Mut an Wahnwitz grenzte, Sprengmeister der Sabotage, Feuerwerker, Fallschirmspringer und Meisterschützen. Den Brandenburgern gab ihr erster Kommandeur, Dr. von Hippel, die Parole mit: »Ihr sollt ein Räuberhaufen sein, mit dem man den Teufel aus der Hölle holen kann.«

Ein Sonderhaufen mit einer Sondermoral, stets auf der Suche nach subversiven Talenten, die als Bergsteiger, Langstreckenschwimmer, Segelflieger, Hundeführer, Sanskrit-Kundige oder Sportkanonen aufgefallen waren und nach Möglichkeit Englisch, Französisch, Kroatisch, Serbisch, Slowenisch, Griechisch und Rumänisch sprechen oder konsequent schweigen konnten; zum Beispiel maskierte Deutsche als taubstumme Russen.

Vor jedem Angriff waren - schon Stunden vor der Offensive - Angehörige der Spezialeinheit am Feind, unter der Tarnuniform die eigene, angetreten nach der Devise: »Hie gut Brandenburg allewege« - und alle Wege mündeten meistens in den Heldentod.

Im neutralen Rumänien ging es nicht um die Besetzung einer Brücke oder die Eroberung eines Flughafens, sondern um das Öl für Hitlers Panzer und Flugzeuge. Canaris entsandte ein Aufgebot von rund 40 Mann in den Balkanstaat. Da er den Rumänen, trotz der Zusicherung Oberst Moruzows, nicht ganz traute, hatte er nur einen Teil seiner Leute avisiert und den anderen, getarnt als KdF-Reisende oder Mitglieder einer Sportlergruppe, über das deutschfreundliche Bulgarien heimlich in das Nachbarland geschleust.

Die Hafenkaschemme nennt sich »Gelber Kakadu«, aber sie ist nicht gelb, sondern schmuddelig. Sie bietet billigen Schnaps und willige Mädchen. Sie schluckt das Geld so gierig wie die Wüste den Regen. Die schwabbelige Wirtin kommt eilfertig hinter der Theke hervor, begrüßt Jonas wie ihren liebsten Stammgast. Die meisten anderen Gäste kennt sie besser, denn ihr Etablissement liegt im Sperrgebiet, in das man nur mit einer staatlichen Sondergenehmigung einreisen kann, mit einer echten oder einer gefälschten.

»Reden wir vom Geschäft«, sagt der Prophet großspurig. »Wie viele Mädchen hast du?«

»Gib nicht so an«, erwidert die Alte grinsend. »Für dich werden sie reichen.«

»Wie viele?« wiederholt der Schweizer Uhren-Heini und kürzt die Verhandlung in landesüblicher Weise ab: Er schiebt einen ganzen Packen Lei-Scheine auf die Theke.

»Wie viele?« fragt er.

»Elf.«

»Kannst du noch Verstärkung besorgen?«

»Soviel du willst«, erwidert die Kupplerin und reibt Daumen und Zeigefinger gegeneinander. »Solange du zahlst.«

»Ich zahle alles«, beteuert der Großkotz mit der Spendierhose. »Für mich und meine Freunde. Ich hab' nur einmal im Jahr Geburtstag, und das ist heute. Wenn du willst, bist du eingeladen. Brändli zahlt alles. Aber es muß eine geschlossene Gesellschaft sein.«

»Und du zahlst auch im voraus?« vergewissert sich die Wirtin.

Sie werden sich rasch handelseinig, organisieren eine Kapelle, Schnaps in rauhen Mengen, Animiermädchen der hübscheren Sorte – die Falle steht.

Draußen an der Mole liegt die »Mardinian«, mit einer kleinen englischen Stammbesatzung und einer angeheuerten Fremdenlegion von Rumänen, Bulgaren, Jugoslawen und Ungarn. Der Kapitän mußte zu diesen nicht sehr zuverlässigen Balkanmatrosen greifen, um sich zu tarnen. Die »Mardinian« hat falsche Frachtpapiere und echte Soldaten an Bord. Diese speziell trainierten Sturmpioniere sind diszipliniert und bleiben in ihren engen Decks. Die »Fremdenlegion« aber würde meutern, wenn man sie nicht an Land ließe. Darauf basiert der Plan zur »Operation Liebeslaube«.

Jonas merkt schon bald, daß die Rechnung aufgeht.

Die ersten kommen. In ganzen Rudeln. Der dicke Melchior unterstützt als Schlepper Jonas in seinem neuen Beruf als Puffdirektor. »Die schönsten Mädchen von Sulina«, raunt er den Matrosen zu. Er malt üppige Figuren in die Luft. »Schlanke Beine und solche Brummer«, setzt er hinzu; er verschießt sein angelerntes Rumänisch auf einmal. »Scharf wie Holzessig und geil wie Schifferscheiße.«

Zunächst betrachten sie ihn mißtrauisch wie einen Verrückten, aber Männer sind Männer, und Frauen ziehen bei ihnen immer. Vor allem in Hafenvierteln, wo sie willig, aber knapp sind.

Brandenburgs bezahlte Helferinnen sind so ausladend an den Fenstern drapiert, daß man sie schon von weitem sehen kann. Und sie können sich sehen lassen, zumindest bei Nacht.

Die ersten betreten die Nahkampfdiele, lebhaft begrüßt von einem angesoffenen Schweizer, der alle zu seiner Geburtstagsfeier einlädt. Die Kunde, daß hier ein Gratisfaß aufgemacht wird, verbreitet sich unter den »Mardinian«-Matrosen wie ein Lauffeuer bei Rückenwind. Der Pianist haut in die Tasten, die gelb sind wie Raucherzähne, zaubert eine Flut falscher Töne hervor, und ein rumänisch-bulgarisch-ungarisch-tschechisch-jugoslawischer Gemeinschaftschor gröhlt mit. Eine Horde von Seeleuten, die das versäumte Leben von Wochen in Stunden nachholen möchten. Sie haben die Enge des Schiffes mit seinem Hunger und Durst mit der Sehnsucht nach Liebe vertauscht oder was sie dafür halten. Noch dazu, wo sie heute nichts dafür geben müssen, sondern sich allenfalls etwas holen können.

Und dieser bescheuerte Eidgenosse zahlt alles. Und die blonde Griechin, Star dieser Nacht, hat für jeden ein Lächeln bereit. Gleich muß es Ärger geben. Kühl schürt sie das Feuer, lockt den einen, flirtet mit dem zweiten, tanzt mit einem dritten und steigt dabei über einen am Boden liegenden vierten, der den

Kanal voll hat, weil er bei ihr nicht landen konnte.

Die Sache läßt sich prima an, aber Jonas denkt skeptisch: Man soll die Nacht nicht vor dem Morgen loben, wiewohl er kurz vor Mitternacht im »Gelben Kakadu« die ersten Alkoholleichen einkassiert. Melchior und Fiedler fassen mit an. Sie zerren die schnarchenden Matrosen unter den Tischen hervor, befördern sie mit Hilfe der Mädchen nach oben in einen vorbereiteten Leerraum.

Hier bekommen sie noch einen üppigen Schlummertrunk eingeflößt: Schlafpulver, nicht zu kleinlich bemessen, fingern noch ein bißchen an der Hafensirene herum, die sie in den ersten Stock gelockt hat, ein Kuß noch – und ab ins Reich der Träume.

Brandenburg kämpft mit IG-Farben und faulem Sex gegen HMS »Mardinian«.

Jonas sieht sich im Raum um, zählt seine Beute, stolz wie der Teufel auf die armen Seelen. »Sieben«, sagt er zu dem dicken Melchior. »Viel zu wenig.«

Von unten kommt der Lärm nach oben. Das Lachen der Mädchen windet sich wie eine Girlande um die rauhen Matrosenstimmen. Die Schnaps- und Schlafpulverattentäter haben es eilig, wieder nach unten zu kommen. Jonas starrt viel zu oft diese kühlblonde Griechin an; zwar hat er momentan ganz andere Sorgen, aber er überlegt, ob ihm vielleicht die Zeit zu einem kleinen Intermezzo ohne Schlafpulver mit ihr bleibt.

»Von der sollten wir zehn haben«, brummelt Wagenseil vor sich hin, und es ändert nichts an der Tatsache, daß zehn Männer auf sie kommen und daß der Prophet – im Falle eines Falles – der elfte wäre.

Neue »Mardinian«-Matrosen strömen herein, werden mit lautem Hallo begrüßt. Elf sind jetzt schon oben, jenseits von Durst und Böse. Sie werden heute nacht bestimmt nicht mehr auf die »Mardinian« zurückkehren; erstens haben sie einen Kater für zwei Tage, und außerdem werden sie von einem Brandenburg-Kommando im Pendelverkehr zwecks Ausschlafen sicherheitshalber an einen anderen Ort gekarrt.

Weitere werden ihnen folgen, und dann steht der britische

Captain ohne Besatzung da und nimmt als Ersatz, was er bekommt. Es ist dafür Sorge getragen, daß er nur noch Hilfsmatrosen bekommen wird, und zwar von der Kommandoeinheit Brandenburg. Männer wie Jonas, Wagenseil, Melchior, Dumbrowski und Fiedler. Jeder aus einem anderen Balkanland. Nahezu alle Nationen werden vertreten sein, nur nicht die deutsche.

»Das läuft wie am Schnürchen«, grinst Melchior. Selbst Jonas ist jetzt so optimistisch, daß er das selbstauferlegte Alkoholverbot vergißt und einen satten Schluck nimmt.

Und da passiert's.

Ein Offizier der »Mardinian« betritt die Kneipe, fährt wütend unter seine Matrosen, scheucht sie hoch.

»Au Backe!« sagt der schmächtige Fiedler.

Zwei Bulgaren treibt der zornige Brite aus der Kaschemme, die anderen maulen und zögern. Eine offene Rebellion wagen sie nicht.

»Wie kommen Sie denn dazu, meine Geburtstagsfeier zu stören, Sir?« greift Jonas in einem halsbrecherischen Englisch ein und geht drohend auf den schmalköpfigen, hellhäutigen Offizier zu.

Der Mann macht weiter, ohne auf den Propheten zu achten. Mit seinem sorgfältig gestutzten Schnurrbart, dem schnurgeraden Scheitel, der spitzen Nase, umrankt von Sommersprossen, wirkt er wie ein Brite aus dem Bilderbuch.

»Birthday?« fragt er schließlich und dreht sich nach dem Propheten um. »Wer sind Sie eigentlich?«

»Mein Name ist Brändli«, versetzt Jonas, kratzt sein Pennalenglisch zusammen und verkneift sich das Grinsen, weil er einmal nicht für die Schule, sondern für das Leben gelernt hat. »Ich stamme aus Basel.«

»Schweizer?« fragt der Marineoffizier. Der Zorn auf seinem geröteten Gesicht beginnt zu verdunsten.

»Und ein Bewunderer Großbritanniens«, fährt der Unteroffizier fort. »Würden Sie mit mir ein Glas auf den Sieg Ihres Landes trinken?«

»O. k., yes«, versetzt der Schiffsoffizier und greift nach dem Gebräu, das der dicke Melchior schon vorsorglich gemixt hat. Das Mißtrauen des Briten schmilzt wie Himbeereis – Patriotismus macht einfältig.

»Cheers!« prostet Jonas, und der Gegenspieler, der ihm fast die Tour vermasselt hätte, schluckt die erste Portion Schlafpulver. »Und jetzt auf Seine Majestät, den König«, verpaßt ihm der Prophet die zweite Ladung.

Der Mann, der die »Mardinian«-Besatzung einsammeln soll, ist schon leicht angeschlagen; er betrachtet seine Leute aus schrägen Augenwinkeln, hebt angewidert die Mundecken: »Schönes Pack, was? Schlimm, wenn man sich mit einem solchen Völkergemisch herumschlagen muß.«

»Warum nehmen Sie denn nicht Ihre eigenen Leute?« fragt Jonas, eine Spur zu vorlaut.

»Wir brauchen unsere Boys an der Front«, erwidert der Engländer. Er will seine Leute jetzt mitnehmen, aber der angebliche Schweizer zwingt ihn, sich so nach und nach durch die ganze königliche Familie zu saufen: auf die beiden Prinzessinnen Lilibeth und Mary-Rose, auf die Königinmutter. Auf Onkel und Nichten, Tanten und Vettern.

»Ex!« sagt Jonas und hebt das Glas korrekt in Brusthöhe.

Unter dem Gejohle und Gelächter seiner Besatzung geht der »Mardinian«-Offizier mit wehender Flagge unter, schläft am Tisch ein. Der dicke Melchior und Fiedler tragen ihn hinaus wie die erlegte Wildsau nach der Hatz.

Es ist Klamauk, aber Klamauk, der Weltgeschichte macht. Der Balkan ist ein Pulverfaß, und keiner will den Funken werfen, der es zur Explosion bringt. Während sich die Nacht wie ein Leichentuch um die »Mardinian« wickelt, um den Schlepper »Princess Elizabeth«, um die »Lord Byron« und sechs Donaukähne mit Transitware für Budapest, brennt bei der »Siguranta« die ganze Nacht das Licht.

Längst hat der Hafenkommandant von Sulina den Geheimdienst alarmiert, aber zu seiner Überraschung fährt Hauptmann Stefanescu nicht aus der Haut, sondern befiehlt ihm, sich so dumm wie möglich zu stellen. Und noch blind dazu. Deshalb wird in dem Hafen, der gleichermaßen im Donaudelta wie am Schwarzen Meer liegt, die dreckige Ölsuppe ohne Beteiligung rumänischer Köche aufbereitet. Man trägt Gelassenheit. Das Parlament ist in den Ferien, und König Carol liegt bei Madame Lupescu im Bett und erzählt ihr - wie die Rumänen spotten -, was er früher für ein strammer Bursche war.

Jonas hat weiter die Spendierhosen an; Canaris zahlt die Zeche, tauscht Schnaps gegen Öl, wenn es sein muß: eins zu eins. Die Lampen wackeln, die Bohlen ächzen, die Stimmung steigt in dem überfüllten Raum. Für zwei Gäste ein Stuhl. Nach einem Mädchen greifen acht, zehn derbe Männerhände. Der Schnaps beizt die Stimme und trübt die Augen. Melchior und Fiedler schleppen neue Flaschen herbei.

»Paßt auf diesen verdammten Ungarn auf!« raunt ihnen Jonas zu.

Der schöne Joschi ist ein bißchen zu hautnah an der hübschen Maid aus Hellas. Sein schmachtender Hundeblick leitet ihre Entführung ein. »Du komm«, sagt er zu der Griechin.

»Gleich, Lofas«, erwidert sie lachend.

»Nicht gleich«, radebrecht der Ungar. »Sofort!«

Er gerät an einen baumlangen Bulgaren, aus dessen Wäsche Schnaps und Eifersucht schauen. Es bilden sich zwei Parteien, die sich bereits mit Stuhlbeinen und Messern bewaffnen.

»Bestens«, brummelt Melchior mit dem Pastrama-Bauch. »Die nehmen uns die ganze Dreckarbeit ab.«

»Du Waldheini«, knurrt der Prophet. »Und hetzen uns die Polizei auf den Hals!«

Unmittelbar vor Ausbruch der Schlägerei Ungarn contra Bulgarien springt Jonas dazwischen, ein Geldstück in der Hand, wortreich, in allen Sprachen, die er nicht kann. »Kopf oder Zahl?« redet er den beiden Parteien zu und hofft inbrünstig, daß die hochgeworfene Münze auf die ungarische Seite fällt.

Er lacht; es hat geklappt. Er blinzelt der Griechin zu. Sie nickt unmerklich zurück, während sich Wagenseil hinter ihr aufstellt. Joschi, der Sieger, nimmt sie stolz und strahlend bei der Hand.

Seine Haare glänzen blauschwarz, Produkt aus Natur plus Pomade. Der Weg ins Paradies führt über den schlecht beleuchteten Gang. Und hier steht Melchior und schlägt den schönen Joschi nieder. Mit mittlerer Wucht, wenn auch mit Wonne.

Der Ungar landet im Nirwana der betrogenen Sünder, als Nummer 17 oder 18. Und weiter füllt sich der Schlafsaal. Bei den meisten ersetzt der Schnaps den Totschläger. Der unterlegene Bulgare übt so lange Purzelbäume, bis er einfach liegen bleibt. Die rothaarige Zdenka vergiftet gleich drei Verehrer mit Schlaftabletten. Die schlaksige Nilla will es ihr nachmachen, greift nach dem falschen Glas. Während sie sich mit letzter Kraft gegen den Schlaf sperrt, führt Joana einen Schleiertanz vor.

Langsam stirbt das Gelächter. Der Raum ist nicht mehr überfüllt. Auf einmal gibt es mehr Mädchen als Matrosen. Noch in der Nacht schaffen die Brandenburger den letzten Betrunkenen in Schlupfwinkel, die vorübergehend als Hilfsgefängnisse dienen. Wer erwacht, verlangt nach Wasser – und erhält es, wenn auch durchsetzt mit weiteren Schlafpillen.

Um vier Uhr morgens ist die Schlacht geschlagen, und Jonas verabschiedet sich mit einem letzten Trinkgeld. Die blonde Griechin lächelt ihn an. Tolle Mischung. Dunkle Augen. Helle Haare. Nackte Schultern ...

»Komm«, sagt sie leise. »Du gefällst mir.«

»Du mir auch«, erwidert der Prophet und setzt verzichtend hinzu: »Morgen ...«

Aber morgen geht's nicht um Liebe, sondern um das Eiserne Tor.

Der Kapitän der »Mardinian« trägt die schlechte Laune im Gesicht. 38 Mann seiner Besatzung fehlen. 38 Ungarn, Bulgaren, Rumänen, Jugoslawen, Tschechoslowaken. Und ein britischer Offizier, der sie einsammeln sollte, ist überfällig. Das ist das Schlimmste. »Der Mann wurde verschleppt«, stellt er gallig fest.

»Von einer Frau?« fragt der rumänische Hafenkommandant interessiert.

»Quatsch«, erwidert der alte Seebär unfein. »Von den Hunnen.«

»Bringen Sie mir die Täter, und ich lasse sie sofort verhaften«, antwortet Sulinas Nummer eins. »Kommen wir zu Ihrer Fracht! Proviant für Budapest?« Er schüttelt den Kopf, und das soll wohl heißen: Salami nach Ungarn?

Der Kapitän schiebt ihm ein üppiges Paket Lei-Scheine zu, und der geschniegelte und gebügelte Rumäne nimmt es ohne Umschweife. Heute sogar auf Befehl. Die »Siguranta« wünscht auch, daß er korrupt ist. Solche Geschäfte macht er nicht alle Tage.

»Einen Whisky?«

Der Hafenkommandant nickt, trotz seines kranken Magens.

»Wenn Sie wollen, werden Sie mit einem Schlag reich«, beginnt der Brite, wie er meint, diplomatisch. »Ich bin in der Klemme. Mir ist dieses Gesindel von Besatzung davongelaufen.«

»Alle?«

»Zwei sind wieder aufgetaucht. Sturzbetrunken. Sie sind nicht bis zum ›Gelben Kakadu‹ gekommen, sie haben sich gleich an der Mole vollaufen lassen.«

»Matrosen sind durstig –«

»Well«, versetzt der »Mardinian«-Kommandant. »Verschaffen Sie mir Matrosen. Ich zahle Ihnen für jeden Mann eine fürstliche Prämie.«

»Will sehen, was ich für Sie tun kann«, entgegnet der Rumäne und verabschiedet sich höflich. Er hat das Spiel der »Siguranta« begriffen. Die Geburtstagsfeier in der Kaschemme stinkt natürlich zum Himmel, aber noch verdächtiger ist, daß gestern Unbekannte nach Sulina gekommen sind und alle freien Matrosen mit einem üppigen Handgeld angeheuert haben. Aber die Angeworbenen gingen nicht an Bord eines Donauschleppers, sie wurden mit einem Lastwagen vom Fluß in das Landesinnere weggeschafft. In ein Luxushotel. Dort sollen sie drei Tage zechfrei gehalten werden und am vierten noch einmal die volle Heuer erhalten.

Was jetzt noch für die »Mardinian« zu haben ist, an die 15, 18 Leute, sind keine richtigen Matrosen. Ihre Reederei heißt Brandenburg. Der Hafenkommandant vermutet es, aber er schickt die Burschen zur »Mardinian«, deren Kapitän nicht die Qual der Wahl hat, sondern nehmen muß, was er bekommt. Der Veteran der Handelsmarine, kein Spezialist der Unsichtbaren Front, nimmt den dicken Melchior als ersten ins Gebet, nach ihm kommt Fiedler, dann Jonas. Gerade, als er mit dem Verhör beginnen will, um zu verhindern, daß in seinen brisanten Konvoi in Richtung »Eisernes Tor« womöglich deutsche Agenten als trojanische Pferde einsickern, treibt der rumänische Hafenkommandant, stolz wie ein Spanier, eine ganze Hammelherde neuer Ersatzmatrosen an Bord. Die schlechte Laune des Briten kippt; er steht auf und geht seinem Helfer ein paar Schritte entgegen, der mit ausgebreiteten Armen auf ihn zukommt.

»Alles für die Katz'«, knirscht der dicke Melchior.

»Du Arsch mit Ohren«, raunt ihm Jonas zu.

Er hat ein paar vertraute Gesichter aus Polen erkannt, neben fremden, brandneu wie frischgeprägte Fünfmarkstücke. Nachersatz. Für Leute seines Schlages hat der Prophet eine Witterung. »Schöne Grüße vom Quenzgut«, sagt er sich und versucht, doof aus der Wäsche zu gucken.

Dann erst erfaßt der Prophet die große Schau: Mitten unter den Neuen steht Leutnant Schübler und redet auf sie ein, als wollte er Glatzköpfen Kämme verkaufen.

»Schau, schau«, riskiert nun auch noch Fiedler einen Witz, »der trojanische Hengst.«

Sie sind jetzt so nahe, daß man verstehen kann, wie sich der Wanderprediger unter der Hammelherde für einen deutschen Parteigänger ausgibt, der den anderen verlockende Summen bietet, wenn sie sich nicht auf britische Schiffe anheuern lassen.

»Der ist enttarnt«, wispert Jonas. »Und damit sind seine Tage in Rumänien gezählt.«

»Seine Nächte auch«, versetzt Melchior grinsend.

Kalt, aber höflich schafft der Kapitän den ungebetenen Gast von Bord und betrachtet das neue Aufgebot. Zumindest äußerlich machen die Männer keinen schlechteren Eindruck als die desertierten Fremdenlegionäre von gestern. Statt 38 Mann könnte er jetzt über 50 anheuern. Wie sollte ein alter, ehrlicher Kapitän der christlichen Schiffahrt auf den Gedanken kommen, daß die ganze Kollektion vom deutschen Admiral Canaris gestellt wurde?

Das verspätete Verhör beginnt.

Jonas und seine Männer treten vorsichtshalber etwas in den Hintergrund und lassen Kumpels, die gestern nicht am Spaß im »Gelben Kakadu« teilgenommen haben, den Vortritt. Die Vernehmung ist schnell und flüchtig. Viel Zeit haben die Tommies auch nicht, wenn ihre Armada heute noch ausrücken soll. Und das muß sie, denn wenn die Rumänen die Fracht genau untersuchen, ist das Attentat auf das »Eiserne Tor« geplatzt.

Im Nu sind die ersten sieben durch. Ihre Rollen sind geprobt, und was ihnen an schauspielerischem Talent fehlt, legen sie an sprachlichen Schwierigkeiten drauf.

Der achte verhaspelt sich absichtlich. »Ich bin zwar Tscheche«, radebrecht er in einem fürchterlichen Englisch, »aber meine Mutter –«, er schweigt erschrocken.

»Was ist mit Ihrer Mutter?« fragt der Kapitän streng.

»Vor ihrer Heirat war sie Österreicherin«, antwortet der Mann und sieht aus wie ein begossener Pudel.

»Sorry, very sorry«, entgegnet der Kapitän bedauernd. »Please, verstehen Sie, daß ich auf Sie verzichten muß.«

Der nächste ist Jonas.

»Schweizer?« fragt der Kapitän. »Uhrenvertreter? Warum wollen Sie denn an Bord?«

»Weil die Uhren nicht gehen«, versetzt der Prophet. »Die Rumänen sind knapp bei Kasse.«

»Sie sehen aber nicht wie ein Schweizer aus.«

»Sie auch nicht wie ein Brite«, versetzt Jonas rotzfrech. Der Engländer lacht schallend und sagt gut gelaunt: »Go on, boy.«

20 Minuten später ist die Prozedur beendet. Der Kapitän hat 40 Mann neue Besatzung gegen 38 alte getauscht. Kein schlechtes Geschäft, auch wenn er den rumänischen Hafenkomman-

danten auf Kosten des englischen Steuerzahlers noch saftig abschmieren muß.

Inzwischen beginnen die Angeheuerten bereits, die Fracht von der »Mardinian« auf die anderen Schiffe umzuladen. Unter strenger Bewachung. Auf einmal quellen aus den Unterdecks drahtige, kräftige Burschen hoch, britisches Stammpersonal, mit dem man sich besser nicht anlegt. Es bleibt gar nichts anderes übrig, als schnaufend und schwitzend zu malochen. Zu viert schleppen sie eine schwere Kiste auf einen der Frachtkähne. Alles mit der Hand, weil die paar Kräne für das schwerere Stückgut gebraucht werden.

Sie kommen von dem Kahn zurück, kurzatmig, in allerlei Sprachen fluchend, aber mit Gesichtern, die zu fragen scheinen: Wo steht denn nun das Klavier?

Der bewachende Maat wirkt jetzt nicht mehr ganz so grimmig, er besorgt ihnen sogar etwas zu trinken – alkoholfrei allerdings.

Auf den Kisten steht: AUSTIN CORPORATION. Diese eingebrannte Markierung ist offensichtlich nur für ganz Doofe. Als ob die Engländer zur Zeit nichts Wichtigeres zu tun hätten, als für die Ungarn Auto-Ersatzteile herzustellen.

Bei der fünften Kiste ist der Maat nicht mehr so mißtrauisch. Und da passiert's: Jonas hievt sie hoch, Melchior stolpert, läßt sie los. Im Sturz nimmt er Ritschel mit. Fiedler springt beiseite, bevor ihm das schwere Ding auf die Füße fällt. Die Kiste knallt mit der Kante auf das Deck, splittert.

Der Maat schimpft lauthals und pfeift.

Unheimlich schnell sind ein paar Mann vom englischen Stammpersonal zur Stelle – aber nicht schnell genug: Die Brandenburger haben längst festgestellt, daß die Kiste zerlegte Maschinengewehre enthält.

»So«, sagt Jonas, »wenn wir jetzt den Rumänen die Beweise zuspielen, dann fährt der olle Seebär mit der Hand über seinen Hintern statt gegen das ›Eiserne Tor‹.«

Am Nachmittag ist die Ladung gelöscht. Die neuen Seeleute werden auf die verschiedenen Einheiten des Konvois verteilt. Jonas und Melchior gelingt es, zusammenzubleiben. Sie kommen auf die »Princess Elizabeth«, gehen an Bord. Die Armada läuft aus. Gleichzeitig lichtet die »Mardinian« den Anker und dampft ins Schwarze Meer zurück.

Die Schlepper legen sich ins Zeug, aber der große Coup schwimmt gegen den Strom. An Bord führen jetzt Offiziere das Kommando, die von Brandenburg sein könnten, aber vom Secret Service gestellt werden.

Die Stimmung ist gespannt. Keiner sagt etwas. Die Männer belauern einander. Man spürt, daß der Geistertransport von den Ufern aus von vielen Augen verfolgt wird. Die Landschaft wechselt träge: Weinhügel, Felsen, Berge. Der Fluß wird breiter, verengt sich dann wieder nach einer Schleife.

Der erste Hafen: Braila.

Der rumänische Offizier kommt an Bord, grüßt höflich, prüft die Papiere, nimmt Geld, wünscht »Gute Fahrt!« und geht.

Die nächste Station: Harsova. Wie gehabt.

Dann: Gernavoda. Dieselbe Darbietung.

Der Leiter des Konvois nennt sich Brown, aber er könnte auch Müller heißen – dann wären nur beide Namen falsch. Er wirkt jetzt sicherer und ungeduldiger. Die Rumänen hat er in der Tasche, gekauft. Und Geld regiert von jeher die Balkanwelt.

Was ist mit den Deutschen los? Verschlafen sie diesen Schneckentransport? »Klappt doch bestens, Sir«, sagt einer der Offiziere zu dem Transportführer Brown.

»Everything okay, Sir«, sagt einer der Offiziere zu dem SIS-Transportführer der »Operation Eisernes Tor«.

»I hope you are right«, erwidert Brown. »Nach meinem Gefühl haben wir zu wenig Ärger.«

Silistra in Sicht. Sogar die Rumänen werden jetzt nervös, die, ohne einzugreifen, das Duell um das Öl den Engländern und den Deutschen selbst überlassen wollen.

Der Chef der »Siguranta«, Oberst Moruzow, vergewissert sich bei Major Luca, ob er sicher sei, daß die Deutschen nicht schlafen. Dieser gibt die Frage an Hauptmann Stefanescu weiter, der ausweichend antwortet, wiewohl er es besser weiß.

Der Transport dampft jetzt schon auf Georgiu zu. Das »Eiserne Tor« kommt immer näher. Auch einige Brandenburger im Einsatz haben Schmetterlinge im Magen.

Die Wellen gluckern, die Schlote fauchen. Ein paar Männer klettern auf der »Princess Elizabeth« ans Oberdeck, um Luft zu schnappen. Der Mann von der Deckwache sieht sie sofort. Was für eine Sprache, überlegt er, Deutsch vielleicht?

Er ist nicht sicher. Aber die Taschenlampe, die Kreise zieht, sieht er mit Sicherheit. Er geht sofort auf die Leute zu. Das Licht verlöscht.

»Was machen Sie da?« fragt der Brite den Hilfsmatrosen Brändli.

»Nichts«, brummelt der Prophet mit dümmlicher Unschuld; es hilft ihm nichts. Er wird von vier Armen gepackt und mitgezogen in Richtung Kommandobrücke.

Wellen gluckern, Positionslichter schaukeln rot, grün und weiß auf dem Strom wie riesige Glühwürmchen. An dieser Stelle, kurz vor Georgiu, ist die Donau breit genug, um zwei Konvois aneinander vorbeizulassen, den englischen vom Schwarzen Meer, unterwegs zum Eisernen Tor, und den deutschen, der, von Ungarn kommend, die berühmt-berüchtigte Engstelle bereits passiert hat.

»Dieser Mann hat Signale gegeben«, sagt einer der beiden Engländer, die Jonas geschnappt haben, zu Kapitän Brown.

»Don't believe it, Sir«, stammelt der Prophet. »Ich hab' nur Luft geschnappt.«

»Und die Taschenlampe?« fragt Brown.

»Hab' das Zigarettenetui gesucht.« Jonas holt es aus der Tasche, weist es treuherzig vor.

»Sie sollten sich das Rauchen abgewöhnen«, sagt der Offizier sarkastisch.

In diesem Moment, an diesem 4. April 1940, genau um 23 Uhr 11, geschieht es. Ein Schatten. Ein Schrei. Aus dem entgegenkommenden Geleit reißt sich ein Tanker los, legt sich quer, treibt in der Mitte des Stroms, genau auf die »Princess Elizabeth« zu. Ein schwerer, dunkler Kasten, der in Sekunden mitten in das britische Geleit knallen muß.

»Attention!« schreit der Mann von der Brückenwache. »Attention!«

»Maschine stopp!« befiehlt Kapitän Brown, um wenigstens den frontalen Zusammenstoß zu verhindern.

Der Steuermann handelt sofort. Die Schiffsschraube dreht sich wild in Gegenrichtung, drückt den Bug des kräftigen Schleppers nach unten. Die Besatzung purzelt durcheinander. Einen Moment lang sieht es aus, als verbeugte sich die »Princess Elizabeth« vor dem herrenlosen Angreifer. Der Schlepper bricht noch nach backbord aus, dann knallen die beiden Schiffe ineinander.

Der stille Strom verwandelt sich in einen brodelnden Hexenkessel. Scheinwerfer bohren sich in den nachtdunklen Vorhang wie gefräßige Motten. Mit seemännischem Geschick hat die »Princess Elizabeth« den frontalen Aufprall vermieden, hat sich aber mit der Ankerkette an dem Tanker verfangen. Die beiden Havaristen kreiseln umeinander wie Skorpione beim Liebesspiel.

Jonas, der beim Signalisieren geschnappt und soeben von Kapitän Brown fristlos entlassen wurde, hat sich beim ersten Alarmruf mit äußerster Beeilung abgesetzt. Er wetzt über das Oberdeck und springt unbemerkt von Bord; er sieht, wie die Barkasse, genau nach Plan, am linken Lastkahn anlegt, krault auf sie zu, hievt sich tropfnaß hoch. Er kommt gerade noch zurecht, um seinen Kumpels beim Umladen der ersten Kiste zu helfen.

»Moment«, ruft Ritschel von oben. »Doppelt hält besser.«

Wie sie es schaffen, weiß der Teufel. Sie mopsen das zweite schwere Ding aus dem Laderaum, Schwerstarbeit, bei der sie auch noch unsichtbar bleiben müssen. Sie schuften, schleppen, keuchen und fluchen, aber solange die Tommies keine Lunte riechen, ist das noch das reinste Vergnügen.

»Tut mir leid, Sir«, ruft Kapitän Weiß vom Bayerischen Lloyd – alias Brandenburg – durch sein Megaphon herüber. »Dumme Sache. Der Tanker hat sich losgerissen. Unsere Versicherung wird selbstverständlich für den Schaden aufkommen . . .«

»Damned Jerry«, murmelt der britische Gegenspieler grimmig. Solcherlei Pannen kommen bei der Binnenschiffahrt gelegentlich vor. Da es sich hierbei ausgerechnet um ein deutsches Geleit handelt, ist er sicher, daß es kein Zufall ist. Kapitän Brown hat das Schlimmste verhindert – nun muß er sehen, was von seinem »Unternehmen Eisernes Tor« noch zu retten ist.

Seine Matrosen schuften wie Berserker. Einen Moment lang treiben beide Schiffe nebeneinander dem Ufer zu. »Princess Elizabeth« zieht noch immer ihre Frachtkähne hinter sich her, und an einem hängt eine Barkasse wie eine Zecke.

»Die haben ja Dreck in den Augen«, ruft der dicke Melchior begeistert, als sie am Heck die zweite Kiste herablassen, ein paar Sekunden zu früh.

Ein Maat sieht die Barkasse, durchschaut das faule Spiel. Zwar legen sie ihn mit vereinten Kräften schnell aufs Parkett, doch bevor sie das schaffen, hetzt ihnen der Maat noch die ganze Meute auf den Hals.

»Nichts wie verpissen«, schreit der dicke Melchior herauf.

Der schmächtige Fiedler springt als erster. Ritschel, der Neue, folgt ihm. Die anderen schaffen das nicht mehr.

Die Barkasse schießt los wie die Feuerwehr.

An Oberdeck des Frachtkahns erscheint ein britischer Leutnant, die Maschinenpistole im Anschlag. »Stop!« ruft er herüber. »Come back!«

»Deckung!« brüllt Jonas, aber wie soll man sich, 50 Meter entfernt, in einer schwimmenden Nußschale abschirmen?

Der erste Feuerstoß, als Warnung gedacht, zischt über ihre Köpfe hinweg. Die Barkasse fährt Zickzack. Der Engländer nimmt Maß, drückt durch, nietet den schmächtigen Fiedler förmlich um. Querschläger prasseln in die Seitenwand. Flach wie Flundern liegen die Männer hinter den geklauten Kisten.

Sie haben kaum eine Chance, das Ufer zu erreichen, aber gerade noch rechtzeitig erscheinen Flußboote der rumänischen Wasserpolizei am nächtlichen Schauplatz und zwingen die Engländer, das Feuer einzustellen.

»Mensch«, sagt Jonas ergriffen. »Das wäre beinahe ins Auge gegangen.« Er sieht, daß Ritschel noch immer volle Deckung genommen hat. »Brauchst dir nicht mehr in die Hosen zu machen, Kriegskamerad«, spottet er. »Alles vorbei. Entwarnung.«

Aber Rischel rührt sich noch immer nicht. Sie drehen ihn um. Ein MP-Feuerstoß hat ihm das halbe Gesicht weggerissen. Und seinen Kumpels vergeht die Freude über den Handstreich gegen die Eiserne-Tor-Attentäter. Der Krieg macht die Rechnung glatt: Zwei Kisten, zwei Tote.

Die rumänische Wasserpolizei dirigiert zur Untersuchung des Vorfalls alle Schiffe in den Hafen von Georgiu. Vom Donauufer bis nach Bukarest sind es genau 56 Kilometer. Der Phrophet schafft es mit seinem Laster in Rekordzeit. Während er seine explosive Fracht durch die Nacht karrt, ist der deutsche Botschafter Fabrizius bei der rumänischen Geheimpolizei vorstellig geworden.

»Schlimm, was Sie mir da berichten, Exzellenz«, sagt Hauptmann Stefanescu mit gespieltem Erstaunen. »Wenn Sie mir Beweise liefern, werde ich den britischen Konvoi zur Umkehr zwingen.«

»Gedulden Sie sich noch eine halbe Stunde ...«

Aber Jonas, der dicke Melchior und ein paar Kumpels schaffes es bereits in 28 Minuten: Sie präsentieren Waffen, Munition und Sprengstoff, bezeugen, daß sie die Beweisstücke auf einem Frachtkahn des britischen Geleits »sichergestellt« haben.

Dem englischen Anschlag ist damit das Dynamit ausgegangen.

Die Fracht wird beschlagnahmt, die Besatzung interniert und später ausgewiesen. Die Donau, der Haupttransportweg der Öllieferungen, bleibt offen. Rumäniens schwarzes Gold fließt weiter nach Deutschland.

Aber es ist klar, daß sich die Engländer, trotz ihrer Schlappe, nicht damit abfinden werden, und so zählt man in Klein-Paris an den Fingern ab: Kommen die britischen Fallschirmjäger oder kommen sie nicht?

Die Engländer verlieren auch die zweite Runde um das dreckige Öl; sie wollen die Pläne der Petroleumfelder, Ölanlagen und Bohrtürme aus Rumänien herausschaffen, und das kann nur die Vorbereitung für eine großangelegte Sprengung sein.

Von Brandenburg alarmiert, greift die »Siguranta« zu und fängt den Lastwagen, der die Unterlagen für einen Wiederaufbau nach dem Krieg außer Landes schmuggeln soll, ab.

Es kommt zur dritten, entscheidenden Runde: In dem geräumigen Erholungsheim der »Astra Romana« im Seengebiet von Snagov, am Rand der Ölsperrzone, 45 Kilometer von Bukarest entfernt, tagt eine Geheimkonferenz.

Der Secret Service hat die Besprechung mit größter Sorgfalt abgeschirmt. Keine Abhörgeräte. Weit und breit kein Unbefugter. Nur gewissenhaft ausgewählte Erdölfunktionäre, wie Mr. Miller, der Manager der »Astra Romana«, oder Mr. Page, ihr technischer Direktor, und einige Spezialisten aus London. Alle sind klammheimlich in Rumänien eingereist, wie der SIS-Colonel Smith, der diesen freiwilligen Befehlsempfang leitet, ein Experte für Rückzüge, bei denen kein Stein auf dem anderen bleiben soll.

»Gentlemen«, sagt er. »Wir haben eigentlich nur ein Problem: Wenn ich den Alarm X auslöse, brauchen wir zweiundsiebzig Stunden Zeit. Drei volle Tage. Keine Minute weniger, keine mehr.«

Seine Augen gehen von einem Gesicht zum anderen. Es sind Manager, die ihr Lebenswerk zerstören müssen, die schon 20, 30 Jahre hier arbeiten, Schweißtropfen investiert und Erfolg geerntet haben und jetzt vor der Wahl stehen, das Kapital ihrer eigenen Aktionäre zu vernichten oder die verdammten Deutschen mit Petroleum zu beliefern.

»Wir werden bluffen, auf Teufel komm raus«, fährt der Colonel fort. »Wir werden vorübergehend die Ölförderung erhöhen, und wir werden mit Waffengewalt jeden festsetzen, der sich Ploesti nähert.«

»Auch Rumänen?« fragt Mr. Miller vorsichtig.

»Die lenken wir ab«, entgegnet der Colonel. »Das bekommen

wir schon hin.«

»Und wenn nichtenglische Arbeiter vorzeitig den Braten riechen?«

»Einbuchten. Wir werden kein Risiko eingehen. Ich will Ihnen gar nicht verhehlen, daß wir beim Rückzug Verluste haben werden. Ab sofort herrscht in und um Ploesti der Ausnahmezustand.«

Der Colonel führt Krieg auf eigene Faust – wenn es sein muß, gegen die Rumänen in ihrem eigenen Land. Die Manager der »Astra Romana« werden ihre Pflicht tun, auch wenn sie diese Pflicht ankotzt. Die Spannung wird unerträglich. Sie zerrt selbst an den Nerven der Unbeteiligten, denn irgendwie spürt jeder, daß das Duell im Untergrund bald ans Tageslicht gehen wird.

Auf Major Luca wird ein Attentat verübt; eine Handgranate fliegt durch das Fenster ins Schlafzimmer. Der »Siguranta«-Offizier überlebt den Anschlag, kann ihn aber nicht ganz klären. Es sieht so aus, als sei er auf britische Anstiftung hin inszeniert worden. Die Sicherheitsbestimmungen werden noch einmal verschärft.

Alarm in der Calea Rahovei, dem massiven Häuserblock, in dem sich die Deutsche Abwehr eingenistet hat. Ein Brandenburger verständigt den anderen, im Schneeballsystem.

Leutnant Schübler, wieder einmal bei der Vertrauten des Hauptmanns Stefanescu, kommt gewissermaßen bettwarm aus der Kissenschlacht. In der Tür bleibt er einen Moment lang stehen, bevor er auf seinen Bugatti zugeht, den er in der Nähe von Marius Haus geparkt hat. Zwar wird er längst rund um die Uhr von seinen eigenen Leuten beschattet, aber sicher ist sicher.

Während sich Schübler noch umsieht, um festzustellen, wer ihn heute abschirmt, detoniert sein Stolz in einer grellen Stichflamme.

»Nicht weinen, Leutnant«, sagt Jonas. »Kriegst 'n neues Prachtstück.«

Sie hasten los, um vor dem Auftauchen der Polizei noch zu verschwinden.

»Die haben dir 'ne Höllenmaschine eingebaut.«

»Und du schaust zu?« fragt Schübler im Laufen.

»Hätt' dich schon nicht einsteigen lassen, Leutnant«, keucht der Prophet und grinst. »Die Kerls waren unvorsichtig – den Rest haste ja gesehen.«

Sie erreichen den quadratischen Fuchsbau mit den unterirdischen Eingängen aus den Nebenstraßen. Die Rolläden an allen Fenstern sind heruntergezogen; kein Lichtschein dringt nach draußen. Selbst an den Schießständen in den Kellern, den Werkstätten der Verwegenheit, kann man Schüsse abgeben, ohne daß sie auf der Straße zu hören sind.

»Da seid ihr ja«, begrüßt der Major seine Männer; er betrachtet Melchior. »Sie haben schon wieder zugenommen, Mann Gottes«, unterbricht er sich. »Herrschaften, jetzt heißt's: Aus der Schlemme in die Klemme.«

»Wieso?« fragt Schübler.

»Ich glaube, wir haben das Rätsel gelöst«, entgegnet der angebliche Militärattaché.

In Ploesti droht sich eine Katastrophe zusammenzubrauen. Während man bisher mit den englischen Firmen um jede Tonne Öl feilschen mußte, gibt es auf einmal keine Lieferschwierigkeiten mehr. Die Schienenstränge im Erdölgebiet werden strapaziert. Tag und Nacht rollen Tankwagen mit dem Petroleum zu den Donauhäfen, aber nicht weniger Waggons rollen zurück mit Sand und Kies.

Wo Öl gebohrt wird, gibt es immer Baustellen. Aber was sollen diese unvorstellbaren Mengen an Material? 200 Waggons Kies und 400 Waggons Sand allein in Boldesti. 100 Waggons Kies und 200 Waggons Sand für Moreni. 75 Waggons Kies, 150 Waggons Sand für Ochinri.

Der Abwehrmajor, Brandenburgs Statthalter in Rumänien, wird unruhig. Er fordert per Blitzgespräch einen Experten aus Berlin an, rechnet ihm die Transporte einzeln vor: »Sagen Sie mir um Gottes willen, was man mit diesem Dreckszeug anstellen kann.«

»Sachte«, erwidert der Spezialist. Er hat eine Karte der Sperrzone vor sich, vergleicht die Orte mit den angelieferten Mengen. »Sagen Sie, Herr Major: Nur Sand und Kies? Sind Sie sicher, daß nicht auch noch Zement darunterliegt?«

»Eine Menge graue Papiersäcke wurden geortet«, erklärt der Abwehrmajor.

»Dann ist es ein klarer Fall«, versetzt der Experte aus Berlin. »Wenn Sie Sand, Kies und Zement mit Wasser verrühren, dann erhalten Sie Beton. Und wenn Sie zum Beispiel die Fördersonden damit füllen, sind sie für die Dauer des Krieges erledigt, und wenn er noch fünf Jahre ...«

»Mensch«, erwidert der Major, »wie lange braucht das Zeug, bis es Beton wird?«

»Wenn die Engländer nicht ein besonderes Schnellverfahren erfunden haben, etwa drei Tage«, antwortet der Experte.

Der Major löst Alarm, Stufe III, aus, und das heißt, daß auch der letzte Mann in das Schlußgefecht um Rumäniens schwarzes Gold geworfen wird. Daß ein längst ausgearbeiteter Plan unverzüglich anläuft. Und daß ausnahmsweise für die Männer der Gespenstereinheit das Tempo wichtiger ist als die Tarnung.

Der Major nimmt Schübler auf die Seite. »Für Sie hab' ich 'ne besondere Aufgabe«, lockt er und klopft ihm auf die Schulter.

»Jawohl, Herr Major«, erwidert der Leutnant stolz, endlich zum Zug zu kommen. Nichts gegen Liebe – aber schließlich will er nicht den ganzen Krieg im französischen Bett einer Rumänin verschlafen.

»Unsere Männer ins Grenzgebiet zu bringen ist kein Problem«, erläutert der Abwehrresident, »aber wir brauchen auch noch Sprengstoff. Nicht viel. Sagen wir mal 'nen Kofferraum voll.«

»Wird erledigt, Herr Major«, versetzt Schübler schnell.

»Nicht von Ihnen, Leutnant«, entgegnet der Abwehrmann. »Glauben Sie, daß Sie Ihre Freundin Mariu überreden können, vielleicht mit Hauptmann Stefanescu zusammen einen Ausflug in das Sperrgebiet zu machen?«

»Das läßt sich arrangieren, Herr Major.«

»Und dabei das brisante Zeug für uns in ihrem Wagen einzuschmuggeln?«

»Aber das ist doch Männersache, Herr Major«, widerspricht Schübler.

»Männersache ist, was wir danach mit dem Sprengstoff anstellen werden«, erwidert er. »Das ist ein Befehl, Leutnant Schübler.«

Die Männer der Geistereinheit kommen aus allen Richtungen, aus Rumänien selbst und den umliegenden Ländern. Sie reisen mit gefälschten Papieren schwarz über die grüne Grenze und sickern in den militärischen Sperrgürtel, den die Rumänen und die Engländer in weitem Abstand rings um das Erdölgebiet gezogen haben, ein. Ein Lotse bringt sie in vorbereitete Quartiere.

»Paß auf dich auf«, sagt Schübler zur Gräfin Lewandowsky.

Sie nickt lächelnd. »Das ist also ein Abschied«, sagt sie dann.

»Nein«, entgegnet er matt. »Niemals.«

»Und ich leiste dir dabei noch Hilfe, wieder aus dem Land zu kommen«, entgegnet sie. »Wenn Ploesti erledigt ist, fährst du doch weg?«

»Ich weiß nicht, wohin man mich schicken wird«, antwortet der Leutnant. »Aber soweit ist es noch nicht. – Paß auf dich auf«, sagt er zum zweiten Mal. »Du hältst Hauptmann Stefanescu bei Laune und läßt in Ploesti einfach deinen Wagen stehen. Aber nicht vergessen: mit unversperrtem Kofferraum.«

»Gut«, entgegnet sie.

Am nächsten Morgen rollt die Aktion an: Rumänische Panzerverbände besetzen, trotz des Protestes der Engländer, die Verwaltungsgebäude der Ölfirmen. »Tut mir leid«, behauptet Stefanescu. »Ich habe einen Durchsuchungsbefehl zu vollstrekken.«

»Doch wohl nicht hier bei uns?« versetzt Colonel Smith.

»In Ihren und in Mr. Pages Privaträumen«, antwortet der Rumäne.

»Und was liegt gegen uns vor?«

»Verdacht des Sprengstoffschmuggels.«

Der Engländer zuckt die Schultern. Ein letztes Mal unterschätzt er seine Gegenspieler. Er verständigt seinen Botschafter, Sir Reginald Hoare, und während er noch mit ihm telefoniert, wird bereits in seinem Schrank das im Sperrgebiet streng verbotene Dynamit sichergestellt.

»The damned Germans«, flucht der Colonel.

Und das ist das Schlußwort im Kampf um das rumänische Öl. Bevor die Engländer auch nur eine einzige Sonde mit Zement blockieren können, ist das ganze Gebiet besetzt, und Rumänien operiert beim Ölexport offen zugunsten Großdeutschlands, dessen Truppen ohnedies bald über den Balkan rollen werden.

Operation Weserübung

Der Tag ist grau. Peitschender Wind fegt über Wesermündes Hafengelände. April ohne Sonne, ohne jede Andeutung von Frühling. Keinen Hund jagt man an einem solchen Tag hinaus, aber über den langen Kolumbuspier hatschen Hunderte von Gebirgsjägern mit ihren genagelten Bergschuhen, daß die Funken stieben. Mit ihren schweren Rucksäcken und dem für die Flachländer schwer verständlichen Dialekt sind die Soldaten mit dem Edelweiß an diesem Ort eine Art Exoten.

Die Männer des Gebirgsjägerregiments 139, unter Führung des Generalleutnants Eduard Dietl, kommen aus dem Warteraum Bremerhaven, und sie wissen nicht, wohin die Reise geht. Man sagte ihnen, daß sie Angehörige einer großen Zeit seien, und so werden sie verschubt, wohin die Zeit es will.

»Mogst jetzt du da aufi?« fragt der Gefreite Geiger und deutet auf den ranken schnittigen Zerstörer, auf den die erste Kompanie eingeschifft wird, 200 Gebirgsjäger mit grinsenden, verstörten Gesichtern.

»Moanst, mir ham's ins Hirn gschißn?« erwidert sein Spezi Pirmoser. »Aufs Wasser, pfui Teifi.«

»Aber wenn mir auf dem Schifferl san«, tröstet ihn der Edelweißsoldat, der das LMG über der Schulter trägt wie Winnetou die Silberbüchse, »dann karteln wir an anständigen Schafkopf aus.«

Die Soldaten der Vorausabteilung der 3. Gebirgsjägerdivision sind stämmige Burschen aus Oberbayern, aus Tirol, aus dem Allgäu, die gewohnt sind, mit der Granatwerferplatte am Buckel steile Bergpfade zu erklimmen, ihre Mulis zu striegeln oder in »bäriger« Schußfahrt auf Skiern ins Tal zu rasen – nicht aber sich von der schäumenden See verschaukeln zu lassen. Heute werden sie als Hilfsmatrosen unter Deck zusammengedrängt wie Schafe im Pferch. Sie haben sich freiwillig zu ihrer Truppe gemeldet, weil die Stammkasernen in ihrer engeren Heimat liegen und sich deshalb immer mal ein schneller Wochenendurlaub schnitzen läßt, weil sie beim Barras weder auf ihre Berge noch auf ihre Bretteln verzichten müssen und überhaupt sich bei ihrem Haufen sauwohl fühlen. »Weil es«, wie der Gefreite Bachmaier immer wieder tiefsinnig feststellt, »bei uns halt gar koane Preißn net gibt.«

Die meisten der Gebirgsjäger sind zum ersten Mal am Meer, und die wenigsten können schwimmen. Ihre Mulis blieben ohnedies zu Hause, die Verpflegung wurde gekürzt, und die schweren Waffen – Geschütze, Flugabwehrkanonen und Munition – sind längst per Troßschiff an den geheimen Zielort abgegangen; wenn die heiße Ladung nicht ankommt, werden sie schon im Eimer sein, bevor sie überhaupt wissen, wo sie landen sollen.

Ein Zerstörer ist kein Passagierdampfer. 200 bis 250 Gebirgsjäger gehen jeweils hinauf, um unter Deck eingesargt zu werden. Der General ist an Bord des Führungszerstörers, der »Wilhelm Heidkamp«, gegangen, und zehn Kriegsschiffe legen in stockdunkler Nacht um 23 Uhr ab, dampfen über die Weser und erreichen mit abgeblendeten Lichtern die Nordsee.

Das Meer kocht. Haushohe Brecher rollen über Deck. Nebelfetzen wickeln sich um die Formation wie schützende Decken. Ein endloser Aprilsturm macht den schlanken Zerstörer zur kreiselnden Nußschale. Auf den Rohren der Bordkanonen schillert Eis. Sie sehen aus wie die verschnupften Nasen von Weihnachtsmännern.

Ein Zerstörer ist kein Truppentransporter, und so sind die zweckentfremdeten Gebirgssoldaten nicht auf Daunen, sondern auf Stroh gebettet. Es ist verdammt eng und stickig. Wer sich unvorsichtig bewegt, haut sich den Schädel an oder rennt seinem Kameraden in die Seite. Trotzdem geht in einer Ecke ein Dauerschafkopf zusammen. Die anderen Männer warten, fluchen und leiden; in beinahe regelmäßigen Abständen gehen sie an die ringsum aufgestellten leeren Marmeladeneimer, um sich die Gedärme aus dem Leib zu kübeln.

»Sauba schaun wir aus«, flucht der Münchner Bachmaier weiter, »wenn i scho seekrank wer, bal i bloß an Löschwong von der Feuerwehr siech.«

Neben ihm probt der Gefreite Foigele das fachgemäße Anlegen der Schwimmweste. Als Augsburger ist er ein halber Flachlandtiroler und bei der Edelweißtruppe gerade noch geduldet.

»Lieabs Herrgöttle vo Biiberaach«, schwäbelt er, erzürnt, weil er mit seiner Schwimmweste nicht zurechtkommt.

»Schlag raa, schlag raa«, äffen ihn die anderen im Chor nach, »schlag's Kirchle au no zam.«

Über tausend Kilometer sind die Männer aus Süddeutschland mit der Bahn dahingerollt. Unter Verschluß. Kein Ausgang. Kein Ausflug auf die Reeperbahn. Keine Promenade unter roten Laternen. Statt dessen Einschiffung. Auf zehn Zerstörer verteilt über 2000 Mann. Einstandsessen von der gastgebenden Kriegsmarine: Labskaus.

»Denen graut's vor gar nichts«, hatte Bachmaier überzeugt gesagt.

Seitdem schwimmen sie dahin. Wieder unter Verschluß. Keiner soll an Oberdeck. Es zieht auch keinen hinauf. So geht es dahin. Wohin, mag der Teufel wissen. Grönland? Oder Island?

Es ist ihnen Wurscht, Hauptsache, daß sie bald und heil aus dieser schwimmenden Konservenbüchse herauskommen.

Der Kompaniechef drängt sich herein.

»Achtung!« brüllt der Oberjäger.

»Na, Kameraden von der grünen Gebirgsmarine«, begrüßt Oberleutnant Sedelmeier seine Kompanie lachend. »Weitermachen!« Er rümpft die Nase. »Ehrlich gesagt: Ihr mieft wie die Stinktiere.« Er zwängt sich vorsichtig in das Zwischendeck. »Mal herhören!« wird er ernsthaft. »Unser Ziel heißt Narvik, das ist Norwegens nördlichster Hafen. Wir haben den Auftrag, ihn zu besetzen und zu halten. Und Berge soll's da auch geben.«

»Wie hoaßt das Kaff?« vergewissert sich Geiger.

»Narvik«, wiederholt der Oberleutnant und sieht, daß für

seine Edelweißsoldaten der 1200 Seemeilen entfernte Erzhafen noch weniger ist als ein böhmisches Dorf. Aber mittlerweile haben sie andere Sorgen und wundern sich, warum man bei halber Verpflegung noch soviel kotzen kann.

Der Alte verteilt einen Stoß Broschüren. »Hier«, sagt er, »zum Zeitvertreib.«

Der Gefreite Pirmoser schlägt das schmale Bändchen auf und liest laut vor: »Hvor er kassen?«

»Is des jetzt Preißisch«, grinst Geiger.

»Nein, Norwegisch«, erwidert Pirmoser stolz auf seinen neuen Sprachschatz und fährt fort: »Jeg beslaglegger pengene.«

»Was hoaßt jetzt des?«

»Ich beschlagnahme die Gelder«, antwortet der Schwabe.

»Prima Sprache«, lobt Geiger, »und mit dem Geld kauf i ma glei a Faßl Bier.«

Während die Soldaten mit dem Edelweiß unter Deck fürchten zu ersticken, ist auch auf der Kommandobrücke die Hölle los. Die Nacht ist finster wie ein Sargdeckel. Der Konvoi kann nicht auf Sicht fahren, aber auch Funkverkehr ist verboten. Man sieht die Hand nicht vor den Augen. Eine ganze Armada deutscher Schiffe stiehlt sich durch die Nacht. Truppentransporter fahren unter falscher Flagge, dem »Union Jack«. Jeder Schatten, der ihnen entgegenkommt, kann die Vorhut der Home Fleet sein. Die Engländer wissen nicht, was die Deutschen, die Deutschen nicht, was die Engländer tun, die fast gleichzeitig ausgelaufen sind, um – als Invasionsvorbereitung – die norwegische Küste zu verminen.

Der Funkverkehr darf nur englisch abgewickelt werden.

Noch klappt der schweigende Aufmarsch. Die einzige Chance für die halsbrecherische Operation Weserübung besteht für die deutsche Marine darin, in nächtlichen Geisterfahrten unbemerkt durch das von den Briten beherrschte Seegebiet zu kommen. Werden die zweihundert Transportschiffe vorzeitig erkannt, schicken die Tommies sie auf den Meeresgrund. Aber das Wetter betätigt sich zunächst einmal als Zuhälter eines neuen Eroberungskriegs. Schleichfahrt. Die »Köln« gibt sich für die »HMS Cairo«, die »Königsberg« für die «HMS Calcutta« aus. Kein Soldat darf sich an Deck sehen lassen; selbst im internen Verkehr muß Englisch gesprochen werden.

Plötzlich kommt Windstärke 8 auf, peitscht die See, jagt die Brecher noch höher. Der wilde Seegang senkt die befohlene Marschgeschwindigkeit von 26 Meilen. Der stark schlingernde Konvoi wird in stockfinsterer Nacht auseinandergerissen. Jeder der zehn Zerstörer gerät in Gefahr, das Begleitschiff zu rammen oder von ihm gerammt zu werden.

Ausgerechnet in dieser Situation erreicht den Führer der Zerstörer, Kommodore Friedrich Bonte, die Meldung, daß ihn die Engländer geortet haben und sich ihm von den Orkneys her zwei britische Schlachtschiffe, ein schwerer Kreuzer und sechs Zerstörer auf Nordkurs nähern. Die »Scharnhorst« und die »Gneisenau«, die abdrehen sollten, bleiben bei den Zerstörern, die bis zu 50 Grad überkrängen. Der Sturm vergreift sich an den Deckaufbauten, reißt festgezurrte Motorräder über Bord, Munitionskisten, Maschinengewehre – und Männer, die das Fiasko verhindern wollten.

Der Gefreite Pirmoser, mehrfach preisgekrönter Bergsteiger, erlebt einen Absturz ohne Seil. Er hat das Gefühl, daß sich das verdammte Schiff ständig überschlägt. Obwohl die Männer wie Heringe in der Büchse eingeschweißt sind, purzeln sie übereinander, durcheinander. Grün im Gesicht erleben sie als »schwimmende Gebirgsmarine« ihren Weltuntergang. Sie bekotzen und bepissen einander, machen die Hosen voll, fürchten, die Gedärme zu verlieren, zu ersticken, sich bei der nächsten Krängbewegung den Schädel einzuschlagen.

»Ich halt's nicht mehr aus«, keucht Primoser. »Ich brauch' Luft.« Er rappelt sich hoch, läßt sich nicht aufhalten.

»Bleib da, du damischer Lackl!« ruft ihm sein Spezi Geiger zu.

Nichts zu machen. Pirmoser läuft Amok, taumelnd, stürzend, weiterziehend. Er hört nicht, er sieht nicht. Er hat nur einen Drang und einen Wahn: Luft und Licht und raus aus dieser Mausefalle, in der er nicht ersticken und nicht ersaufen will.

Geiger hängt sich an ihn. »Bleib doch stehn, du Armleuchter!« schreit er und versucht Pirmoser einzuholen, ihn aufzuhalten. Vergeblich. Jetzt verfolgt Geiger, wie sein Kumpel durch das Luk kriecht, ausrutscht, über das Oberdeck kollert wie ein Kartoffelsack. Er versucht Pirmoser festzuhalten. Aber seine Hände greifen ins Leere.

Das Schiff hebt sich wie ein schräg gehaltener Servierteller. Geiger setzt Pirmoser nach, hält ihn fest. Eine gewaltige Woge reißt sie Arm in Arm von Deck, hinein in die Nacht, in die Endlosigkeit des Meeres.

Mehrere Augenzeugen haben es verfolgt, aber sie haben Befehl erhalten, keinerlei Rettungsmaßnahmen einzuleiten. Zeitplan geht vor Menschenleben, und so sind die Gebirgssoldaten Pirmoser und Geiger das neunte und zehnte Opfer, die in dieser Nacht von diesem Schiff über Bord geschwemmt werden, zwei von 2375 Soldaten und Matrosen, die auf dem Seetransport zur »Weserübung« umkommen.

Es wird Tag, die Fahrt geht weiter. Der Sturm bleibt. Plötzlich hat der Zerstörer »Bernd von Arnim« Feindberührung, gerät in ein Gefecht mit der »Gloworm«. Die »Admiral Hipper« kommt zu Hilfe und versenkt den englischen Zerstörer, aber jetzt hat der Konvoi die ganze britische Meute am Hals.

Am Abend des 8. April steht der Verband vor dem Westfjord. Die Begleitschiffe drehen ab. Für die drangsalierten Zwangspassagiere steigert sich die Qual noch einmal bis zum Äußersten.

»Die dritte Nacht auf See, die schwerste, begann«, schreibt in seiner Dokumentation »Narvik« der Autor Alex Buchner. »Das Wetter wurde noch schlechter, der Sturm nahm an Stärke zu und schlug um. Während er bisher die Boote aus Südwest vor sich hergepeitscht hatte, mußten diese nun gegen einen schweren Nordweststurm von Stärke 10 – 11 ankämpfen. Heftig arbeiteten die schlanken, schnittigen Zerstörer in der aufgewühlten Kreuzsee, gierten, schlingerten und stampften, in wehende weiße Gischt gehüllt und übersprüht. Die See schien wie eine einzige weißgrüne, kochende Fläche. Der Sturm legte die Zerstörer mit seinem gewaltigen Druck auf die Seite und rüttelte sie mit wilden Stößen hin und her. Die Boote schnitten tief unter, fortgesetzt schlugen schwere Brecher über Bord, spülten nahezu ununterbrochen rauschende Wasserfluten über Decks und Aufbauten, richteten Schäden an und rissen Geräte mit sich fort. Doch rücksichtslos wurde hohe Fahrt gehalten, ja sogar noch die Geschwindigkeit auf 30 sm zu einer einzigen wilden Sturmfahrt gesteigert, die in Dunst-, Regen- und Schneeschauern in eine finstere Nacht ohne Sterne führte.«

Die Operation Weserübung, den Einfall nach Dänemark und Norwegen, hatte Hitler – obwohl sonst stets auf Aggression abonniert – zunächst nicht beabsichtigt, selbst als ihm von Großadmiral Raeder am 14. Dezember der ehemalige norwegische Kriegsminister und Führer der »Nasjonal Samling«, einer kleinen Nazipartei, Vidkun Quisling, vorgestellt worden war. Der Mann, dessen Name, gleich dem biblischen Judas, zu einem Synonym für Verrat werden sollte, behauptete, daß die norwegische Regierung insgeheim mit den Engländern kollaboriere und eine Besetzung durch britische Truppen unmittelbar bevorstehe.

Raeder wies darauf hin, daß die schwedischen Erztransporte – über die Hälfte des für die deutsche Kriegswirtschaft benötigten Erzes kam aus Schweden – über den Eismeerhafen Narvik, also teilweise durch norwegische Gewässer, führten. Selbst als Hitlers Noch-Verbündeter Stalin brutal das kleine Finnland überfiel und im Verlauf des sowjetisch-finnischen Winterkriegs die Rote Armee Schlappe um Schlappe hinnehmen mußte und die Alliierten laut darüber berieten, wie sie den großartigen Verteidigern zu Hilfe kommen könnten, weigerte sich Hitler noch immer, den nördlichen Kriegsschauplatz zu betreten, nicht weil er Hemmungen gehabt hätte, die dänische und norwegische Neutralität zu brechen, sondern weil er so auf einen vorzeitig geplanten Blitzkrieg im Westen fixiert war, daß er sich allen anderen Erörterungen verschloß.

Am gleichen Tag, an dem Warschau gefallen war, am 27. September 1939, hatte der Diktator seinen bestürzten Generälen eröffnet, daß er noch im Spätherbst oder im Frühwinter den Feldzug im Westen starten werde. Er gab Befehl, den Offensivplan auszuarbeiten, und kümmerte sich so wenig um die diesmal geschlossene Abwehr seiner Generale wie um die metereologischen Gegebenheiten. Bis vor Tagen hatte er noch versichert, daß die Engländer und Franzosen nach der Niederwerfung Polens zu Hakenkreuze kriechen und den Krieg nicht fortsetzen würden. Während er in öffentlicher Rede »Friedensofferten« an die Westalliierten machte, verlangte er von seinen Kommandeuren die Befolgung einer Weisung, die an Wahnwitz grenzte.

Schon am 12. November 1939 sollte die Offensive gegen Frankreich rollen.

Eine Woche zuvor traf sich der oberste militärische Dilettant mit dem Oberbefehlshaber des Heeres, der von einer Besichtigungsreise im Westen kam, in der Neuen Reichskanzlei. Walter von Brauchitsch – Defacto-Nachfolger des abgehalfterten Reichskriegsministers Werner von Blomberg, des »Gummilöwen« – hatte sich von den Armee- und Divisionskommandeuren den Rücken stärken lassen und ein Memorandum ausgearbeitet, in dem er auf Rüstungsmängel, Witterungsschwierigkeiten, aber auch auf die geschlossene Ablehnung der Truppenführer hinwies.

Hitler riß ihm das Manuskript aus der Hand, trampelte darauf herum, kanzelte den General ab wie einen Schuljungen. Brauchitsch bot seinen Rücktritt an, aber Hitler versagte ihn ihm mit den Worten, der kleine Infanterist könne auch nicht nach Hause gehen. Nach dem Abgang des verstörten Generalobersten diktierte der Erzürnte einen Brief, in dem er Brauchitsch mit sofortiger Wirkung aller Ämter enthob. Er ließ das Schreiben zwar in der Schublade liegen und drei Tage später zerreißen – aber der Angriffsbefehl für den 12. November blieb unwiderrufen, obwohl es für die Vorbereitungen nunmehr schon zu spät war.

Der spätere Generalfeldmarschall Wilhelm Ritter von Leeb schlug einen Streik der Generalität vor, aber so weit wollten die erschrockenen Militärs nicht gehen. Sie bereiteten, zögernd und murrend, den unsinnigen Feldzug vor – bis das Wetter sich weniger gehorsam gegenüber Führerbefehlen zeigte als die Oberbefehlshaber.

Plötzlich setzte Regen ein. Die Panzer blieben in Schlammlöchern stecken, die Flugzeuge kamen nicht vom Boden hoch und verloren, so sie es trotzdem geschafft hatten, in der Luft die Orientierung. Der Herbst 1939 zeigte sich von der miserabelsten Seite. Ununterbrochene Regengüsse führten zu Hochwasser, ein zusätzliches Hindernis für Panzerkolonnen. Die uniformierten Laubfrösche der Luftwaffe behaupteten, daß sich das Wetter durch ein vom Atlantik her aufziehendes Tief noch weiter verschlechtern werde.

Hitler verschob den Angriff zunächst um drei Tage, später auf den 20. und auf den 27. November und dann allein bis zum 12. Dezember noch viermal. Auch wenn der Diktator einen Blitzkrieg befohlen hatte, blieb es beim Sitzkrieg, den die Engländer »phony war« (Scheinkrieg) und die Franzosen »drôle de guerre« (komischen Krieg) nannten.

Am Westwall und an der Maginotlinie lagen die Gegner einander tatenlos gegenüber. Inzwischen hatte freilich das britische Expeditionskorps unter Lord John Gort 161 423 Soldaten nach Nordfrankreich geschafft, die über 23 894 Fahrzeuge, 36 000 t Munition, 25 000 t Treibstoff und 60 000 t Proviant verfügten.

Die englische Rüstung lief auf vollen Touren; die Franzosen aber verließen sich auf die Maginotlinie, auf ihre überschweren Panzer, ihre überlegene Artillerie und auf ihren überalterten Generalstab, der es versäumte, aus Hitlers erstem Blitzkrieg in Polen Konsequenzen zu ziehen. Polen war für die militärische Führung Frankreichs ein kleines Land, schlecht gerüstet und eher großsprecherisch als kampfstark. Ein kombinierter Panzer- und Luftwaffenvormarsch konnte sich ihrer Meinung nach im Westen nicht wiederholen.

»Die französischen Truppen in ihren schlechten Quartieren im Elsaß und in den Ardennen schliefen in Scheunen auf faulendem Stroh«, berichtet Raymond Cartier. »Tausende von Artilleriepferden krepierten an einer mysteriösen Krankheit, an der möglicherweise die nachlässige Pflege durch die Mannschaft schuld war. Das schlechte Wetter war ein guter Vorwand, bereits angesetzte Übungen wieder abzublasen und Befestigungsarbeiten zu unterbrechen. Die Soldaten drängten sich in den Kneipen und langweilten sich tödlich.«

Der Krieg wich auf Nebenschauplätze aus, fand zu Wasser oder in der Luft statt. Die von ihren Gegnern abwechselnd über- wie unterschätzte deutsche Luftwaffe führte am 18. Dezember ihre Präsenz vor und schoß über der Deutschen Bucht zwölf von 24 Wilhelmshaven angreifenden Bombern ab. Kapitänleutnant Lemp torpedierte vor der Clyde-Mündung das englische Schlachtschiff »Barham«. Die grauen Wölfe versenkten im Dezember in der Nordsee und im Atlantik 37 Handelsschiffe mit mehr als 100 000 BRT. Die U-Boot-Waffe erzielte weiterhin unerwartete spektakuläre Erfolge, aber am 17. Dezember erfüllte sich an der La-Plata-Mündung das Schicksal der »Admiral Graf Spee«.

Sie war eines der Westentaschenschlachtschiffe mit einer Panzerung von 10 Zentimetern, mit 28-cm-Geschützen bestückt und 28 Knoten schnell. Ihr Kapitän Hans Langsdorff, ein fairer, ausgesprochen ritterlicher Offizier, hatte mit großem Erfolg in Übersee Handelskrieg geführt und war dann von überlegenen englischen Seestreitkräften gejagt worden. 150 Meilen von der Küste Uruguays entfernt geriet das 10 000-t-Schiff in ein Gefecht mit drei britischen Kreuzern. Um 6 Uhr 14 wurde das Feuer aus einer Entfernung von 19 Kilometern eröffnet, nach eineinhalb Stunden mußte die »Exeter« mit schwerer Schlagseite das Gefecht abbrechen; auch ihr Begleitschiff »Ajax« wurde schwer mitgenommen. Die schnelle, dünn gepanzerte Gegnerin aber konnte, wenn auch angeschlagen, zunächst entkommen. Kapitän Langsdorff lief den Hafen von Montevideo an, um seine vielen Verwundeten an Land zu bringen und sein Schiff zu reparieren.

Während der drei Tage, die ihm die Regierung Uruguays dafür eingeräumt hatte, legten sich britische Schiffseinheiten, geführt von der »Cumberland«, an der Drei-Meilen-Zone auf die Lauer. Die »Graf Spee« saß in der Falle; sowie sie den Hafen verließ, würden die Engländer sie versenken.

Drei Tage lang wurden auf der ganzen Welt Wetten abgeschlossen, wie lange sich das Pocket-Battle-Ship halten könne. Der deutsche Gesandte überbrachte Hitlers Befehl, kämpfend unterzugehen. Sicherheitshalber wurde auch noch ein Gestapoagent vorstellig, um Langsdorff die Nachdrücklichkeit dieser Order zu bestätigen.

Die »Graf Spee« lief langsam aus dem Hafen aus. Den größten Teil der Besatzung hatte ihr Kapitän an Land gelassen; er behielt nur so viele Männer an Bord, wie er zur Selbstversenkung seines Schiffes brauchte. Mehrere Explosionen erschütterten den Rumpf. Langsdorff, der seiner Besatzung einen sinnlosen Tod erspart hatte, verließ als letzter das sinkende Wrack, ging an Land und erschoß sich. Hitler, um sein heldisches Untergangsdrama gebracht, zürnte und tobte.

Zur ersten Kriegsweihnacht erhielten die weiblichen Volksgenossen ein Paar Strümpfe als Sonderzuteilung, die männlichen eine Krawatte. Aber gleich nach den Feiertagen wollte Hitler den ersten Lichtblick des Wetters nutzen, um loszuschlagen. Schließlich wurde der Start der Offensive bei jedem Wetter auf den 17. Januar festgesetzt, aber eine Woche zuvor kam es zu einem der Zufälle, die Weltgeschichte machen können: Eine als Kurierflugzeug verwendete Me 108, besetzt mit den Luftwaffenmajoren Reinberger und Hoenmanns, verflog sich in der Waschküche und mußte in der Nähe der belgischen Stadt Mecheln notlanden. Sie streifte dabei eine Baumgruppe, ein Ast riß beide Flügel ab, die »Taifun« machte eine Kopflandung in einer Hecke. Ganz in der Nähe beobachtete ein Bauer, der Abfälle verbrannte, wie zwei deutsche Offiziere aus dem Wrack krochen.

Sie hatten Dokumente – es handelte sich dabei um den deutschen Angriffsplan im Westen – in der Hand und warfen sie ins Feuer. Beinahe gleichzeitig tauchte eine Militärstreife auf, die die beiden Männer festnahm und die nur an den Rändern angesengten Papiere wieder aus den Flammen holte.

In der Wachstube entriß Major Reinberger dem belgischen Vernehmungsoffizier in einem unbewachten Moment die Pistole und setzte sie sich an die Schläfe. Aber die Bewacher waren schneller und entrissen sie dem deutschen Offizier. Der Gefangene schlug mit den Worten: »Ich bin entehrt« immer wieder den Kopf gegen die Tür, bis er von derben Fäusten festgehalten wurde.

Die Belgier werteten die sichergestellten Pläne aus; sie wußten nunmehr, daß Hitler bei seinem Angriff im Westen auch Holland, Belgien und Luxemburg überfallen wollte. Sie gaben ihre Beute an die Engländer weiter, die rätselten, ob es sich tatsächlich um einen Angriffsbefehl oder um Spielmaterial handle.

Als man in Deutschland von dem Zwischenfall in Mecheln erfuhr, war dieses Offensivkonzept nicht mehr zu verwenden, und in einer Woche konnte kein Generalstab neue Pläne entwerfen. Der Blitzkrieg im Westen war damit, zur Erleichterung der Generale, endgültig auf den Frühling verschoben.

Hitler ließ die Angehörigen der beiden Fliegermajore durch die Gestapo verhaften und strengen Verhören unterziehen. Er löste den Fliegergeneral Hellmuth Felmy ab und drohte, Köpfe rollen zu lassen; gleichzeitig aber erging der Befehl, den Truppenaufmarsch wieder rückgängig zu machen.

Inzwischen starrte er wie die ganze Welt gebannt auf einen entlegenen Kriegsschauplatz: Die finnische Armee – 33 000 aktive Soldaten und sieben aus Reservisten neu aufgestellte Divisionen, ausgerüstet mit 60 veralteten Panzern und einem Arsenal von 100 schrottreifen Flugzeugen – vollbrachte unter dem Kommando des alten Feldmarschalls Carl Gustav von Mannerheim Wundertaten an Tapferkeit, stoppte die russische Dampfwalze und wehrte sich anders als ihre Nachbarstaaten Lettland, Estland und Litauen, die Stalins imperialistische Machtpolitik erdrückte, mit einer unvorstellbaren Entschlossenheit gegen die Invasion der Roten Armee. Finnische Kompanien schlugen russische Divisionen. Als die Verteidiger herausbrachten, daß die sowjetischen Panzerplatten bei längerem Motorlauf zu glühen begannen, warfen sie Benzin auf die Kampfwagen und waren damit zu Erfindern des Molotow-Cocktails geworden.

Stalin setzte über 3000 Panzer ein, von denen die Finnen 1000 vernichteten. Die Rote Armee verlor 900 Flugzeuge. Zwar beherrschte sie die Straßen, »aber die undurchdringlichen Wälder rechts und links der Rollbahn gehörten den Finnen«, stellt in seiner Dokumentation »Winterkrieg Rußland-Finnland« der US-Autor Richard W. Condon fest. »Die russischen Posten mochten sich die schmerzenden Augen ausstarren, sie sahen den Gegner nicht. Nur die Wälder waren da: verschneite, lautlose Wände zu beiden Seiten der Straße. Und dazwischen irgendwo im Unterholz: der Gegner. Schnell und lautlos glitten die Finnen dahin, warteten, lauerten und schlugen plötzlich zu. Weißen Schemen gleich waren sie unvermutet da, fielen über den Gegner her, wann es ihnen paßte. Und verschwanden ebenso plötzlich, wie sie gekommen waren, wieder in den Wäldern, wohin ihnen die Russen nicht zu folgen wagten ... Da der Boden bereits fest gefroren war, konnten die Russen auch Panzer und schwere Waffen nachziehen. Die Finnen aber besaßen nichts dergleichen. Sie kämpften, wo sie standen, gruben sich in den Schnee und in die hartgefrorene Erde. Und hielten ...«

Trotz hoffnungsloser Unterlegenheit schlug die 9. finnische Division östlich von Suomussalmi die 44. sowjetische Schützendivision. In zwei Schlachten verlor die Rote Armee 27 500 Tote und 1300 Gefangene sowie mehr als 50 Kampfwagen. Die Finnen kämpften auf einer Frontbreite von 1600 km zwischen dem Nördlichen Eismeer und dem Ladogasee mit solcher Verve, daß die Russen unter Führung des neuernannten Marschalls Semjon Timoschenko Elitetruppen aus dem Kaukasus und der Ukraine heranführen mußten.

Die »Helden am Polarkreis« (Raymond Cartier) erwehrten sich weiterhin einer mehr als hundertfachen Übermacht. Es war klar, daß David spätestens nach der Schneeschmelze Goliath erliegen mußte. Die Sympathie der ganzen Welt – einschließlich Hitler-Deutschlands, dem durch den Freundschaftspakt mit den Sowjets die Hände gebunden waren – gehörte den Finnen. Die Hilfe selbst, die immer wieder angekündigt wurde, war kläglich: 8000 schwedische Freiwillige, 200 Norweger und 800 Dänen stießen zu Mannerheim. Die Franzosen lieferten 5000 Maschinengewehre aus dem Jahre 1915, die sie selbst nicht mehr verwendeten, weil sie ständig Schießunfälle auslösten.

Churchill, der mitunter heißlaufende Motor britischen Kampfwillens, sah seine Stunde gekommen: Wenn Großbritannien den Finnen beistand, konnte es gleichzeitig den Deutschen das Narvik-Erz wegnehmen. Der Erste Lord der britischen Admiralität – und baldige Premierminister – arbeitete zwei Denkschriften aus und schlug vor, sich über die Neutralität Norwegens hinwegzusetzen – aber es spricht für ein parlamentarisch regiertes Land, daß es sich auch in Kriegszeiten seiner Skrupel nicht so schnell begeben kann. Erst am 5. Februar entschlossen sich die Engländer und Franzosen, ein Expeditionskorps von drei oder vier Divisionen nach Skandinavien zu entsenden. Die Franzosen zogen Alpenjäger und Fremdenlegionäre für das Nordlandabenteuer zusammen, aber die Operation kam nur im Schneckentempo voran.

Am 16. Februar dramatisierte ein blutiger Zwischenfall vor der norwegischen Küste eine ohnedies brisante Situation: Auf persönlichen Befehl Churchills drang der britische Zerstörer »Cossack« innerhalb der norwegischen Hoheitsgewässer in den Jössing-Fjord ein und enterte – klarer Bruch des Völkerrechts – die »Altmark«, das Troßschiff der selbstversenkten »Graf Spee«, um 303 Gefangene zu befreien. Bei einem Schußwechsel wurden sieben deutsche Besatzungsmitglieder getötet. Das neutrale Norwegen hatte die Aktion nicht gebilligt, doch geduldet.

Jetzt mußte auch Hitler mit einer anglo-französischen Intervention im Norden rechnen. Er gab widerwillig die Studie »Weserübung« beim OKW in Auftrag, zu der ihn Raeder fortgesetzt drängte, um der Kriegsmarine die nördlichen Stützpunkte und Operationsräume zu sichern. Es war mehr als ein Ritt über das Skagerrak. Es war klar, daß die Männer des Großadmirals die Hauptlast des Kampfes zu tragen hätten und jedes überhaupt verfügbare Schiff bei der Operation eingesetzt werden mußte. Obwohl der Oberbefehlshaber der Marinegruppe Ost, Admiral

Rolf Carls, auf dem Papier eine Verlustquote von mehr als 50 Prozent errechnet hatte, ließ sie die Seekriegsleitung nicht abschrecken; sie stellte ebenfalls Überlegungen an, wie die Schiffsverluste auszugleichen seien; Blut war im Krieg ohnedies das Billigste.

Am 1. März stand ein improvisierter Operationsplan fest: Hitler beauftragt General von Falkenhorst mit der Leitung der Norwegen-Invasion. Der überraschte Militär kaufte sich unmittelbar nach dem Führerempfang in einer Buchhandlung zuerst einen Baedeker, um sich über das Land zu informieren, das er erobern sollte; es paßte zu der Strategie der vielen Fragezeichen.

Die »Weserübung« konnte anlaufen; aber ausgerechnet der Mann, der sie immer gefordert hatte, Großadmiral Raeder, bekam jetzt kalte Füße und versuchte, den Norwegen-Einfall auf die Zeit nach dem Frankreich-Feldzug zu verschieben. Hitler lehnte es mit den Worten ab, die Entscheidung sei gefallen.

Die deutsche Kriegsmarine mußte den Waffengang mit der weitaus überlegenen und in Inselnähe operierenden Home Fleet zu einem Zeitpunkt auf sich nehmen, bei dem der Einsatz der Luftwaffe durch das Winterwetter in Frage gestellt wurde. Ob es nun aufklarte oder nicht, die Matrosen hatten die Hauptlast des Kampfes zu tragen, und jedes überhaupt verfügbare Schiff mußte bei der Operation eingesetzt werden.

Die Deutschen waren so weit, wie die Franzosen und Engländer schon vor Wochen gewesen waren, aber der alliierte Norwegen-Raid verzögerte sich abermals, weil die Finnen – sie hatten 60 000 Tote, Verwundete und Vermißte verloren – am Ende waren und mit den Russen einen Waffenstillstand schlossen, dem der erpreßte Friedenschluß von Moskau vom 12. März 1940 folgte. Offensichtlich hatten sich die Verteidiger am Polarkreis nur unter Zwang mit den Invasoren arrangiert, aber zunächst einmal war der alliierten Aktion der Vorwand genommen und dadurch die Planung aufgehalten, wenn nicht paralysiert.

Den Engländern war die auffallende Zusammenfassung des Schiffsraums in den deutschen Nordseehäfen nicht verborgen geblieben. Obwohl sie auf eine Skandinavienoperation hindeutete, nahmen sie leichtfertig an, es handle sich nur um Bereitstellungen für den Gegenanschlag auf eine britische Landung.

Diese, die Operation »Wilfred«, wurde nunmehr auf den 4. April festgesetzt. In Paris kam es zu einer Besprechung der Regierungschefs, weshalb die Invasion noch einmal um drei Tage, auf den 8. April, verschoben wurde. Die Verminungsaktion lief am 5. April an. Im Firth of Clyde wurden die Truppen für Drontheim, Bergen, Stavanger und Narvik verladen. In Scapa Flow lief die Home Fleet aus, nicht ohne die Mahnung, nichts zu riskieren.

Der Donnerschlag im Norden hatte eine lange stumme Vorlaufzeit. Über Nacht wurden die friedliebenden Länder Norwegen und Dänemark in einen Blitzkrieg verwickelt. Noch waren sie nur besorgt, doch nicht gewarnt; noch schliefen sie, wenn auch unruhig, zu einem Zeitpunkt, da die »Weserübung« längst angelaufen war: Zwei Schlachtkreuzer, drei schwere und vier leichte Kreuzer, 14 Zerstörer, acht Torpedoboote und sämtliche einsatzfähigen U-Boote wurden in Marsch gesetzt, um sechs Landungsgruppen nach Narvik, Drontheim, Bergen, Kristiansand, Arendal, Oslo, Egersund, Nyborg, Korsör, Kopenhagen, Middelfahrt, Beltbrücke, Esbjerg, Nordby, Fanö und Tyborön zu schaffen.

Das deutsche Aufgebot hatte einen Vorsprung von wenigen Stunden vor den Alliierten, die das gleiche planten. Es war, als würden zwei rivalisierende Gangsterbanden zufällig gleichzeitig in dieselbe Bank einbrechen.

»Einer der fragwürdigsten Punkte des Nürnberger Prozesses war es«, schrieb in seiner »Geschichte des Zweiten Weltkriegs« der britische Kriegsexperte Liddell Hart, »daß man die Vorbereitung und Durchführung des Überfalls auf Norwegen unter die Hauptanklagepunkte gegen die Deutschen aufnahm. Es ist schwer zu verstehen, wie die britische und die französische Regierung die Stirn haben konnten, diese Klage zuzulassen, und wie der öffentliche Ankläger für eine Verurteilung in dieser Hinsicht plädieren konnte. Das war einer der augenfälligsten Fälle von Heuchelei in der Geschichte.«

Während Dietls Gebirgsjäger, zum am weitesten entfernten Einsatzort verschifft, die längste Angststrecke unter erbärmlichen Umständen durchzustehen haben, läuft in den sturmgepeitschten und von Schneestürmen erfaßten nördlichen Gewässern hinter geschlossenem Vorhang ein Verwirrspiel von Verfolgung und Täuschung, Hektik und Schlafmützigkeit, Anstrengung und Schlamperei, Glück und Mißgeschick über die Kriegsbühne.

Das polnische U-Boot »Orzel« torpediert am 8. April, einen Tag vor der X-Zeit, den deutschen Truppentransporter »Rio de Janeiro«. Norwegische Seeleute fischen uniformierte Schiffbrüchige aus dem Wasser und stellen fest, daß es sich um deutsche Soldaten handelt; sie berichten, daß sie Norwegen vor einem englischen Angriff schützen sollen. Noch am Abend geht die Meldung via Oslo nach London, aber der zuständige Offizier deponiert sie im Ablegekorb für den nächsten Tag.

Der nächste Tag ist der 9., und die Flottille der zehn deutschen Zerstörer nähert sich im Morgengrauen dem Hafen von Narvik. Während die Schiffe durch den Ofoten-Fjord sich der schlafenden, von Bergen umgebenen Stadt nähern, reißt der Wind das Gewölk auseinander.

9. April, 5 Uhr. Die deutschen Botschafter in Kopenhagen und Oslo holen die Regierungschefs aus den Betten, um ihnen amtlich zu eröffnen, was die Überlebenden der »Rio de Janeiro« einen Tag vorher schon arglos ihren Rettern berichtet hatten.

Zur gleichen Zeit erobert die Kompanie Gericke des 1. Fallschirmjägerregiments im Handstreich die Brücke zwischen der Insel Falster und Fünen und öffnet damit den Weg nach Kopenhagen.

Die Dänen, chancenlos, kapitulieren umgehend.

Die Norweger weigern sich standhaft, sich Hitlers Einmarsch zu unterwerfen, nicht zuletzt auch, weil er von ihnen verlangt, den Verräter Quisling als Regierungschef einzusetzen. Auch das Dröhnen deutscher Kampfgeschwader hindert sie nicht daran, sich energisch auf die Verteidigung einzustellen. Die Maschinen fliegen über der Wolkendecke; sie sind zu hören, jedoch nicht zu sehen. Erstmals trotzen hervorragend im Blindflug ausgebildete Piloten der Waschküche. Über 500 Transportmaschinen, die meisten vom dreimotorigen Typ Ju 52, sind im Anflug, schaffen Fallschirmjäger an die Brennpunkte des Geschehens, bilden die erste Luftbrücke, die es je gab.

Ihr Generalmajor, Kurt Student, war gegen den Einsatz seiner Männer. Er wollte die Premiere einem größeren Kriegsschauplatz vorbehalten. Die Waffe der Soldaten, die vom Himmel fallen, ist das Überraschungsmoment, ihre Handschrift der Handstreich aus der Luft. Der Generalmajor wollte seine Trümpfe nicht vorzeitig ausspielen. Aber im allgemeinen Durcheinander dieses Tages gehen Bravourstücke, wie die Eroberung des westnorwegischen Flugplatzes Stavanger-Sola durch die 3. Fallschirmjägerkompanie unter Oberleutnant Brandis, unter.

Wie in Polen werden Kampfflugzeuge als »vertikale Artillerie« eingesetzt. Sowie der Himmel ein Loch aufmacht, sind sie da und stürzen sich, wie die Besatzungen des Löwengeschwaders KG 26 oder des Adlergeschwaders K 30, auf englische Schiffsziele. Überall das gleiche Bild: rascher Zugriff, rücksichtsloser Einsatz, genau eingespieltes Nebeneinander.

Und dann doch Pannen, wie zum Beispiel auf dem Flugplatz Fornebu bei Oslo, den die Fallschirmjäger des schlechten Wetters wegen nicht formlos kassieren können. Sie müssen nach Nordjütland zurückfliegen. Die Norweger organisieren ihre Abwehr. König und Regierung nutzen die Verzögerung, um in die Wälder zu flüchten. Die Küstenbatterien werden alarmiert; die Küstenbefeuerung ausgeschaltet. Norwegen kämpft.

Im Oslo-Fjord sinkt der schwere Kreuzer »Blücher« nach Artillerie- und Torpedotreffern der Verteidiger an der Dröbak-Enge. Der Kreuzer »Lützow« kann sich nur schwer beschädigt nach Kiel zurückschleppen und wird für ein Jahr ausfallen. 15 britische Flugzeuge greifen in Bergen den leichten Kreuzer »Königsberg« an und versenken ihn. Im Vest-Fjord kommt es zu einem kurzen Gefecht zwischen dem britischen Schlachtkreuzer »Renown« und der »Gneisenau« und »Scharnhorst«.

Zwei deutsche Blindgänger schlagen in die Deckaufbauten des Gegners. Die »Gneisenau« erhält drei Treffer und muß abdrehen.

Als schlimmstes Fiasko auf See erweisen sich auf deutscher Seite die U-Boot-Angriffe: 31 und damit alle aus nächster und sicherer Schußposition auf englische Schiffsziele abgefeuerten Torpedos versagen. Dönitz erfährt schon vor der Beendigung des Norwegen-Abenteuers, daß den grauen Wölfen eine schwere Krise bevorsteht; Priens Blindgänger in Scapa Flow waren kein Einzelergebnis.

Nur weil der Sturm von Südwest nach Nordwest umsprang, können die Narvik-Zerstörer überhaupt mit dem letzten Brennstoff ihr Ziel anlaufen. Vorsichtig passieren sie die kritische Stelle, die Enge von Hemnes und Ramnes. Berghänge bis zu 1000 Meter wachsen unmittelbar aus der Bucht steil nach oben wie die Felsen aus dem oberbayerischen Königssee. Doch das hier ist alles andere als eine Landschaftsidylle. Hier sollen die Soldaten mit dem Edelweiß norwegische Küstenbatterien niederkämpfen oder unblutig außer Gefecht setzen.

Für die Soldaten unter Deck kommt der erlösende Befehl: »Fertig machen zur Landung!« Sie quellen wie Pilze nach oben. Luft, Licht, Berge, Schnee; man braucht ihnen nicht zu befehlen, beherzt zuzugreifen.

Nichts rührt sich. Es bleibt gespenstisch still. Die Küstenbatterien sind – wie sich später herausstellen wird – nur Phantasieprodukte einer versagenden Feindaufklärung.

Beim Einlaufen nach Narvik versenkt der Führungszerstörer »Wilhelm Heidkamp« das norwegische Küstenwachboot »Eidsvold« (acht Überlebende) und die »Bernd von Arnim« das Küstenwachboot »Norge« (97 Überlebende). Der Weg nach Narvik ist frei.

Unmittelbar danach berennen die Soldaten mit dem Edelweiß Stadt und Hafen. Die Seekrankheit hat sie fertiggemacht, aber jetzt, da sie Land unter den Füßen haben, sind sie wieder in ihrem Element. Übernächtigte, erschöpfte Gestalten jagen wie Sprinter von Bord, laufen Slalom durch die Einschläge der norwegischen Küstenbatterien.

Das Feuer der sich tapfer wehrenden Verteidiger ist schwach, aber es wird mit Sicherheit die in der Nähe lauernden englischen Kriegsschiffe alarmieren. Die ersten Eindrücke erhalten die Soldaten mit dem Edelweiß, die in Narvik einen Brückenkopf bilden, im Liegen. Sowie sie den Kopf rühren, heulen Infanteriegeschosse norwegischer Scharfschützen über sie hinweg.

Eine rauhe Gegend, unwirklich kahl und kalt. Nachts heulen die Wölfe. Der Tag bringt die Augen nicht auf. Die Sonne ist hier, in Norwegens äußerstem Norden an der Dreiländerecke Schweden-Finnland-Norwegen, selten wie ein Sonderurlaub.

Die Männer des Generals Dietl gewinnen rasch Boden, erobern Haus um Haus, Straße um Straße, am rechten Flügel des Brückenkopfes die Kompanie Sedelmeier.

Der Himmel brennt. Die Luft stinkt nach Pulverdampf. Gleich kommen die Flugzeuge. Oder die Gegenlandung der Alliierten.

Während sich die Nachbareinheiten bereits am Fuß der Berge einnisten, wird ausgerechnet die Kompanie Sedelmeier von einer norwegischen Pakstellung aufgehalten.

»Lenkt sie ab!« ruft der Oberleutnant und greift sich ein paar Männer. »Ich greif' die von der Seite an.«

Zwei Züge schieben sich langsam vor. Mehrere Ausfälle. Die Feindstellung kostet nur Blut und Zeit. Das Regiment erwartet Meldung.

Zuerst wird die Gruppe Sedelmeier von Zivilisten aufgehalten, dann gerät sie in einen Trupp norwegischer Infanteristen. Nach dem ersten Feuerstoß aus der Maschinenpistole des Oberleutnants heben sie die Hände. Einer versucht, mit einem Kübelwagen zu entkommen. Eine Handgranate stoppt ihn. Der Motor des Fahrzeugs läuft noch.

Da hat der unbekümmerte Offizier eine Idee. »Männer«, brüllt er, »einsteigen!« Er sieht auf seine zögernde Gruppe und setzt grinsend hinzu: »Besser schlecht gefahren als gut gelaufen.«

Der Offizier gibt Foigele einen Wink, sich ans Steuer zu setzen. Der Augsburger würgt zuerst den Motor ab, dann knallt er den Gang hinein, daß die Eisenzähne des Getriebes knirschen.

Der Stoßtruppführer reißt Bachmaier das MG aus der Hand. Während der Wagen losholpert, schlägt der Lauf die Frontscheibe ein. »Scherben bedeuten Glück«, schreit Sedelmeier begeistert. »Los, Foigele, schneller. Vollgas!«

Zwei, drei Soldaten sind aufgesprungen, ducken sich in den Wagen.

»Hü«, brüllt der Oberleutnant weiter. »Jetzt spielen wir Panzer!«

Die Männer der Pakstellung haben das Ziel erkannt. Ihre Geschütze fahren herum. Einschlag rechts. Trichter vor dem Wagen. Foigele weicht ihm auf zwei Rädern aus.

Mit dem MG feuert Sedelmeier in die norwegische Stellung. 15 Meter, 10. Im Fahren schleudert Huber eine Eierhandgranate mitten in die Stellung.

Detonation. Wer von den Verteidigern die Hände noch heben kann, streckt sie in die Höhe.

Hafen, Stadt und Zugang zu den umliegenden Bergen sind bis Mittag fest in deutscher Hand. Aber das Versorgungsschiff mit den schweren Waffen wird von den Engländern versenkt. Die Zerstörer geraten mit den Briten in ein Seegefecht und gehen vor die Hunde. Zehn der vierundzwanzig Zerstörer, über die die deutsche Kriegsmarine verfügt, werden an einem einzigen Tag versenkt, ein unersetzlicher Verlust.

Die Munition wird knapp; auf dem Seeweg kommt kein deutsches Schiff mehr durch. Das sich plötzlich wieder verschlechternde Wetter läßt zunächst auch nicht auf Nachschub aus der Luft hoffen. Vor allem aber bleiben die als Verstärkung versprochenen Fallschirmjäger noch immer aus.

Eroberer werden zu Verteidigern. Sie krallen sich in einen Boden, der mehr Steine aufweist als Erde. Sie haben nichts mehr zum Beißen und nichts mehr zum Schießen. Auf der kahlen Stellung, die sie halten, wächst höchstens Heimweh – sie läßt nicht einmal zu, Soldatengräber auszuheben.

Im Führerhauptquartier gibt man sie bereits auf und ermächtigt General Dietl, sich mit seinen Männern ins neutrale Schweden abzusetzen.

»Gut' Nacht ... Jetzt heißt's Licht aus, Messer raus!« sagt Oberleutnant Sedelmeier zu seinen Männern.

Narvik blieb Norwegens Achillesferse; sonst aber verlief die »Weserübung« in der Manier des Blitzkrieges. »Die Kühnheit dieses deutschen Unternehmens in Mißachtung der britischen Überlegenheit zur See erschütterte die alliierten Führer«, stellt Liddell Hart fest. »Als der britische Premierminister Chamberlain an jenem Nachmittag vor dem Unterhaus eine Erklärung abgab, sagte er, deutsche Truppen seien an der Westküste Norwegens gelandet, in Bergen und Drontheim sowie an der Südküste, und er fügte hinzu: ›Es liegen auch Berichte über eine Landung in Narvik vor, aber ich bezweifle stark, daß sie zutreffen.‹ Den britischen Behörden kam es unglaubhaft vor, daß Hitler es gewagt haben sollte, so weit im Norden eine Landung zu unternehmen, zumal ihre eigenen Seestreitkräfte dort in voller Stärke zur Stelle waren, um die Minenlegearbeiten und andere geplante Aktionen zu schützen. Sie hielten Narvik für einen Hörfehler und meinten, es sei Larvik gemeint, ein Ort an der Südküste. Aber noch ehe der Tag zu Ende ging, wurde klar, daß die Deutschen die Hauptstadt Oslo und alle wichtigen Häfen einschließlich Narvik besetzt hatten. Alle ihre zu gleicher Zeit geführten Schläge zur See waren erfolgreich gewesen ... Die britischen Gegenzüge erfolgten langsam, zögernd und waren stümperhaft. Als es darauf ankam zu handeln, wurde die Admiralität außerordentlich vorsichtig. Obwohl sie vor dem Krieg wenig von Luftstreitkräften gehalten hatte, schreckte sie nun davor zurück, Schiffe an Orten zu riskieren, wo ihr Eingreifen hätte entscheidend sein können ...«

Auf keiner Landebrücke waren mehr als 2000 deutsche Soldaten eingesetzt. Das Heer benötigte nur drei Divisionen. Die englischen Gegenmaßnahmen waren verworren, und immer wieder lähmten Zufälle die Offensive nach dem verlorenen Wettlauf: Der zunächst als Chef des Expeditionskorps ausersehene General Hotblack verließ um Mitternacht die Admiralität, um seinen Club aufzusuchen. Er erlitt einen Herzanfall und wurde bewußtlos auf der Treppe gefunden. Der sofort ernannte Nachfolger des Generals verunglückte beim Anflug auf Scapa Flow tödlich.

Die Chance, den deutschen Brückenkopf nördlich des Polarkreises im ersten Anlauf zu zerschlagen, war vertan. Zuerst verfügten die Engländer über keine Landetruppen, dann wollte die Admiralität die nötigen Schiffseinheiten nicht zur Verfügung stellen, und schließlich mangelte es an einem gemeinsamen Oberbefehl.

Dann wurde ein Landungskommando auf einer falschen Insel abgesetzt. Als schließlich die Angriffsrichtung stimmte, rettete die deutschen Gebirgsjäger eineinhalb Meter Neuschnee. Trotzdem blieb die Lage General Dietls verzweifelt, obwohl er aus der Luft Verstärkung durch Gebirgsjäger erhalten hatte, die in einem einwöchigen Schnellkurs im Fallschirmspringen ausgebildet waren.

Über See kam nichts mehr durch. Eine Nachschubverbindung auf dem Landweg über Hunderte von Gletscherkilometern hinweg glich einer Hochgebirgsexpedition. Zwar verfügte der Eroberer von Narvik inzwischen über zwei Batterien Gebirgskanonen, aber es fehlte ihm die Munition.

Außerdem kam jetzt auch Schwung in die englisch-französischen Operationen: Am 14. April landeten 24 000 alliierte Soldaten in Harstad und gingen zügig auf Narvik vor.

Die Eroberer mußten sich zurückziehen und Hafen und Stadt preisgeben. Ihr Ende schien gekommen.

Die deutschen Gebirgsjäger nisten in den Bergen, ein verlorener Haufen, mehr auf der Flucht als im Angriff, noch immer bedroht von norwegischen Scharfschützen.

Die Männer der Kompanie Sedelmeier starren nach oben. Das gute Wetter bringt ihnen mit Sicherheit nicht nur feindliche Luftangriffe, sondern vielleicht auch Nachschub an Proviant und Waffen.

»Da kommen sie!« brüllt Foigele.

Auch die anderen haben es längst gesehen: Der Himmel hängt voller Jus und damit für die Soldaten wieder voller Geigen. Sie verfolgen, wie sich die Fallschirme öffnen, an denen große Leichtmetallbehälter hängen. Sie schlucken vor Hunger – um entsetzt festzustellen, wie der Wind ihren Nachschub weitertreibt.

»So eine Sauerei!« flucht Bachmaier, »so eine grenzenlose Sauerei!«

»Drei Freiwillige«, ruft Oberleutnant Sedelmeier.

Es melden sich alle, sogar die Verwundeten. Der Offizier greift sich ein paar Mann. Dann zieht er los. Er ist seinen Männern ein paar Meter voraus. Sie gehen hintereinander, im Gänsemarsch. Wenn's geht, halten sie sich in Deckung, wenn nicht, hatschen sie über flache Geröllstrecken und bieten ihre Körper als Ziel.

Die Ruhe ist unheimlich, irritierend. Ab und zu löst sich unter den Stiefeln ein Stein und wird zur Geröll-Lawine.

»Da«, sagt der Oberleutnant und setzt das Glas ab. Er deutet in die Richtung, in der er einen Aluminiumbehälter glänzen sah. »Das schaffen wir doch«, ermuntert er seine Leute.

»Kleinigkeit«, grunzt Huber.

»Für a anständige Brotzeit geh i bis ans Ende der Welt«, sagt Bachmaier.

Sie passieren einen Querhang. Ein dünner Schuß zerreißt die trügerische Stille.

»Da oben«, sagt Huber, aber da sieht er Foigele, der umkippt, mit dem Geröll nach unten rutscht, sich überschlägt, in den Tod hinunterrollt.

»Dafür mach' ich sie fertig«, knirscht der Oberleutnant und hetzt los.

Die anderen folgen ihm. Sie gehen wie auf Dynamit. Sie passen höllisch auf. Sie taumeln weiter, Schritt für Schritt, Fuß vor Fuß.

Und dann bleiben sie stehen: Vor ihnen liegt der Aluminiumbehälter, auf der anderen Seite eine Art Schlucht, mit Sicherheit von den Scharfschützen belauert. Dazwischen eine schmale Brücke, eher ein schwankendes Brett.

»Da hinüber?« höhnt Huber.

»Kehren Sie doch um!« erwidert der Offizier verächtlich und betritt den zitternden Steg. Er dreht sich um. »Einzeln folgen!« befiehlt er. »Das Ding hält keine zwei aus.«

Die anderen stehen herum, starren auf die Brücke, starren auf Oberleutnant Sedelmeier, glotzen in die klaffende Schlucht, die sich in den Bergen eingegraben hat.

Der Offizier hat das andere Ende fast erreicht, geht wie ein Seiltänzer, mit aufgebreiteten Armen balancierend.

Da fällt ein Schuß.

Kugeln knallen in den splitternden Holzbelag, reißen Fetzen heraus. Es sieht aus, als ob Sedelmeier schaukeln würde. Er knallt gegen das dünne Drahtseil, das die Brücke auf der anderen Seite des Geländes abschirmt. Für ein paar Sekunden hängt er in den Seilen. Er erlebt noch, wie seine Leute das Scharfschützennest unter Beschuß nehmen.

Dann knicken seine Beine unter dem Oberkörper ab. Er stürzt in die Schlucht, einer der 1317 Toten des norwegischen Erzkampfes.

Die Männer geben den Behälter auf, aber nicht die Stellung, aus der sie aufgebrochen waren. Ein paarmal sind sie am Ende. Aber immer wieder erhalten sie Verstärkung aus der Luft. Sie sind abgeschnitten von Gott und der Welt, aber sie halten die Stellung, als setzten sie auf ein Wunder.

Es trifft ein: am 8. Juni, 28 Tage nach der Belagerung. Die Soldaten mit dem Edelweiß trauen ihren Augen nicht: Der Feind schifft sich ein, räumt Hafen und Stadt Narvik, gibt ganz Norwegen auf. Hitler hat seinen Blitzkrieg im Westen gezündet, und die Engländer brauchen jetzt jeden Mann.

»Am Abend jenes unvergeßlichen 8. Juni 1940 marschieren die Kämpfer der Südfront von zwei Seiten in geordneter Form und tadellos ausgerichtet singend in Narvik ein«, berichtet Alex Buchner, »äußerlich fast nicht mehr als deutsche Soldaten anzusprechen. Verschlissen und zerrissen die Uniformen, die um die ausgezehrten Körper schlotterten, eingefallen die Gesichter, von wilden Bärten umrahmt. Hier einige in Knobelbechern oder Bergschuhen, andere in Gummistiefeln oder Schnürschuhen, zur blauen Marinehose eine feldgraue Uniformbluse oder Norwegerjacke, zur Gebirgsjägerkeilhose einen erbeuteten Anorak, auf dem Kopf den Stahlhelm, die Bergmütze, die Norwegerkappe, den Fallschirmjägerhelm oder das Marineküppchen. Doch alle trugen sie mit sich ihre Waffen – Gewehr, Maschinengewehr, Granatwerfer – und schleppten ihre Munition. Und drüben, jenseits des Rombakenfjords und der Erzbahn, sammelten sich die Kämpfer der Nordfront. Von allen Seiten rückten die Gruppen, die Züge zu den Sammelplätzen – kleine, bunt zusammengewürfelte Häuflein. Da führte ein kaum noch kenntlicher Gebirgsjägeroberleutnant mit blondem Vollbart eine Abteilung von Gebirgsartilleristen, Jägern und Marinern, dort marschierte ein abgerissener Marineoffizier mit einer Schar Matrosen, Fallschirmjägern und Flaksoldaten heran. Sie schienen alle in den vergangenen Wochen um Jahre gealtert zu sein. Viele weilten nicht mehr unter ihnen, viele waren verwundet worden, viele mußten jetzt noch mit Erfrierungen ins Lazarett.«

Narvik blieb bis Kriegsende in deutscher Hand. Die Kriegsmarine, auf deren Betreiben die »Weserübung« gestartet worden war, verfügte nunmehr über die gewünschten strategischen Positionen in Skandinavien, war aber durch den Aderlaß so geschwächt, daß sie die Stützpunkte nicht mehr ausnutzen konnte.

Der Kostenvoranschlag des Admirals Rolf Carls war eher noch überboten worden: Auf der Verlustliste standen ein schwerer, zwei leichte Kreuzer, zehn Zerstörer, sechs U-Boote, ein Artillerieschulschiff, drei Minensucher, zwei Vorpostenboote, vier Hilfsschiffe und ein Dutzend Transporter. Die beiden Schlachtschiffe »Gneisenau« und »Scharnhorst« sowie die »Lützow«, der kleine Kreuzer »Emden«, das Artillerieschulschiff »Brummer« und das Panzerschiff »Admiral Scheer« fielen wegen Beschädigung oder Maschinendefekt für lange Zeit aus.

Die Orgie an Mut und Blut hatte zu einem beispielhaften Sieg geführt, dieser jedoch nichts gebracht.

Blutiger Freitag

Kurz vor Mitternacht steigt die Stimmung wie ein Luftballon. Der Nahkampfschuppen ist ohnedies der einzige Amüsierstall in 30 Kilometer Umkreis vom Quenz-Gut. Die Männer der Spezialeinheit Brandenburg müssen hier die Schönen feiern, wie sie fallen.

Unteroffizier Jonas, über Nacht vom Kriegsschauplatz Rumänien abgezogen, ist eher schmächtig als bullig, und so bevorzugt er in der Liebe gegenteilige Typen: Er hat eine ungeheure Blondine auf dem Schoß und spielt in ihrem Blusenausschnitt Klavier, mit zehn Fingern gleichzeitig. Sein Kumpel Wengler peilt eine spröde Schwarzhaarige an, und Unteroffizier Regus wird sich wohl wieder mit dem begnügen müssen, was die anderen übriglassen, weil er immer ein wenig zu langsam aus der Wäsche schaut.

Jedenfalls haben die drei von dem Sonderhaufen die Taschen voller Geld, Urlaub bis zum Wecken, und so saufen sie bis in die Puppen. Doch in Abänderung des Programms steht auf einmal ihr Hauptfeldwebel im Laden und sammelt sie ein wie Fallobst. »Zentnerschwere Weiber stemmen, was?« sagt er mit sanfter Tücke zum Propheten.

»Staunste, Spieß«, erwidert Jonas stolz und wendet seine pralle Blonde, damit dem Mann mit den Ärmelstreifen ihre freitragenden Werte direkt ins Gesicht springen. »Biste zu spät gekommen, Spieß.«

»Das Vaterland braucht dich, Casanova«, entgegnet der Hauptfeldwebel, und ein Lächeln überschwemmt sein breites Gesicht.

»Wieso denn mich?« versucht der Unteroffizier zu retten, was noch zu retten ist.

»Das wundert mich auch«, grinst der Spieß. »Los, Kuß und Schluß! Beeilung, Mann!«

Der Prophet stolpert nach draußen, hinter den anderen beiden her. Die feuchte, neblige Mainacht des Jahres 1940 rechnet ihnen ihren Alkoholpegel vor, als sie den Eineinhalbtonner besteigen.

»Fünf Meter vor dem Ziel«, mault Jonas. »Mit der Linken schon fast am Äquator ... und dann versaust du mir das bißchen Freude, Spieß.«

»Sag's dem Führer«, entgegnet der Hauptfeldwebel.

»Der Führer hat doch nichts mit Weibern«, erwidert der Bulle Wengler grinsend.

»Dem ist keiner gewachsen«, setzt der Prophet weise hinzu, und dann rappelt der Opel los.

»Ihr werdet verlegt«, erläutert der Heldenklau aus dem Brandenburg-Hauptquartier schließlich.

»Das hätte ja wohl noch Zeit gehabt bis morgen früh«, quengelt Regus.

»Denkste«, versetzt der Spieß. »Ihr geht heute nacht noch auf die Reise, Herrschaften«, breitet er seine Erklärungen wie einen Teppich, in dem die Motten sind, vor ihnen aus. »Ab sofort keine Post mehr. Telefonieren verboten. Urlaub gestrichen. Ausgang ebenfalls.«

»Aber Pinkeln ist wohl noch erlaubt«, äfft der Prophet den Ton seines Hauptfeldwebels nach.

Er läßt es durchgehen, und die anderen schweigen. Und begreifen: Wenn man sie mitten aus dem Vergnügen reißt, ist etwas los. Wenn etwas los ist, geht es wieder rund. Wenn es rund geht, dann stehen die Männer der Tarneinheit Brandenburg z. b. V. 800 mit dem Heldentod so auf du und du wie mit ihren Offizieren.

Die Verwegenheit des Haufens ist seine Moral, der Wahn sein Schicksal. Dafür brauchen die Männer dieser Eliteeinheit auch nicht auf dem Kasernenhof die Geographie mit dem Bauch auswendig zu lernen, und der Arsch wird ihnen nicht bis zum Stehkragen aufgerissen.

Die Männer haben gelernt, verdammt schnell ihre Klamotten zu packen und sich noch rascher von den Kumpels zu verabschieden. »Mach's gut, Junge.« Falsches Lachen. Verlegener Händedruck. Und das heißt im Klartext: »Bis zum nächsten Mal ... oder in der Ewigkeit.«

Bei Nacht und Nebel rollt die LKW-Kolonne Richtung Süden. Die Gerüchte sind jedenfalls schneller als die Räder. Bei diesem Sauhaufen werden Fragen weder gestellt noch Antworten gegeben. Das Nest, in dem die Brandenburger landen, schaut nicht aus, als wäre es aufregend: Ein Lager in Asperden bei Goch in Westfalen. Aber die Gegend kann den Männern ohnedies gestohlen bleiben, denn sie werden in ihrer Unterkunft von der Umwelt abgeriegelt, als hätten sie die Pest.

Am ersten Tag tut sich nichts. Sie begegnen alten Bekannten, lernen neue Gesichter kennen. Dauerskat mit Latrinenparolen.

Hier sitzen sie weit vom Schuß und kämpfen vorwiegend gegen die Langeweile. Aber Jonas hat wieder einmal die richtige Witterung. »Lauter Mijnheers«, sagt er.

Jetzt begreifen auch die anderen, daß dieser angebliche Sonderlehrgang bei aller Vielfalt der Typen eine Gemeinsamkeit hat: Außer den Neuankömmlingen spricht jeder ein wenig Holländisch, einige perfekt, andere immerhin so, daß sie sich bei einem Gespräch über Wasser halten können.

»Mal herhören!« ruft eine Stunde später der Chef der Quarantänestation, ein Oberleutnant. »Ihr setzt euch ab sofort auf eure vier Buchstaben und büffelt Niederländisch. Seid fleißig, Freunde. Je mehr Holländisch ihr sprecht, desto größer ist eure Chance, daß ihr demnächst noch lebt.«

»Warum?« riskiert Regus eine Lippe.

»Fragen stelle ich«, versetzt der Offizier. »Ich will ab sofort kein Wort Deutsch mehr hören. Ab jetzt heißt es nicht mehr verflucht, sondern Got verdomme. Kapiert, ihr Krummstiefel?«

»Jawohl, Herr Oberleutnant«, schreien sie im Chor.

Und dann lernen sie einen Neuen kennen, den Gefreiten Franzen, einen netten Jungen mit wachen Augen, ein wenig zu dünn geraten. Nur etwas an ihm ist außergewöhnlich: Der Auslandsdeutsche hat gleich in zwei Armeen gedient. Zuerst in der niederländischen und dann in der eigenen. Nun bringt er seinen Kumpels Kommandos bei, erklärt Vorschriften, Rangabzeichen, Besonderheiten der Armee im neutralen Nachbarland.

Im Westen herrscht die Ruhe vor dem Sturm. Zwar wurde der Fall Gelb bisher neunundzwanzigmal verschoben, aber diesmal wird es ernst. Und dabei sollen als getarnte Vorhut die Soldaten des hermetisch abgeriegelten Barackenlagers Asperden eine entscheidende Rolle spielen.

Sie wissen, daß ihre Tage in dem trostlosen Barackenlager gezählt sind, doch sie nehmen schlicht an, daß alles andere besser sei. An diesen ersten Maitagen ist von Frühling keine Rede. Die Männer auf Abruf sitzen, dösen, saufen, fressen, albern herum, büffeln tagsüber Holländisch und träumen nachts, was ihnen alles vorenthalten wird.

Am 8. Mai, kurz nach 23 Uhr, klingelt beim Wachhabenden das Telefon. Der UvD hebt ab und meldet sich mit Namen und Dienstrang.

»In Holland welken die Tulpen«, sagt ein Unbekannter.

»Ach, nee«, erwidert der UvD. »Das Allerneueste.«

»Wiederholen Sie!« sagt der Anrufer im scharfen Kommißton. »Und melden Sie Ihrem Chef: In Holland welken die Tulpen!«

»Da ist'n Irrer in der Leitung«, weckt der Unteroffizier zögernd den Alten, wiederholt den dämlichen Spruch und erlebt, wie sich sein Oberleutnant in eine Art Tausendfüßler verwandelt.

»Wecken Sie alle Leute!« befiehlt er. »Alarm!«

Zehn Minuten später steht der Haufen. An vier verschiedenen Plätzen. Die erste Gruppe – zu ihr gehören der Prophet, der bullige Wengler, Franzen, der Neue und Unteroffizier Regus – sammelt sich in der Kantine. Aber heute wird hier kein Schnaps ausgeschenkt, sondern die Eröffnung, daß die Spezialeinheit bei einem aufgelegten Himmelfahrtskommando ihre Männer verheizen wird.

»Da staunt ihr, was, ihr müden Penner«, ermuntert Leutnant

Gerber seine Leute. »So etwas kann euch nur Brandenburg bieten.« Der Offizier ist erst 23; er hat lange Storchenbeine, einen zu kurzen Oberkörper und einen Teint wie ein Mädchen, der dem ungebremsten Draufgänger den Spitznamen »Jungfrau« einbrachte.

Aus der Magazinbaracke werden große Kisten angeschleppt, vernagelt, mit Eisenbändern banderoliert, mit Schlössern gesichert und noch versiegelt. Während die Männer vom Stammpersonal fluchend und schwitzend die heiße Ware abladen, grinst der schlesische Kammerbulle stolz wie ein Spanier.

Leutnant Gerber bricht das erste Siegel auf, mit feierlichem Gesicht, als würde er eine Geburtstagstorte anschneiden. »Maskenball«, ruft er und deutet auf die aufgebrochenen Behälter, aus denen die verschiedensten Klamotten quellen: Uniformen, Ordenstrachten, Zivilanzüge, Monteurkittel, säuberlich geordnet, jeweils mit einem Namensschild versehen.

Während sich die jungen Brandenburger auf die fremde Pracht stürzen, als gäbe es bei dieser Tombola einen Hauptgewinn, kapieren sie nachträglich, warum man ihnen vor einer Woche so pedantisch die Maße abgenommen hat.

Jonas zieht, wie der Leutnant und sein Kumpel Wengler, eine holländische Gendarmenuniform an. Müller II wird Landwirt, der lange Maier Pfarrer. Die Spitze aber, die ihnen das Zwerchfell zerreißt, bildet im Gewand einer niederländischen Ordensschwester der Unteroffizier Regus.

»Nimm den Schleier«, albert der Prophet, »du verbumste Nonne.«

Sie lachen sich halbtot, aber plötzlich explodiert der Ernst. »Nun hört mal gut zu, Jungs«, sagt der Leutnant in der Gendarmenuniform. »Wir machen einen kleinen Ausflug über die Grenze und spielen dabei ein bißchen Theater. Vier Gendarmen führen fünfzehn Verdächtige ab, die sie in Grenznähe aufgegriffen haben. Franzen und ich gehen an der Spitze; der Prophet und der Bulle bilden die Schlußlichter. Angeblich liefern wir die Zivilisten irgendwo bei einem Stab ab. Und wenn sie unterwegs nicht spuren, kriegen sie 'nen Tritt in den Hintern.« Der faule

Witz zündet nicht so richtig, und Gerber fährt fort: »Also, wir hatschen auf der Landstraße von Mook nach Graave, bis zur Brücke über den Maas-Waal-Kanal. Punkt 5 Uhr 35 müssen wir sie uns unter den Nagel gerissen haben und sie dann so lange halten, bis die uns folgende Panzerdivision uns aus dem Schlamassel herauspaukt.«

»Kleinigkeit«, spottet Regus, die Nonne mit der Baßstimme. »Hoffentlich sind nicht so viele Bäume am Wegrand«, spielt er auf den fatalen Umstand an, daß die Holländer sie am nächsten Ast aufknüpfen könnten, falls sie sich schnappen ließen.

»Ach was«, versetzt die kämpferische Jungfrau großkotzig. »Wir haben schließlich schon ganz andere Bäume ausgerissen.« Er unterbricht sich: »Ist übrigens freiwillig, dieser Einsatz. Wer will, kann zurücktreten.«

Er sieht an den Gesichtern seiner Leute entlang. Keiner rührt sich. Sicher hat der eine oder andere kalte Füße, aber der Mut, das zuzugeben, fehlt jedem.

»Bestens«, quittiert es der Leutnant. »Dann vorwärts, Kameraden, im Namen des Unsinns!«

Sie schnappen sich Waffen, Papiere, Verpflegung. Sie sitzen enggedrängt nebeneinander, alle 19 in dem LKW mit der geschlossenen Plane, der sie nach Westen karrt. Sie haben nicht viele Chancen, diesen Einsatz zu überleben. Und der Krieg, den sie befehlsgemäß in den Niederlanden zünden werden, trägt ihr Gesicht.

Die Nacht ist lau, die Luft duftet nach Heu, der Frühling ist nun doch noch gekommen, aber bald wird der Geruch des Todes den Blütenduft ablösen: Für die meisten Männer der Tarneinheit Brandenburg z. b. V. 800, die in der Nacht vom 9. auf den 10. Mai 1940 durch den Bereitstellungsraum der Heeresgruppe B rollen, wird es der letzte Lenz sein. Auf der Speisekarte dieses Krieges stehen neue Schauplätze: Holland, Belgien, Nordfrankreich.

»Leucht noch mal her mit deiner Funzel, Jonas«, sagt Leutnant Gerber. Der schwarze Büssing-Laster schüttelt sie durcheinander, der Zeigefinger des jungen Offiziers zittert auf der

Straßenkarte entlang. »Also, hier sind wir ungefähr«, sagt er. »Ich schätze, daß wir in zehn Minuten da sind – und dann geht's zu Fuß schwarz über die grüne Grenze.«

Seine Männer sind kostümiert wie für eine Karnevalsnacht, aber es ist eine Maskerade auf Leben und Tod.

»Wie weit ist es denn bis zu dieser Scheißbrücke?« fragt der bullige Wengler, als holländischer Landgendarm mit bunten Fangschnüren und weißen Ledergamaschen prächtig herausgeputzt.

»So an die vier Stunden. Im pomadigen Schweinsgalopp.«

»Und wie viele Männer sichern die Brücke?« bohrt der Gefreite weiter.

»Da fragt mal euren Kumpel Franzen«, verweist die Jungfrau an den angeblichen Holländer Vandehoek, der im Auftrag der Abwehr königlich-niederländischer Infanterist gewesen war, bevor er großdeutscher Gefreiter wurde.

»So viele, wie in fünf Bunker hineingehen«, antwortet Franzen.

»Bunker?« sagt Jonas verblüfft.

»Kleine«, tröstet ihn der Kumpel.

Zunächst einmal halten sie alle die Klappe. Nur einer liefert mit einem trockenen Furz die passende Geruchskulisse für ihre Gedanken.

»Wer war die Sau?« fragt Leutnant Gerber, und Unteroffizier Regus, die Nonne mit der Baßstimme, grinst stumm und stolz.

»Noch 'ne Frage?« schließt der Kommandoführer die Debatte.

»Ja«, erwidert Jonas. »Wie erfahren eigentlich die Holländer, daß Krieg ist?«

»Durch unsere Maschinenpistolen«, entgegnet die Jungfrau betont rotzig. »Außerdem ist die englische Flotte im Anmarsch auf Holland, das den Durchzug britischer Truppen gestattet hat.«

»Und das glaubst du, Leutnant?« fragt Wengler.

»Das ist nicht meine Aufgabe«, antwortet Gerber. »Ich habe nur den Befehl, es euch mitzuteilen.«

Der schwere Büssing ist endgültig festgefahren, gestrandet wie ein Schiff an Land. Kommandos. Flüche. Fragen. Ein Feldwebel von der Feldgendarmerie hebt die Plane, leuchtet mit der Taschenlampe in die Fuhre. Sein Strahl erfaßt den Unteroffizier Regus, und der Kettenhund schneidet ein Gesicht, als hätte er Mata Hari nebst Komplizen geschnappt.

»Papiere?« fragt er forsch.

»Quatschen Sie nicht so dämlich«, versetzt der Anführer. »Holen Sie mir Major Penzlau her. Mit Beeilung.«

Der Feldwebel ist nicht der Hellste, aber jetzt dämmert ihm etwas von einem Spezialeinsatz. Er läßt diesen komischen Verein im Büssing scharf bewachen und macht sich auf die Socken.

Jonas starrt hinaus, sieht, daß an die Feldgrauen Schnaps verteilt wird. Flaschenweise. »Schaut euch diese Schlappschwänze an«, brummelt er voller Neid. »Die zapfen den Mut aus der Flasche.«

Dann kommt der Kettenhund zurück. Mit einem vierschrötigen Major. »Ach, du grüne Neune«, sagt er und gibt Gerber die Hand. »Halten Sie uns mal das Publikum vom Leib, Feldwebel«, befiehlt er dem Feldgendarm, und dann verteilt er seine milden Gaben: rote Armbinden, das Erkennungssignal für die deutschen Vorausspitzen, Tabletten gegen Hustenreiz, deutsche MPs und MGs, weil die holländischen Waffen nicht ausreichen. Zuletzt winkt er einen Zivilisten herbei, den die Abwehr des Generals Canaris direkt aus dem Knast holte: Aus einem mehrfach vorbestraften Schmuggler wurde der Lotse einer geheimen Kommandosache.

Gerber nickte. »Na, dann bringen Sie uns mal ins gelobte Land.«

Sie huschen in den Wald. Einer hinter dem anderen. Die Wege sind verstopft mit Fahrzeugen. Fernab den Straßen aalen sich Soldaten in Platznot. Brandenburgs Morituri befinden sich in einem gigantischen Aufmarschgebiet: 136 Divisionen, unter ihnen zehn Panzerdivisionen mit 2580 Panzern und anderen Raupenfahrzeugen, lauern in Bereitstellung. 17 Divisionen verteidigen den Westwall, 47 bilden die operative Reserve, 72 werden angreifen. Im Norden, entlang der holländischen Grenze, die Heeresgruppe Bock (B), anschließend, zwischen der Saar und Aachen, die Heeresgruppe Rundstedt (A), die den Hauptstoß des Angriffs führen muß, während die Heeresgruppe Leeb (C), vis-à-vis der Maginotlinie, zunächst nur Scheinangriffe führen und Ablenkungsmanöver inszenieren soll. Zwei Luftflotten mit insgesamt 3534 Flugzeugen sind einsatzklar, 1462 Kampfflugzeuge und 1016 Jagdmaschinen, Zerstörer und Schlachtflugzeuge.

Die Alliierten verfügen in Frankreich über 3000 Panzer und 2500 Flugzeuge, 137 französische und 9 britische Divisionen stehen zur Verteidigung bereit. Im Falle eines Bruchs der Neutralität werden sie durch 22 belgische und 12 holländische Divisionen verstärkt.

»Ein Vergleich der Stärkeziffern ergibt folgendes Bild«, schreibt in seinem Standardwerk »Der Zweite Weltkrieg« Herbert Michaelis: »Die rund 3500 Maschinen der deutschen Luftwaffe hatten gegenüber der gegnerischen Zahl von 2500 um rund 1000, aber auch hinsichtlich ihrer taktischen Einsatzmöglichkeiten eindeutig das Übergewicht. Den Franzosen fehlte insbesondere jener Flugzeugtyp, der deutscherseits als ›vertikale Artillerie‹ die Stoßkeile der selbständig operierenden Panzerverbände im wahrsten Wortsinne bahnbrechend unterstützte. Obendrein hielten die Engländer 650 Flugzeuge auf der Insel zurück. An den Divisionen gemessen, ihre Verschiedenartigkeit beseite gelassen, bestand zwischen Deutschland und den alliierten Gegnern ein Gleichgewicht. Aber die Einbeziehung der 22 belgischen und 12 holländischen Divisionen veränderte die Zahl zuungunsten Deutschlands. An Panzern und Kampfwagen waren die Deutschen den französischen um 420 an Zahl unterlegen. Diese Feststellungen vermitteln kein imponierendes Bild der deutschen Stärke, wenn man hinzunimmt, daß Frankreich über das moderne, ausgebaute Befestigungssystem der Maginot-Linie verfügte und Belgien in dem Albert-Kanal wie der Maas-Dyle-Linie mit ihren Befestigungen, die Niederlande in der ›Festung Holland‹ und in der Möglichkeit künstlicher Gebietsüberschwemmungen wirksame Panzerhindernisse und schwer zu nehmende Barrieren besaßen. Das Bild wird noch ungünstiger, wenn man das deutsche Kriegsziel der Niederringung Englands zum Vergleich heranzieht. Die (zahlenmäßige) Differnz wurde allerdings, wie sich bald herausstellte, dadurch ausgeglichen, daß die französische Heeresleitung das im Polenfeldzug der Welt demonstrierte selbständige Operieren geschlossener Panzerverbände im Zusammenwirken mit der Luftwaffe nur unzulänglich übernommen hatte. Dem seit Jahren wiederholten eindringlichen Appell des Obersten Charles de Gaulle und anderer für die Schaffung gepanzerter Stoßarmeen, die den Maginot-Geist auflockern und Offensivaktionen ermöglichen sollten, war bekanntlich ein schwaches Echo beschieden gewesen.«

Die Alliierten rechneten mit einem deutschen Angriff in diesem Frühling, und seit dem Zwischenfall von Mecheln müssen sich auch Holland und Belgien darauf einstellen, zumal auch der Abwehroberst Hans Oster – wie schon in Norwegen – diesmal den holländischen Major Gijsbertus Jacobus Sas vor einem unmittelbar bevorstehenden deutschen Einmarsch gewarnt hat; aber wie im April wissen die Alliierten auch jetzt nichts mit dem Geschenk eines überzeugten Hitler-Gegners anzufangen. Sie nehmen an, daß die deutsche Angriffsbewegung – wie im Ersten Weltkrieg – in einem generellen Ansturm nach Westen bestehen wird. Die Panne von Mecheln hatte eine Änderung der Pläne, mit denen Hitler nie so recht einverstanden war, notwendig gemacht. Der Diktator war auf eine Anregung des späteren Generalfeldmarschalls Erich von Manstein zurückgekommen, die zunächst bei den anderen Militärs auf so wenig Gegenliebe gestoßen war, daß man ihren Urheber auf einen unbedeutenden Kommandoposten im Osten abgeschoben hatte.

Die Mansteinstudie, mit starken Panzerkräften die Ardennen rasch zu durchstoßen, die Maas zu überqueren, bis zur Somme weiterzurollen, in einer Operation »Sichelschnitt« bis zur Küste durchzubrechen und in einer riesigen Zangenbewegung die inzwischen den Holländern und Belgiern zu Hilfe gekommenen Alliierten einzusacken und von ihren Verbindungen abzuschneiden, lag Hitlers Hasardspiel zugrunde.

Es war ein kühner Gedanke, aber so mit Risiko befrachtet, daß sich herkömmliches Generalstabsdenken kaum damit anfreunden konnte. Selbst Panzerspezialisten hielten die Ardennen für unpassierbar. Guderian wurde als Experte beigezogen; er stimmte Manstein zu, womit die Entscheidung gefallen war.

Für das Gelingen waren einige Voraussetzungen unverzichtbar: Es durfte nicht regnen, denn im Morast blieben die Panzer stecken und konnten die Stukas ihnen den Weg nicht freibomben. Der Übergang über Maas, Waal und Lek mußte rasch, also über intakte Brücken, erfolgen. In Belgien waren die starken Befestigungen am Albert-Kanal, einer 40 Meter breiten Wasserstraße mit senkrecht ansteigenden Ufern, zu nehmen. Für Panzer ein uneinnehmbares Gelände, wenn es nicht gelang, die drei für die Sprengung vorbereiteten Übergänge von Canne, Vroenhoven und Veldwezelt zu nehmen und das beherrschende Fort Eben Emael auszuschalten.

Hitler hatte ein Einfachrezept, das seinem Karl-May-Denken entsprach: die Eroberung Eben Emails und der Brücken am Albert-Kanal durch Kommandoeinsätze aus der Luft, zur Sicherung der Maas-Brücken Geisterraids der Brandenburger in Tarnuniform. Während das Gros der Angreifer noch schläft, sind die Morituri, »Hitlers junge Leute« (Winston Churchill), längst unterwegs.

Die Nacht bleibt unheimlich still, als sich der Stoßtrupp Gerber der Grenze nähert. Die Männer stehen unter Spannung wie unter Strom, als einer nach dem anderen nach Holland einsickert. Sie rollen stumm über die Wiese. Fünf Minuten später sammeln sie sich am Rand eines Waldes.

»Geschafft«, flüstert der Lotse. »Ihr seid da, und nun müßt ihr selbst sehen, wie ihr weiterkommt.« Er weist auf die Straße.

Leutnant Gerber nickt, ohne das Nachtglas von den Augen zu nehmen. »Die haben doch nicht alle Tassen im Schrank, die Pennbrüder«, flüstert er ungläubig. Er traut dem Frieden nicht. Er hat einen Geschmack von Magensäure im Mund. Diesmal hat er nicht einmal ein Funkgerät dabei, und wenn der deutsche Angriff im Westen zum dreißigstenmal verschoben werden sollte, dann baumeln ein Leutnant und 18 Mann am Geländer der Brücke, die sie laut Befehl durch eine Kriegslist zu nehmen haben.

Sie haben den Bahndamm erreicht. Sie sind jetzt schon vier Kilometer tief nach Holland eingedrungen. Unbemerkt.

»Keiner schießt ohne Befehl«, befiehlt der Leutnant. »Keiner raucht. Keiner spricht, und wenn nötig, dann kein Wort Deutsch!«

»Außer dir«, grinst Jonas.

Die Jungfrau überhört es, sieht auf das Ziffernblatt: 23 Uhr 32. Da faucht auch schon der Bummelexpreß aus Groesbeek heran. Pünktlich, vollbeleuchtet, halbbesetzt. Er schafft Bauern vom Markt zurück, Frauen vom Verwandtenbesuch, Arbeiter von der Spätschicht. Im zweiten Wagen steht ein Liebespaar am Fenster, eine üppige Blondine preßt sich so heftig gegen einen dünnen jungen Mann, daß ihre Kurven flach werden.

»Mensch, ist das 'ne Tittentante«, sagt Franzen und wiederholt seine Feststellung auch noch auf holländisch.

»Schnauze!« erwidert Gerber.

Er führt nur einen der vier getrennt operierenden Kommandotrupps, die an diesem blutigen Freitag aufgebrochen sind. Die vier Selbstmordgruppen haben keine Fühlung untereinander, auch keine Verbindung zu den deutschen Bereitstellungen jenseits der Grenze. Sie sind völlig auf sich gestellt, von keinem Völkerrecht geschützt, eine neue Masche des Krieges, hundsgemein gegenüber dem Feind und auch gegen sich selbst.

Die erste Gruppe geht gegen die Brücke bei Gennep vor, die zweite auf den Übergang bei Nymwegen, die dritte versucht die Straßenkreuzung bei Plaasmole in die Hand zu bekommen.

Das Drehbuch dieser Schmiere wurde am grünen Tisch der Abwehr in Berlin geschrieben; Leutnant Gerber und seine Männer sind zugleich Hauptdarsteller wie Statisten, und ihre Gage ist der Strick oder die Kugel, falls sie nicht buchstäblich mehr Glück haben als Verstand.

Weiter auf der Landstraße. Zwei falsche Gendarmen vorne, zwei hinten. Fünf Rotten zu drei Mann in der Mitte. Die Waffen unter den Mänteln versteckt. Nur die falschen Gendarmen dürfen sie offen tragen. Die anderen haben es schwerer, bis auf Unteroffizier Regus, der unter seinem wallenden Nonnengewand spielend ein MG verbergen kann.

Kein Holländer weit und breit. Oder doch? Der Lichtarm eines Scheinwerfers stochert in der Morgendämmerung herum. Der Leutnant zögert, dann befiehlt er: »Volle Deckung!«, und seine Männer verkrümeln sich blitzartig in die Geographie. Der Wagen rollt weiter. Kein Verdacht. Die Nacht bleibt friedlich, noch 30 Minuten lang. Die Vögel zwitschern bereits munter, als der Kommandotrupp sein Einsatzgebiet erreicht.

Zunächst einmal Deckung, um zu verschnaufen. Jonas droht stumm fuchtelnd den gefiederten Kameraden auf den Ästen, und der bullige Wengler tippt sich mit dem Finger an die Stirn: Es geht nicht um die Vögel, es sind die Nerven.

Gerber nimmt bei den Bunkern mit den Augen Maß. Nicht gerade der letzte Schrei, aber massive Betonkästen mit drohenden MG-Läufen in den Schießscharten. Kein Posten zu sehen. Die Mijnheers scheinen so tief zu schlafen, daß man ihr Schnarchen zu hören glaubt. Zwischen den Bunkern die Brücke am Maas-Waal-Kanal, stabil genug, um deutsche Panzer zu tragen, sofern sie nicht vorzeitig in die Luft fliegt.

Der Leutnant sieht auf die Uhr. »Wir haben noch zwanzig Minuten Zeit«, brummelt er. »Nun paßt mal auf, Kriegerverein. Je drei Mann knacken einen Bunker, sucht euch die Scheißdinger gleich aus. Ihr stürmt diese Zementpracht und fordert die Holländer auf, sich zu ergeben.«

»Und wenn sie das nicht tun?« fragt der falsche Pfarrer Maier.

»Dann wirfst du eine Handgranate hinein, Merkwürden«, antwortet die Jungfrau. »Aber nur im äußersten Notfall. Am liebsten wäre mir ein Stummfilm.«

»Und noch lieber wär's mir, wenn ich schon zwei Stunden älter wäre«, brummelte Jonas.

»Mir auch, du Armleuchter«, erwidert der junge Offizier gereizt. Er befiehlt Franzen, der am besten Holländisch spricht, an der Spitze zu gehen. Für alle Fälle. »Es liegt dann bei dir«, fährt Gerber fort. »Wenn du eine Zigarette in die Hand nimmst und sagst: ›Wer gibt mir Feuer?‹, dann werft ihr eure Mäntel ab und stürzt euch auf die Bunker. Kapiert?«

Noch sechs Minuten. Die Zigarette vor dem Sturm. Gerber nickt. Das Himmelfahrtskommando zieht los. Straßentheater, Regie: Admiral Canaris. 80 Meter, noch 70.

Tatsächlich kein Mann als Sicherung auf der Brücke. Noch 60 Meter. Dann sind sie im toten Schußwinkel der Bunker. Noch 40 Meter. Franzen an der Spitze, einen Meter zurück der Leutnant, dann die anderen.

Noch 30 Meter. Ein schläfriger Holländer verläßt den Bunker, um zu pinkeln. Er sieht den komischen Zug, bleibt verdutzt stehen. Dann erkennt er Franzen, seinen Kumpel vom 11. R. I. in Horn. »Mensch, Vandehoek!« brüllt er.

Franzen geht auf ihn zu, schnurrt seinen Spruch von den Verdächtigen herunter, greift nach seinem Zigarettenpäckchen.

»Mensch, Junge«, brüllt Pierboom. »Bist du jetzt bei dem Altmännerverein gelandet, Vandehoek?«

»Du siehst ja, was wir hier so alles auf die Beine stellen«, erwidert der Brandenburger in fließendem Holländisch. »Lauter Verdächtige.« Er zieht die Zigaretten aus der Tasche, hält sie hoch: »Wer hat Feuer?« Das löst das Stichwort aus – 14 Minuten zu früh.

Und dann geht's rund. Pierboom ist stocknüchtern, aber auf einmal sieht er lauter graue Mäuse, feldgraue. Plötzlich tragen die Gendarmen Waffenröcke der deutschen Wehrmacht. Der Pfarrer hat unter seiner Soutane Knobelbecher an, und sogar die Nonne versucht eine Art Striptease.

Der Sergeant begreift nichts, schüttelt das Entsetzen ab, er will mit einem Satz in den Bunker zurückwetzen, um Alarm zu schlagen, aber Wengler hechtet hinter ihm her. Beide gehen zu Boden, während sich die anderen gleichzeitig und gezielt auf die fünf Bunker stürzen.

Der Kampf ist schnell und einseitig. Es fällt kein Schuß. Die Bunkerbesatzungen schnarchen den Schlaf der Neutralen. Sie werden so jäh aus dem Reich der Träume gerissen, daß keiner mehr an seine Waffe herankommt. Benommen heben sie die Hände hoch und kriechen aus ihren Stellungen; sie wissen noch immer nicht, ob sie von Marsbewohnern überfallen oder von einem Alptraum genarrt werden.

Nur Sergeant Pierboom, überwältigt und entwaffnet, ist schon ein Stückchen weiter und spuckt vor dem vermeintlichen Verräter Vandehoek aus.

»Irrtum, sagte der Hahn und stieg von der Ente«, läßt sich der falsche Kompanie-Kamerad zu einer Erklärung herbei. »Ich bin Deutscher. Immer gewesen. Und nur im Auftrag der Wehrmacht eurem Verein beigetreten, um –«

»Hör auf mit dem Gequassel!« schimpft Leutnant Gerber. »Erzähl lieber unseren Gefangenen, daß ihnen nichts passiert, wenn sie keine Dummheiten machen.«

Die letzten klettern aus den Stellungen, heben die Hände hoch. Verquollene Gesichter. Verklebte Augen. Kein Widerstand. Für diese Mijnheers ist der Krieg schon aus, bevor er überhaupt begonnen hat.

»Der Herr gibt's den Seinen im Schlaf«, albert der lange Maier.

»Das war der heitere Teil des Programms«, erwidert der Bulle Wengler grimmig.

Und der Prophet stellt weise fest: »Wart's ab, Merkwürden.«

Leutnant Gerber lümmelt sich gegen das Brückengeländer und sieht zu, wie zwei Spezialisten seines Trupps den Sprengsatz ausbauen.

»Fertig, Leutnant«, meldet ihm Unteroffizier Regus.

»Es darf wieder geraucht und gesprochen werden«, erwidert der junge Offizier mit den Storchenbeinen großkotzig; er strahlt Zuversicht aus, aber es geht ihm ganz hübsch die Muffe. Er kämpft ja nicht gegen die Holländer, sondern gegen die Uhr. Wenn der deutsche Angriff wieder verschoben wird oder unpünktlich anrollt, ist er hier mit seiner eroberten Brücke am

Arsch der Welt.

Er besichtigt die kampflos geräumten Bunker, stellt auf beiden Seiten der Brücke Posten auf. Vier Bewacher muß er für die Holländer in der Mulde abstellen, damit beträgt seine Streitmacht noch 15 Mann.

5 Uhr 25. Die Zeit dehnt sich wie Gummi. Sonst hat der Leutnant Nerven wie Drahtseile, aber nichts ist schlimmer als ein Krieg, der noch kein Krieg ist.

5 Uhr 28. Wo bleiben die Panzer? Die Stukas? Das Trommelfeuer. Ringsum faule, brackige Stille, die an den Nerven sägt. Und Vogelgezwitscher.

»Es steht ein Soldat am Wolgastrand«, spottet Jonas.

Und dann kommt etwas, das nicht im Drehbuch steht.

Das Feldtelefon schlägt an. »Franzen«, ruft der Leutnant nach dem Mann, der perfekt Holländisch spricht.

Der Gefreite flitzt aus der Mulde heran, nimmt den Hörer ab. »Sergeant Pierboom ist im Moment nicht da«, sagt er und setzt auf eine Frage gedehnt hinzu: »Ich glaub', er ist beim Morgenschiß.«

Die Umstehenden grinsen, aber dann sehen sie das gespannte Gesicht ihres Kumpels, und es vergeht ihnen.

»Verstanden«, bestätigt Franzen. »Der Sergeant wird gleich zurückrufen.« Er legt auf und sieht Leutnant Gerber an: »Alarm wegen deutscher Spione in Zivil«, sagt er. »Ein Trupp wurde bei Gennep gefaßt und bis zum letzten Mann niedergeschossen.«

»Arme Schweine«, spricht Jonas ein schnelles Requiem.

»Wie weit ist es bis nach Gennep?« fragt Regus.

»Wie weit ist es bis zum nächsten Telegraphenmast?« quasselt Wengler, der Bulle.

In den nächsten drei Minuten geschieht nichts. Überhaupt nichts. Nur, daß sich die jungen Soldaten die Lungen mit Nikotin vollsaugen, aber Granatsplitter und Geschosse sind schließlich weit schlimmer für die Gesundheit.

»Die Holländer kommen!« brüllt einer vom anderen Ende der Brücke.

Sie hauen sich in Stellung, sehen zu, wie ganze Scharen holländischer Infanteristen heranstürmen, Stahlhelm auf dem Kopf, Knarre in der Hand. Wie auf dem Kasernenhof, aber offen wie ein Scheunentor.

»Laßt sie herankommen«, sagt Gerber. »Keiner schießt, bevor ich den Feuerbefehl gebe.«

Noch 1200 Meter. Vielleicht noch 1100.

»Diese Pflaumen«, stöhnt Jonas. »Mensch, wir können die doch nicht einfach umlegen. Die haben wahrscheinlich nur Platzpatronen dabei. Das ist doch aufgelegter Kindermord.«

»Beim ersten Feuerstoß zielt ihr über die Köpfe hinweg«, ordnet Gerber an. »Dann werden sie sich in Deckung hauen, falls sie schlau sind -«

»Und wenn sie nicht schlau sind?«

»Dann machen die uns zur Minna wie nichts«, erwidert der Leutnant mit langen Zähnen und sieht auf die Uhr.

Jonas starrt nach hinten, Richtung Graave.

»Diese Pennbrüder haben den Angriff verschlafen«, mault Regus.

»Zuviel Schnaps gesoffen«, echot Wengler.

»Achtung!« sagt Jonas, der Prophet. »Auf los geht's los.« Er hebt die Hand. »Abrakadabra.«

In dieser Sekunde - genau um 5 Uhr 35 - verwandelt sich der Himmel in einen einzigen Feuerschlund. Die Artillerie schießt Trommelfeuer. Panzermotoren werden angeworfen und rumpeln los. Flugzeuge zischen im Tiefflug voran. Infanteristen klettern aus ihren Löchern - der Krieg im Westen hat begonnen.

»Mensch, Prophet«, brüllt Regus begeistert in den Gefechtslärm hinein, »mit dieser Nummer kannste in jedem Zirkus auftreten.«

»Feuer frei!« befiehlt Werner Gerber.

Seine Männer schießen aus allen Rohren.

Die Holländer werfen sich in Deckung, aber weder haben sie Platzpatronen noch fehlt ihnen der Mumm zum Angriff. Sie feuern zurück und schieben sich näher. 200 Mann, vielleicht sogar 300 - gegen einen 19köpfigen Kommandotrupp, von dem vier Mann auch noch Gefangene bewachen müssen.

Als ersten erwischt es Regus. Einschuß in der Stirn. Genau in der Mitte. Der Unteroffizier stirbt wie in Zeitlupe und doch ganz schnell. Es sieht aus, als hätte er auf einmal drei Augen.

»Feierabend!« ruft Wengler aus seiner MG-Stellung hervor.

»Was ist los, Bulle?« schreit die Jungfrau zurück.

»Munition ist alle«, stellt Wengler fest. »Kann mich nur noch mit der Nagelfeile verteidigen.«

Auch die anderen sind am Ende. Und die Holländer bis auf 700 Meter heran. Angriff genau nach Schema: Einer schießt, einer springt. Der Führer des deutschen Kommandotrupps schätzt die Meter ab und rechnet die Sekunden aus, die ihm noch bleiben.

Plötzlich stockt der Angriff. Scheinbar grundlos, aber gerade im richtigen Moment.

»Seht zu, ob ihr die holländischen MGs aus den Bunkern ausbauen könnt«, ruft Gerber und starrt durch das Glas. Was ist los? Warum stürmen die Niederländer nicht weiter, so kurz vor dem Ziel?

»Klappt prima, Leutnant«, ruft Jonas.

Hinter ihm schleppt der lange Maier zwei volle Patronenkästen an.

Motorengeräusch. Im ersten Moment fürchtet Gerber, daß die Holländer Panzer in das Gefecht werfen. Dann sieht er die beiden dicken Brummer, die langsam auf die Brücke zurollen: Lastwagen, vermutlich mit aufmontierten MGs.

»Vorsicht, Sportsfreunde!« schreit der Leutnant. »Feuerwechsel auf die LKWs!«

Im gleichen Moment blitzt Mündungsfeuer auf, und der verlorene Haufen an der Brücke kriegt jede Menge Zunder. Die Männer mit der Beuteware der Holländer erwidern geizig wie die Schotten.

Die drei Verwundeten werden vom Hilfssani Wengler schlecht und recht versorgt, während die anderen kämpfen, bis die deutschen Panzer kommen. In einer Stunde. Oder nie. Oder eine Minute zu spät.

Von solchen Wahrscheinlichkeitsrechnungen lebt die Gespenstereinheit, pflückt sich Himmelfahrtsunternehmen aus dem Kriegsgeschehen und steckt sie sich an den Blechhut, bis er am Birkenkreuz hängt.

Der Schlamassel ist erst zehn Minuten alt, aber für den jungen Leutnant mit den Storchenbeinen geht es eigentlich gar nicht mehr um die Scheißbrücke, sondern um das Überleben.

Links und rechts der Straße haben sich königlich niederländische Infanteristen flach wie Flundern in Deckung geworfen. Über die Rollbahn rauschen zwei dicke Brummer heran, bestückt mit schweren MGs, beladen mit Soldaten, die jetzt – Entfernung 500 Meter – aus allen Rohren losballern. Die Schlaglöcher auf der strapazierten Straße machen genaues Zielen unmöglich, und so streuen die Mijnheers ihre Kugeln durch die Geographie nach dem Wahlspruch: Die Masse macht's.

Laster sind keine Panzer, auch wenn sie so tun.

»Laß dir Zeit, Prophet«, sagt Leutnant Gerber. Er preßt das Glas an die Augen. Der Mund wirkt wie ein dünner Strich, umrahmt von flockigem Flaum. Sein Teint wirkt nicht mehr milchig, sondern grau wie Elefantenhaut. »Entweder haben die Kerle zu viel Mumm, oder sie sind stockbesoffen«, schnauft er.

»Ich mach' sie gleich stocknüchtern«, droht Jonas, zieht den Lauf tief in die Schulter und nimmt Maß. Lichtreflexe tänzeln in seinem Visier. Die Frühlingssonne ist neutral, sie gibt beiden Seiten Büchsenlicht.

Jonas schwenkt den MP-Lauf beinahe träge. Ein Feuerstoß wuchtet in die Motorhaube des vorderen LKWs, trifft das Führerhaus, streift über den Aufbau hinweg. Aus dem Kühler schießt eine Stichflamme hoch; der Benzintank explodiert. Die Flammen fressen sich sofort weiter. Infanteristen springen von ihrem brennenden Hilfspanzer.

Der zweite Laster kommt nicht vorbei. Die Straße ist zu schmal. Vom Propheten beharkt, riskiert der Fahrer ein umständliches Wendemanöver. Der Wind trägt Schreie, Pfiffe, Kommandos herüber.

»Mensch, Junge, Jonas, prima!« brüllt der lange Maier, der Schweinepriester. Die Begeisterung macht ihn leichtfertig; er springt hoch wie ein Zuschauer bei einem Torschuß – aber den Treffer erzielen die anderen.

Ein holländischer Scharfschütze erwischt Maier am Hals. Die Kugel zerfetzt die Schlagader. Ein fingerdicker Blutstrahl schießt heraus. Schwächer, stärker, im Rhythmus des Herzens, das den roten Lebenssaft selbstmörderisch vergeudet. Der lange Maier schaut entsetzt dem Strahl nach, verfolgt fassungslos, wie er sein Uniformtuch rot färbt.

»Wengler!« brüllt Gerber den Sani herbei. »Wo steckst du Scheißkerl bloß? Mach doch was!«

»Leicht gesagt«, erwidert der Bulle grimmig.

»Bind ihm doch die Schlagader ab, bevor er verblutet.«

»Du hast wohl 'ne Meise, Leutnant«, brummelt der Hilfssani. »Kannst gleich 'nen Strick um 'n Hals legen.«

»Verdammt noch mal«, stöhnt die Jungfrau; seine Stimme schwappt über. »Mach, was du willst, aber mach was!«

»Ich hab' doch diesen Scheißkrieg nicht erfunden«, versetzt der Bulle. »Los, faßt an!« ruft er den Umstehenden zu.

Sie tragen Maier in den Bunker II. Merkwürden grinst matt, blaß, eingefallen. Das Leben rinnt aus seinem Körper wie aus einen lecken Faß. Wengler stopft ihm Verbandspäckchen in die Wunde; sie färben sich sofort rot. Es ist reine Beschäftigungstherapie. Mehr wie sechs, sieben Liter Blut hat der Mensch nicht. Transfusion, denkt der Bulle, Luftröhrenschnitt, Sauerstoffzelt, während ihm der Kumpel unter den Händen stirbt. Das Beste daran ist, daß sich Maiers Bewußtsein verdunkelt, bevor er hinübergleitet.

Ab und zu flitzen Messerschmitt-Jäger im Tiefflug über die Stellung. Links und rechts flammt Gefechtslärm auf. Nur hinten, woher die deutsche Panzerdivision kommen müßte, für die sie die Brücke sichern, bleibt es ruhig.

»Ich wollt', es wäre Nacht oder die Preußen kämen«, stöhnt der Prophet.

»Schnauze!« erwidert Gerber, ohne den Blick vom Glas zu nehmen. »Die Kameraden von der anderen Fakultät haben den Kanal voll«, sagt er. »Sie setzen sich ab.«

»Sicher 'ne neue Schweinerei«, erwidert der Gefreite Franzen alias Vandehoek.

»Die Mijnheers haben auch ihre Sorgen«, entgegnet der Leutnant weise.

»Würd' gern mit ihnen tauschen«, wirft der Prophet ahnungsbang ein.

Und dann geht's rund. Kattun von allen Seiten. Die Absicht der anderen Seite wird arschklar: Die Niederländer haben Artillerie in Stellung gebracht und machen nun in aller Ruhe die Brücke zur Minna.

Die ersten Einschläge liegen schlecht; aber die Batterie hat Zeit, sich genau einzuschießen. Und dann gibt's kein Erbarmen.

»Komm mal, Franzen«, sagt Leutnant Gerber und lächelt mit den Schneidezähnen. »Wir müssen die schweren Koffer abbestellen.« Sie arbeiten sich an die Mulde mit den gefangenen Holländern heran. »Du schnappst dir jetzt deinen Freund Pierboom«, keucht der Leutnant. »Wir schicken ihn auf die andere Seite. Er soll seiner eigenen Ari klarmachen, daß sie ihre eigenen Leute massakriert, wenn sie uns so bepflastert.«

Die Einschläge liegen dichter. Schrapnelle zischen ihnen über die Köpfe, als sich der Leutnant und sein Dolmetscher an die Mulde heranmachen. Die Männer der Bunkerstellung, die den Kriegsbeginn buchstäblich verpennt haben, hocken viel zu dicht aufeinander.

»Zieht sie doch auseinander!« ruft die Jungfrau den beiden Bewachern zu. »Sonst liegt ihr nach einem einzigen Volltreffer gemeinsam im Massengrab.«

Er starrt in verstörte, apathische Gesichter, doch in manchen spiegelt sich Angst, in anderen Haß. Franzen redet holländisch auf den Sergeanten Pierboom ein. Zuerst stellt der Mann sich taub, aus Verachtung.

»Sei doch nicht so dußlig«, lockt der falsche Kamerad. »Ist doch ein gutes Geschäft. Du springst dem Tod doch von der Schippe.«

Der Sergeant überlegt, nickt, steht langsam auf.

»Laßt ihn passieren«, ruft Gerber seinen Männern zu. »Und

nun lauf, so schnell du kannst, Junge!« Er sieht Pierboom nach, als er zuerst gemächlich, dann immer schneller durch das Niemandsland zu seinen eigenen Linien watet.

Zehn Minuten später stellt die holländische Artillerie tatsächlich das Feuer ein. Die Erde zittert noch, die Luft riecht nach Blut und Pulver, die Ohren sind taub.

»Na, wie hab' ich das gemacht?« fragt Gerber und hat schon wieder Oberwasser.

»Wie ein Arsch mit Ohren, Leutnant«, erwidert der Prophet respektlos. »Dieser Strolch erzählt ihnen doch, daß wir nur noch fünf, sechs Mann sind. Und wenn die Holländer das wissen, kommen sie zurück und machen uns mit dem Taschenmesser fertig.«

»Aber bis sie kommen, leben wir noch«, versetzt der Leutnant. »Kapiert, du Miesmacher?«

»Panzer von hinten!« schreit Wengler. »Deutsche.«

»Na, also«, entgegnet der Leutnant großkotzig und dreht sich um. Er starrt durch das Glas. »Panzer ist 'n bißchen übertrieben«, schränkt er ein und reguliert das Okular. »Einer bloß.« Er sieht das Balkenkreuz am Turm. »Aber wenigstens ein eigener.« Vielleicht ist er der erste der Vorausabteilung. Oder er blieb aus irgendeinem Grund zurück. Aber Panzer ist Panzer. Und er hat Funk an Bord.

»Nun wink mal schön mit deiner roten Armbinde!« ruft er dem Bullen zu.

Wengler tut, was er kann, bindet das Erkennungszeichen auf die MP, rudert in der Luft herum. Aber die Männer in dem Panzer sind entweder blind oder taub oder doof oder besoffen.

Statt heranzurollen und die Brücke zu sichern, nehmen sie mit ihrem MG die Stellung unter Beschuß. Dann brummt der dicke Stahlkasten gemächlich davon.

»So geht das nicht weiter«, knirscht Gerber. »Wir müssen die Kameraden ein bißchen zur Beeilung antreiben. Ich such' 'nen Freiwilligen.« Er betrachtet die Reste vergangener Pracht. Wer ist entbehrlich? Keiner natürlich. »Wie ist's mit dir, Franzen?« fragt er schließlich, denn wenn er mit seinem Latein am Ende ist, braucht er auch keinen holländischen Dolmetscher mehr. »Du machst dich auf die Socken bis zur nächstgelegenen deutschen Einheit – und die fragst du, ob wir den Krieg hier allein führen sollen. Ist das klar?«

»Sicher, Leutnant«, antwortet der Gefreite unsicher. »In deutscher Uniform? In holländischer?«

»Das hängt davon ab, wem du zuerst in den Weg läufst«, grinst ihn die Jungfrau an. »Von mir aus kannst du auch im Konfirmandenanzug loszittern ... Mach's gut, Junge«, verabschiedet er Franzen.

Dann ist auf der anderen Seite wieder die Scheiße am Kochen.

»Schau dir das an«, schimpft Jonas. »Das hast du jetzt von deinem Geistesblitz.«

Mit bloßem Auge ist zu sehen, wie sich die holländischen Infanteristen wieder zum Angriff bereitstellen. Diesmal hält sie keiner auf, denn nunmehr wissen sie, daß nur ein paar Männer die Brücke verteidigen und daß ihnen die Munition ausgehen muß.

Sie kommen von vorne, von links, von rechts, verstärkt durch Pioniere. Sie sammeln sich zum Angriff, mehr gründlich als eilig, aber in jedem Fall tödlich, wenn der Gefreite Franzen nicht gleich ein Wunder bewirkt.

Während die Kommando-Raids der Brandenburger noch immer Brücken hielten, an denen sie verbluten mußten, sofern nicht schleunigst deutsche Panzerspitzen sie herauspaukten, waren – unmittelbar vor der X-Zeit um 5 Uhr 35 – auch bereits Sturmgruppen der Fallschirmjäger am Feind und kämpften gegen eine überrumpelte, doch erdrückende Übermacht.

Den Pionierzug II, FJR 1, unter Oberleutnant Rudolf Witzig hatte der Alarm in der Flakkaserne Hilden bei Düsseldorf erreicht. Auf LKWs waren die Männer nach Köln-Ostheim gekarrt worden, wo Lastensegler, die jüngste Geheimwaffe, auf sie warteten.

Die Segelflugzeuge wurden beladen.

Um 21 Uhr meldete sie der Oberleutnant startklar und schickte seine Männer zu einem Kurzschlaf ins Bett. Stunden vor dem großen Remmidemmi streunen nicht einmal ihre Gedanken durch Kölns Sündenviertel, obwohl die Männer es satt haben, kaserniert zu sein. Die große Tat, die man ihnen abverlangt, begann zunächst mit einer langweiligen Isolierung. Ausgangssperre, seit Monaten. Sie ertrugen sie, begreifend, daß sie zur Zeit dem Heldentod näher standen als der Schürzenjagd, ihrem Lieblingssport.

»Träumt süß und schnell«, sagt der Oberleutnant Witzig und schiebt sich die Feldmütze ins Genick. »Morgen früh ist die Nacht rum.«

»Doch bloß wieder blinder Alarm«, mault der Gefreite Wanner. »Oder?«

»Bin ich Jesus?« erwidert der Hauptfeldwebel. »Was spricht man denn in Raucherkreisen?«

Sie strecken ihm gleichzeitig ihre Päckchen hin. Sie haben die Taschen voller Zigaretten. Und das Hirn voller Heldengespinste. Sie sind der letzte Schrei der modernsten Waffengattung, gleich den Brandenburgern ein spezieller Haufen mit einer besonderen Moral und der Erwartung, daß ihnen der Krieg Länder vor die Füße, Orden an die Brust und Mädchen an den Hals werfen wird.

2 Uhr 45.

Alarmwecken.

Um 3 Uhr 30 steht der Haufen, die Sturmabteilung Koch: 11 Offiziere und 427 Unteroffiziere und Mannschaften, verteilt auf 42 Lastenseglern; sie werden von den besten Segelflugpiloten gesteuert, die in Deutschland aufzutreiben waren, von Artisten des motorlosen Fluges. Die Männer sind in vier Sturmgruppen aufgeteilt. Was sie seit Monaten im tschechischen Bunkersystem am Altvater in den Sudeten erprobt haben, ist heute in einem kombinierten Sprung- und LS-Einsatz Ernstfall – nur, daß die belgischen Befestigungen weit stärker sind als ihr Übungsgelände und aus allen Rohren zurückfeuern werden.

Die Sturmgruppe »Stahl« unter Oberleutnant Altmann – 2

Offiziere und 114 Mann – hat Befehl, durch Sprung aus niederer Höhe die Stahlbrücke bei Veldwezelt zu nehmen. Die Sturmgruppe »Beton«, geführt von Leutnant Schacht, soll, ebenfalls im Sprungeinsatz, die Kanalbrücke von Vroenhoven sichern, und die Gruppe »Eisen«, unter Leutnant Schächter, durch LS-Landung die Brücke von Canne. Die Sturmgruppe »Granit« unter Oberleutnant Witzig – 2 Offiziere, 28 Unteroffizier und 56 Mann – hat die schwerste Aufgabe übernommen: Sie soll auf dem schmalen Plateau von Europas stärkstem Sperrfort Eben Emael inmitten von 1100 gut ausgebildeten Festungssoldaten landen und die Geschütztürme unbrauchbar machen.

Auf den grenznahen E-Häfen der Luftwaffe herrscht fiebrige Geschäftigkeit. Im Schleichflug pirschen sich während der Nacht Kampfflugzeuge mit speziell geschulten Männern an die holländische und belgische Küste heran und legen hundert Luftminen, um der englischen Flotte am morgigen Großkampftag eine Landung zu verwehren.

Auch im Reichspropagandaministerium in Berlin wird durchgearbeitet. Die »Lautsprecher« des Dr. Joseph Goebbels strikken an der Legende, die deutsche Wehrmacht sei in letzter Stunde einem drohenden Einmarsch der Franzosen und Engländer nach Holland, Belgien und Luxemburg zuvorgekommen, als hätte Hitler den Entschluß, die Neutralität dieser Nachbarländer zu brechen, nicht schon vor Monaten gefaßt.

Stukas werden mit Bomben beladen, die schnittigen Me 109 – bis jetzt das beste Jagdflugzeug des Zweiten Weltkriegs – betankt. Aber auch die weiter entfernten Flugplätze und Heimathorste erreicht schon Stunden vor dem großen Schlag Alarm. Im süddeutschen Raum reißt der Befehl die Besatzungen des Greifgeschwaders KG 55 aus einem Herrenabend. Die in Gablingen stationierte 3. Gruppe hat sich geschlossen in Augsburg einen Kinoabend genehmigt, aber es wird ein Film ohne Happy End. Mitten in der Vorstellung geht das Licht an; die Platzanweiserin fordert alle Luftwaffensoldaten auf, wegen einer Alarmübung sofort den Raum zu verlassen.

Sie murren und fluchen; solcherlei Probeläufe haben sie

schon mehr als zwei dutzendmal in ihrer Freizeitbeschäftigung gestört. In den nächsten Stunden geht es nicht in den Einsatz, sondern wieder an den Sandkasten, wo sie die Bombardierung französischer Flughäfen bis zum Überdruß proben. Doch jetzt begreifen sie: Ernstfall.

Alle 4000 Fallschirmjäger sind schon auf den Beinen, die Kampfgruppe Koch als erste. Die Spezialtruppe geht - nach einem kurzen Intermezzo auf dem norwegischen Kriegsschauplatz - heute in den ersten Großeinsatz. Nach einem sorgfältig erstellten Plan werden Einheiten dieser Elitesoldaten über der Festung Holland abspringen und versuchen, sie im Handstreich zu nehmen, bevor die Niederländer Überschwemmungen auslösen können, bevor ihre Regierung aus Den Haag flüchtet, bevor die Bunker des Ölhafens Rotterdam brennen. Mit einem vernichtenden Bombardement werden gleichzeitig Kampfflugzeuge versuchen, ihre direkten Gegner, die rund 100 Flugzeuge, über die Holland verfügt, auszuschalten, bevor auch nur eines in die Luft kommt.

Das Ziel der Sturmgruppe Koch jedoch liegt in Belgien.

Als Hitler seinem ersten, nicht gerade zimperlichen Fallschirmjägergeneral den Vorschlag gemacht hat, Europas modernstes Sperrfort aus der Luft zu nehmen, erwidert Student - der gleiche Offizier, der sich bei dem Diktator immer wieder beschwert hatte, weil seine Fallschirmjäger bis jetzt nicht eingesetzt worden waren -, daß eine solche Operation undurchführbar sei.

»Gehen Sie nach Hause, überschlafen Sie die Sache und kommen Sie morgen wieder«, hatte ihn der Diktator verabschiedet.

Der Fallschirmjägergeneral beriet sich mit seinen Offizieren; sie waren alle dafür, anzutreten. Seitdem waren die Männer auf den heutigen Einsatz gedrillt worden, seitdem hatten sie immer wieder eine Festung erstürmt, deren Namen sie aus Geheimhaltungsgründen nicht kannten.

Jetzt stehen sie nachlässig ausgerichtet, in Linie zu drei Gliedern. Keiner sagt ein Wort. Sie brennen darauf, endlich ihre Kampfweise vorzuführen, auch wenn sie dabei verheizt werden sollen. Sie sind stets die ersten, beim Töten wie beim Sterben, ein verschworener, verlorener Haufen. Schon der normale Dienst ist für die nach ihren Tarnanzügen so benannten »Grünen Teufel« eine permanente Mutprobe. Selbst im Frieden sich das Fallschirmjägerabzeichen zu verdienen setzt voraus, daß man ein dutzendmal bei halsbrecherischen Absprüngen von Übungstürmen oder aus dem Flugzeug bereit war, sich das Genick zu brechen. Aufkommen, Rolle vorwärts, Rolle rückwärts, vom Schirm lösen, nach der Waffe greifen. Es wurde ihnen eingebleut wie das Einmaleins.

Angst haben sie allenfalls, sich zu blamieren.

Wie das vor sich gehen kann, schildert in seiner Fallschirmjägersaga »Rot scheint die Sonne« der Autor Otto Zierer, einst selbst Offizier dieser Waffengattung.

»Vornweg marschierten in voller Montur zwei Fallschirmjäger im Stechschritt. Sie hatten die Gewehre mit aufgepflanzten Bajonetten geschultert, und ihre dröhnenden Stiefel hämmerten den Takt zu den Trommelwirbeln. Der Straßenrand war von feixenden und lachenden Jägern gesäumt.

Zwischen den Soldaten, hinter den Trommlern, marschierte im gleichen Schritt ein dritter Fallschirmjäger. Auch er trug den runden Helm, die Paradeuniform, und auch er hatte das Gewehr mit dem aufgepflanzten Seitengewehr geschultert ... Nur – der Mann hatte keine Hosen an.

Er paradierte in langen Unterhosen. Auf den verlängerten Rücken hatten sie ihm einen gepackten Fallschirm gezurrt, die Gurte kreuzten sich über seiner Brust. Ein Oberjäger hielt den Unseligen an der geflochtenen ›Aufziehleine‹ fest und marschierte im Stechschritt hinterdrein.

So kamen sie an das Eisentor, vor dem sich die Mädchen, Zivilisten und Soldaten drängten. Die beiden Posten schwenkten die Gitter auf, und die Menge bildete einen schweigenden Halbkreis.

Der Oberjäger kommandierte: ›Das Ganze halt!‹

Die kleine Truppe stand wie festgefroren, die Trommler schwiegen.

›Das Geweeehr – ab!‹

Jetzt verhielt die bleiche Statue eines Helden, Gewehr bei Fuß, ziemlich dicht vor den Mädchen. Die schauten ihn mucksmäuschenstill mit runden Augen an. In ihren Blicken lag ein Gemisch von Mitleid und Ekel.

Der Oberjäger, ein hochdekorierter Mann, zog ein Blatt Papier hervor, trat einen Schritt zur Seite und verlas einen Befehl: ›Der Gefreite Egon Paschulke hat zum zweitenmal den Sprung verweigert. Er wird wegen Feigheit aus der Fallschirmtruppe ausgestoßen!‹

Trommelwirbel. Stille.

Dann gab der Oberjäger dem ›Helden a. D.‹ einen Tritt in den Hintern, und siehe da: Paschulke war kein Held mehr, sondern ein gewöhnlicher Soldat – noch dazu einer in Unterhosen. Sie nahmen ihm Gewehr, Koppelzeug, Helm und Fallschirm ab und jagten ihn in blanken Unterhosen unter lautem Hohngelächter zur Kaserne zurück ...«

Vor einer solchen Demütigung haben sie mehr Angst als vor der Landung in Eben Emael, Europas Festung Nr. 1, die sie heute nehmen sollen – und keiner wird den Sprung verweigern.

Um 4 Uhr 30 werden die ersten Motoren angeworfen. Schwerfällig donnern die Jus nach dem Vorwärmen über die Pisten. Das Schleppseil spannt sich. Ein Ruck, und auch die Lastensegler des Typs DFS 230 heben sich von der Erde, steigen wie Drachen.

Alle zehn Sekunden startet vom rechtsrheinischen E-Hafen Ostheim und vom linksrheinischen Butzweilerhof ein Schlepper mit einem Gleiter. Die brave Tante Ju 52 ist längst allgemein bekannt, aber die Lastensegler, die sie schleppt, stehen noch unter Geheimschutz; sie sind 900 Kilo schwer, nachtflugtauglich; mit einer Gleitgeschwindigkeit von 124 Kilometern in der Stunde landen sie auf 20 Meter genau, lautlos, mit weit ausgebreiteten Geierschwingen. Je nach Ladung kauern acht bis zwölf Mann in einem LS, die Beine rittlings über den Längsbalken in der Mitte, hintereinander, wie auf einer Hühnerstange. Sie haben die aufsteigende Sonne im Rücken, den Nacken ihres Vordermannes im Blick. In ihren Feldflaschen schwappt eine Art Sprungcocktail: halb Kaffee, halb Schnaps.

Um 4 Uhr 35 hebt sich die letzte Ju 52 in die Luft, sammelt und zieht feindwärts, um ein Sperrfort aus der Luft zu nehmen, das nach Meinung der Alliierten bei einem deutschen Angriff zu einem Verdun des Zweiten Weltkriegs werden soll.

Eben Emael, eine Verteidigungsanlage von 45 Hektar, auf einem Hügelplateau eingebettet, könnte jeden Angreifer aufhalten. Die weitverzweigte Anlage, mit ihren Artilleriekasematten »Sedans kleiner Bruder« (Raymond Cartier), die durch 4,5 km lange unterirdische Stollen und Gänge miteinander verbunden waren, in den dreißiger Jahren zusammen mit dem Albert-Kanal auf der Linie Aachen–Maastricht–Brüssel entstanden – es führte kein Weg daran vorbei. Hier, so rechnete man, müßten deutsche Divisionen verbluten.

Hitler hatte dem von ihm jetzt favorisierten Manstein-Plan eine eigene Idee beigesteuert, um seinen Panzern freie Durchfahrt zu verschaffen: Von der Erde aus sollte die Geistertruppe Brandenburg im Tarneinsatz die Maas-Übergänge sichern und aus der Luft Fallschirmjäger das uneinnehmbare Fort im Handstreich gewissermaßen von oben angreifen.

»Das Fort Eben Emael trug einen Namen des Alten Testaments, der auf deutsch ›Fels des Schutzes Gottes‹ lautet«, schreibt in seinem Buch »Fallschirmjäger« der Autor W. Haupt. »Es lag 15 Kilometer nördlich von Lüttich auf einem Höhenrükken zwischen der Maas und dem 40 Meter breiten Albert-Kanal. Die Steilwand zum Kanal ragte 60 Meter in die Höhe und war nach menschlichem Ermessen uneinnehmbar.

Das Werk beherrschte mit seiner Artillerie das gesamte Gelände zwischen Lüttich und Maastricht. Auf einer Plattform mit einer vier bis fünf Meter dicken Betondecke und einer Ausdehnung von 800 x 900 Metern befanden sich zwei 12-cm- und vier 7,5-cm-Geschütze mit drehbaren Kuppeln, die eine Panzerstärke von 45 cm aufwiesen. Es gab ferner zwölf 7,5-cm-Kasemattengeschütze, 17 Pak-, sieben Flakgeschütze, 20 Doppel-MG und 15 Scheinwerfer von 40 cm Durchmesser. Schon am 2. 11. 1939 bildete sich in Hildesheim die ›Sturmabteilung Koch‹, genannt nach ihrem Kommandeur. Die elf Offiziere und 427 Unteroffiziere und Mannschaften der Abteilung erhielten in Hildesheim eine strenge und bis ins Detail geregelte Ausbildung. Die Fallschirmjäger mußten exerzieren, springen, Sprengungen vornehmen, sie spielten am Sandkasten, lernten Luftbilder lesen und wurden mit ihren Spezialaufträgen bekannt gemacht. Übungen mit den Lastenseglern fanden statt. Das Angehen und die Zerstörung der naturgetreu nachgebauten Panzerkuppeln stand auf dem Dienstplan. Es gab für die Freiwilligen der Sturmabteilung weder Urlaub noch Ausgang bis zum 9. Mai 1940!«

Die Ingenieure, die Eben Emael als nördlichen Eckpfeiler der Festung Lüttich erbaut hatten, hatten bei der Rundumverteidigung an alles gedacht, nur nicht an Fallschirmjäger. 1930 waren sie zwar von der Roten Armee als »Heuschreckenkrieger« präsentiert, aber nicht ernst genommen worden. In Deutschland sah man Fallschirmjäger erstmals bei der Parade zu Hitlers fünfzigstem Geburtstag; sie waren eigentlich nur durch ihre anders geformten Stahlhelme aufgefallen.

Nur ein Überraschungsangriff aus der Luft konnte das Sperrfort schnell ausschalten, und ein solcher gelang – wenn überhaupt – nur durch Überrumpelung. Die Männer der Gruppe Koch mußten die Eröffnung bestätigen, daß auf jeder absichtlichen oder auch fahrlässigen Verletzung der Schweigepflicht die Todesstrafe stand. Tatsächlich vergingen sich zwei Fallschirmjäger an dieser Auflage, wurden zum Tode verurteilt, aber nach der Eroberung Eben Emaels begnadigt.

Eine halbe Stunde vor Kriegsausbruch sind alle Jus in der Luft. Die Lastensegler müssen auf größere Höhe geschleppt werden, also haben sie Vortritt vor den anderen Transport-Jus, die ihre menschliche Fracht aus einer Mindesthöhe von 90 Metern absetzen. Die zur Erde schwebenden Soldaten baumeln dann 15 Sekunden lang hilflos am Schirm. Ihr schwächster Moment ist das Aufkommen und vom Schirm Lösen. Hat sie der Gegner bis dahin nicht abgeknallt, sammeln sie sich und fahren ihm aus der Rolle rückwärts direkt an die Kehle.

Eine Armada von 42 Jus zieht westwärts und wird über ein 73 Kilometer langes Leuchtfeuer bis zur Reichsgrenze geleitet. Steigflugzeit: 31 Minuten. Wetter: ausgezeichnet. Für die richtige Vorhersage wird der Chefmeteorologe der Luftwaffe, Diesing, von Hitler eine goldene Uhr mit eingravierter Widmung erhalten.

Die Absetzer postieren sich am Luk, sehen auf das Zifferblatt. Sowie das Signal aus der Kanzel kommt, springen sie in den letzten Sekunden des Friedens mitten in den Krieg. An der Spitze die Gruppe »Granit«. Die erste Panne: Der Pilot der Ju sieht ganz nahe neben sich die Auspuff-Flammen einer anderen Transportmaschine. Um dem Zusammenstoß auszuweichen, stellt er seine Mühle auf den Kopf und drückt sie nach unten. Der Lastensegler im Schlepp muß die Bewegung natürlich automatisch mitmachen.

Da reißt das Seil, und der LS-Pilot fängt seinen Gleiter ab und schwebt auf Gegenkurs wieder auf deutsches Gebiet zurück. Trupp 11 fällt für die Premiere in Eben Emael aus, ausgerechnet Oberleutnant Witzig, der den Einsatz leiten soll.

Jenseits der Grenze geht der Lastensegler auf einer Wiese nieder. Zuerst im Laufschritt, dann von einem Auto aufgepickt, jagt der junge Offizier ans nächste Telefon, um eine Einsatzmaschine für sich und seine Männer aufzutreiben, als hätte er nur einen Vorortzug versäumt und stiege in den nächsten um. Weit und breit keine freie Ju. Endlich eine Antwort aus Gütersloh. Witzig jagt zu seinen Männern zurück und läßt die Wiese provisorisch für die Landung herrichten.

Noch zwei weitere Lastensegler müssen notlanden, nachdem die Schleppseile gerissen waren. Führerlos, mit dezimierter Ausrüstung und geschwächter Mannschaft, schon bevor ein Schuß fiel, nähern sich die Lastensegler der Gruppe »Granit« Eben Emael, dessen belgischer Befehlshaber vor einigen Stunden vor einem zu erwartenden deutschen Luftangriff alarmiert wurde.

Mißgelaunte Soldaten der Flugabwehr starren Löcher in die

Nacht. Etwas steht für sie fest: Solange sie keinen Motor hören, können auch keine Bomben fallen. Ihre Kommandeure sind nervös und treiben sie immer wieder zu äußerster Wachsamkeit an.

»In der Stellung 29 am Südostrand von Eben Emael richten die belgischen Kanoniere ihre Fla-Waffen«, berichtet in seinem Buch »Angriffshöhe 4000« der Autor Cajus Becker. »Ob die deutschen Bomber im Anflug sind? Ob sie es auf die Werkgruppe abgesehen haben? So sehr sie auch lauschen: Motorenlärm ist nicht zu hören.

Auf einmal schweben von Osten gespenstische Riesenvögel heran. Sie sind schon ganz tief, setzen offenbar zur Landung an: drei, sechs, neun Flugzeuge. Die Belgier in der Flakstellung kurbeln die Rohre herunter und jagen die ersten Feuerstöße hinaus.

Aber dann ist einer dieser Vögel schon über ihnen. Nein – mitten zwischen ihnen.

Unteroffizier Lange setzt seinen LS direkt in die feuernde Stellung hinein. Die linke Tragfläche säbelt ein MG um und schleift es ein paar Meter mit. Krachend bleibt der LS liegen.

Die Luke fliegt auf. Feldwebel Haug, der Truppenführer 5, jagt einen Feuerstoß aus seiner Maschinenpistole. Handgranaten hageln in die Stellung. Gleich darauf heben die Belgier die Hände.

›Weiter‹ , ruft Haug, ›Werk 23!‹

Drei Mann seines Trupps arbeiten sich schon an das 100 Meter entfernte Werk mit seiner Panzerkuppel heran.

Binnen einer Minute sind alle neun Lastensegler an den vorbestimmten Stellen gelandet, trotz des MG-Feuers, das ihnen von allen Seiten entgegenschlägt. Überall springen die Trupps heraus und machen sich an die Arbeit.

Der LS des Trupps 4 stößt etwa 100 Meter vor Werk 19, einem Pak- und MG-Bunker mit Schießscharten nach Norden und Süden, hart auf den Boden. Feldwebel Wenzel sieht, daß die Scharten geschlossen sind. Er läuft schnurstracks auf den Bunker zu. Wirft eine Kiloladung durch die Periskopöffnung in die Panzerkuppel. Blindlings hämmern die belgischen MG los.

Wenzels Männer setzen ihre Geheimwaffe, eine 50-Kilo-

Hohlladung, an die Beobachtungskuppel des Werkes und zünden. Aber der Panzer von Werk 19 ist zu dick, die Sprengung schlägt nicht durch. Schmale Risse wie bei trockener Erde ziehen sich über die Kuppel.

Schließlich sprengen sich Wenzels Pioniere durch die Schießscharten einen Eingang in das Werk. Sämtliche Waffen sind zerstört, die Besatzung ist gefallen.«

Unmittelbar nach der Landung geht ein Funkspruch an Hauptmann Walter Koch, der inmitten seiner vier Sturmgruppen seinen Befehlsstand aufgeschlagen hat: »Objekt erreicht.« 17 Minuten nach dem Aufkommen und 16 1/2 Minuten nach Beginn der Offensive im Westen hat die führerlose Gruppe »Granit« sämtliche Beobachtungs- und Geschützstände von Eben Emael mit Hohlladungen in die Luft gesprengt. Als letzter ging der Zwillingsturm von Werk 31 hoch.

Nahkämpfe in einem benachbarten Schuppen, bei denen Unteroffizier Unger und der Gefreite Wanner fallen. Die Eroberer drängen die Verteidiger in die unterirdischen Anlagen zurück, setzen ihnen nach.

Dann greift die nächste Welle an: Transport-Jus, ganz nahe. Pilze blähen sich, gleiten zur Erde. Soweit die Belgier es verfolgen, nehmen sie einen Zielwechsel vor, um sich gegen einen Feind im Rücken zur Wehr zu setzen. Sie können nicht wissen, daß nur Puppen zur Erde gleiten, befrachtet mit Geschossen, um Luftlandetruppen vorzutäuschen.

Inzwischen ist auch die Sturmgruppe »Beton« bei der Kanalbrücke Vroenhoven aufgekommen. Die Männer sammeln sich nicht erst; sowie sie sich von den Gurten gelöst haben, jagen sie, Karabiner im Anschlag, auf die Brücke zu. Der Gefreite Stenzel erreicht sie als erster, sieht, daß belgische Pioniere dabei sind, die Sprengung der Brücke auszulösen.

Er springt mitten unter die Soldaten, reißt dem Pionieroffizier die Zündung aus der Hand. Die drei wichtigsten Kanalbrücken bleiben unversehrt.

Weniger erfolgreich ist die Gruppe »Eisen«. Während sie landet, fliegt mit einer riesigen Explosionswolke ihr Objekt in die

Luft. Die 115 Grünen Teufel werden in wütende Kämpfe verwickelt, bei denen 22 Mann fallen. Glückhafter operiert die Sturmgruppe »Stahl« und sichert die Brücke bei Veldwezelt.

Wo immer es Fallschirmjäger vom Himmel regnet, müssen die Verteidiger erst mit ihrer Verblüffung fertig werden und verlieren wertvolle Zeit. Die nächste Landungswelle nimmt die Stellungen an der Grebbe und am Peel. Grüne Teufel kämpfen bereits in Rotterdam, und vor allem halten sie die eroberten Brücken, bis die deutschen Panzer eintreffen.

»Die Grenzwächter waren entweder tot oder gefangen oder derart konsterniert, daß sie die Sprengungen nicht vornehmen konnten. Die deutschen Fallschirmjäger hatten rasch jeglichen Widerstand gebrochen und die Stellung bis zum Eintreffen der Spitze der deutschen Truppen, die auf Maastricht vorstießen, gehalten«, stellt Raymond Cartier fest.

Um 8 Uhr 30 gibt es eine neuerliche Überraschung in Eben Emael: Mitten im Gefecht schwebt ein Lastensegler an. Der Pilot legt, von allen Seiten beschossen, eine glatte Punktlandung hin. Aus dem Rumpf des DFS-230-Sturmlastenseglers springt als erster Oberleutnant Witzig und übernimmt, als wäre nichts geschehen, wieder das Kommando.

Major Jottrand fordert per Funk Feuer auf den eigenen Standort an. Während die belgische Artillerie mit schweren Kalibern ihr eigenes Sperrfort beschießt, ziehen sich die Besetzer in den Schutz der von ihnen demolierten Geschützkuppeln zurück. Es ist eine groteske Situation: 1100 Belgier sind in unterirdischen Anlagen eingeschlossen, und vor ihnen liegt die Sturmgruppe »Granit« wie eine hungrige Katze vor dem Mäusenest.

Die deutschen Panzer kommen zügig voran.

Alle Fallschirmjägertruppen werden nach und nach eingesetzt, als letzte die Eroberer von Eben Emael, die nur sechs Tote und 20 Verwundete zu beklagen haben.

Während an den Brennpunkten in Belgien die Entscheidung schnell gefallen ist, steht sie an der Brücke am holländischen Maas-Waal-Kanal, die noch immer von den Brandenburgern der Gruppe Gerber gehalten wird, noch aus.

»Du brauchst keen Glas, Leutnant«, sagt Jonas, »das siehste mit bloßem Auge, was die gleich mit uns machen.«

»Halt deine dämliche Klappe, Prophet!«

»Was ist dir eigentlich lieber, Alter«, sabbert der Gefreite weiter, »wenn sie dich aufhängen oder erschießen?«

Der junge Offizier setzt seinen Feldstecher ab. Bei seinem Haufen gilt er als Berufsoptimist, aber in dieser Lage kann es einem vergehen. Wenn er sich selbst mitrechnet, besteht sein letztes Aufgebot aus fünf erschöpften Kriegern, aber die Gefreiten Aschke und Brenninger zählen nicht, weil sie die holländischen Gefangenen bewachen müssen. So bleiben ihm in seiner MG-Stellung nur Wengler, der Bulle und dieser Unheilsprophet. Sieben Männer sind gefallen, darunter so prächtige Burschen wie Unteroffizier Regus, der lange Maier und Müller II. Von den sechs Verwundeten ließen sich vielleicht zwei noch verwenden, um Munition heranzuschaffen, aber die holländische Beuteware ist gleich alle.

»Ich hab' 'ne Idee«, sagt die Jungfrau und schiebt sich vorsichtig aus der Stellung.

»Schon wieder«, grunzt der bullige Wengler.

Der schlaksige Leutnant mit den Storchenbeinen arbeitet sich an die Mulde mit den Gefangenen heran. Er sieht in graue, stoppelige Gesichter, von der Hoffnungslosigkeit plissiert. Er nickt ihnen zu: »Ihr habt's gut, Sportsfreunde. Ihr geht jetzt nach Hause zu Muttern, aber dalli!« Mit einem Wink beordert er Aschke und Brenninger in die Brückenstellung. Er spricht deutsch; sie verstehen ihn nicht, starren mit aufgerissenen Augen auf seine fuchtelnde Maschinenpistole. »God verdomme«, erinnert er sich, daß er vor dem Einsatz Holländisch büffeln mußte. »Ich tu' euch doch nichts. Haut bloß ab! Aber flugs!«

So nach und nach begreifen die Infanteristen, daß sie freigelassen werden. Sie setzen ihre lahmen Glieder pomadig in Marsch und sehen dabei mehr nach hinten als nach vorne.

Die Jungfrau turnt in die Stellung zurück. Die freigelassenen Soldaten sind jetzt schon auf halbem Weg, winken und rufen der vorderen Reihe der Angreifer etwas zu. Es kommt zu einer kleinen Verzögerung.

»Das hält die genau eine Minute auf«, sagt Jonas.

»Du bist vielleicht 'n Rechenkünstler, Prophet«, giftet der Leutnant. »Aber daß wir jetzt fünf stramme Krieger sind, davon sagst du gar nichts.«

Brenninger hat sich das zweite MG geschnappt.

»Wenn wir alles zusammenkratzen«, sagt der Bulle, »haben wir noch 261 Schuß Munition.«

»Aber doch noch 'ne Menge Handgranaten«, tröstet der Leutnant.

»Das schon«, erwidert Aschke gedehnt, »aber die schnallst du dir am besten unter deinen Luxushintern für die Himmelfahrt, Leutnant.«

Der feindliche Infanterieangriff kommt wieder in Schwung. Einer schießt, einer springt, schulmäßig wie auf dem deutschen Kasernenhof.

»Herrschaften, diesmal müssen wir sie ganz dicht herankommen lassen«, befiehlt Gerber, »um Munition zu sparen.«

Die Holländer schießen mit Leuchtspurmunition. Die Flammenschnüre machen den Tod sichtbar. Die Munition wird so knapp, daß die Schützen schon auf Einzelfeuer umschalten müssen und Gerber bereits die Handgranaten griffbereit vor sich aufreiht.

Aber da kommen sie. Man hört sie früher, als man sie sieht. Jagdflugzeuge, Messerschmitts. Sie schwirren im Tiefflug heran, mit dröhnenden Motoren. Ihre Schatten huschen flink über den Boden. Dabei hämmern sie mit ihren MGs und Bordkanonen auf Freund und Feind.

Sie wenden, kommen zurück.

Der Bulle Wengler verliert die Nerven. »Denen haben sie doch ins Gehirn geschissen!« brüllt er, steigt aus seinem Loch, winkt mit der roten Armbinde und stellt sich breitbeinig der schnittigen Me in den Weg. »Ihr Arschlöcher! Ihr Schlipssoldaten! Ihr Waldheinis!«

Weiter kommt er nicht. Ein Feuerstoß erfaßt ihn von der linken Schulter bis zum rechten Oberschenkel. Er knallt um. Er spürt nichts, weiß nicht, was los ist, starrt entsetzt auf die blutigen Gedärme, die ihm aus dem Leib quellen, unterfängt sie mit den Händen.

Das ist zuviel für Aschke. Übelkeit kriecht ihm die Speiseröhre hoch, er wendet sich ab und kotzt seinen Magen in den Dreck.

Die MEs wenden wieder.

»Los!« brüllt der Leutnant. »Alle Mann in den Bunker!«

Er zieht das rechte Bein nach. Oberschenkeldurchschuß. Aschke hat es am Arm erwischt. Jonas betrachtet sich mißtrauisch von oben bis unten. Alle anderen liegen tot oder sterbend neben der Brücke, die sie halten sollen.

»Los, rein in die gute Stube!« schreit Gerber. »Nun macht's euch gemütlich.«

Das ist übertrieben, schon deswegen, weil in der Ecke der lange Maier unter einer Plane liegt, Merkwürden, mit zerfetzter Halsschlagader, ausgeblutet.

Der Leutnant steht an einer Schießscharte, starrt hinaus, Richtung Heimat. Er hat Franzen losgeschickt, um Verstärkung zu holen. »Versteh' nicht, wo der Kerl bleibt«, knirscht er.

»Der liegt im warmen, weichen Bett und träumt vom Endsieg«, schimpft der Prophet, aber er glaubt nicht, was er sagt; er kennt den Kumpel zu gut. Der riskiert Kopf und Kragen, um ihnen zu helfen.

Tatsächlich ist der Gefreite zwei Kilometer ostwärts noch immer auf Achse. Zuerst war ein deutscher Kradmelder an ihm vorbeigeflitzt, ohne ihn zu sehen. Fast wäre er dann einem Trupp versprengter Holländer in den Weg gelaufen. Weder die einen noch die anderen würden erst lange Erklärungen von ihm entgegennehmen, wenn es hart auf hart ginge.

Da kommt Franzen auf die Idee, den Krieg in Unterhosen fortzusetzen. Er reißt sich die Uniformstücke vom Leib. Unterwäsche ist neutral, denkt er feixend und tritt aus der Deckung, als ein deutscher Panzerspähwagen in langsamer Fahrt über den Waldweg zockelt.

»Was ist denn das für ein komischer Vogel?« fragt ein Oberfähnrich. »Stoppen Sie mal«, befiehlt er seinem Fahrer.

Mit ein paar Sprüngen wetzt Franzen heran. »Ich bin von Brandenburg«, keucht er. »Branden-Brandenburg.«

»Ist das was zum Essen?« albert der Fahrer. »Oder zum Saufen?«

Dem Oberfähnrich kommt ein leichtes Dämmern. »Los, steigen Sie ein!« sagt er zu dem Mann in der Unterwäsche.

Irgendwo hat der Kommandant des Panzerspähwagens etwas läuten hören von einem Tarneinsatz. Die Sache war so geheim, daß keiner Genaues wußte. Unmittelbar vor dem Angriffsbefehl ging die Meldung ein, daß die Niederländer alle vier Brandenburg-Trupps geschnappt hätten.

»Aber die Brücke steht doch noch«, schreit Franzen. »Mensch, meine Kumpels liegen bis zum Hals in der Scheiße – und –«

»Gas!« befiehlt der Oberfähnrich seinem Fahrer.

Während das schwere Gefährt loswetzt, gibt er per Sprechfunk durch, daß die Brücke über den Maas-Waal-Kanal noch intakt ist. Weiter kommt er nicht mit seiner Meldung. Während der schnellen Fahrt kann der Fahrer nicht auf die Straße achten. Er läuft auf eine Mine. Volltreffer. Der Panzerspähwagen wird hochgeschleudert und platzt in der Luft wie eine faule Konservenbüchse.

»Arme Teufel«, sagt ein Kompaniechef, der es beobachtet hat.

Die Brücke steht noch, wie durch ein Wunder. Die Holländer haben jetzt andere Sorgen, denn der deutsche Vormarsch hat sie erreicht. Rings um die Bunker geht Pak in Stellung. Sturmpioniere arbeiten sich heran, um sie einzeln zu knacken.

Leutnant Gerber, Jonas und Aschke kriegen den Segen von beiden Seiten ab, aber von der deutschen Vorausabteilung, die sie sich so sehnlichst herbeigewünscht haben, geht die größere Gefahr aus. Die Feldgrauen machen das ganz pedantisch: Die Pak wird auf die Schießscharte eingestellt. Unter ihrem Schutz arbeiten sich die Pioniere heran und schmeißen geballte Ladungen in das Innere.

Den leeren Nachbarbunker hat es erwischt; jetzt sind sie an der Reihe. Aschke hält das rote Dingsda hinaus, aber eine MG-Garbe säbelt ihm den Arm ab.

»Die woll'n uns umlegen«, kreischt Jonas. »Damit es keine Zeugen mehr für unseren Tarneinsatz gibt.«

»Du Armleuchter«, schreit die Jungfrau.

In der nächsten Sekunde werden sie ausgeräuchert. Jonas hat nur einen Gedanken: Nur nicht hier ersticken oder zerfetzt werden. Er schnappt sich sein Taschentuch, geht an den Ausstieg, reißt die Tür auf, taumelt mitten ins Feuer. Weiß werden sie doch noch sehen, weiß, denkt er, das Taschentuch, weiß, weiß, weiß. Kapitulation, Ende, Scheiße.

»Wo kommt denn der her?« fragt einer. »Schießen einstellen!«

Einen Moment herrscht Feuerpause.

»Die Brücke«, stöhnt Jonas und sagt die Parole: »In Holland welken die Tulpen –«

Er sieht noch, wie die ersten Panzerfahrzeuge über die Brücke rollen, dann wird es schwarz vor seinen Augen, er bricht zusammen.

Der Hauptmann starrt den verrückten Verwundeten an, beginnt langsam zu begreifen und sagt wie zu sich selbst: »In Holland welken die Tulpen.« Er verfolgt, wie Jonas auf eine Bahre gelegt und weggeschafft wird. Er sieht dem einzigen Überlebenden nach, schüttelt den Kopf.

An diesem blutigen Freitag vor Pfingsten sitzen die Menschen in ganz Europa vor den Radios und verfolgen die Meldungen, obwohl sie vorwiegend aus Lügen bestehen; aus taktischen Gründen werden – häufig – echte Erfolge unterschlagen und falsche gefeiert. Der französische Premierminister Maxime Weygand, der gerade zurücktreten wollte, entschließt sich, in der Krisensituation zu bleiben. Er telegraphiert dem Oberbefehlshaber der französischen Streitkräfte, General Maurice-Gustave Gamelin, seinem Intimfeind: »Von nun an gibt es nur noch eines: Siegen!«

Der verhaßte General kabelt bombastisch zurück: »Ich sehe nur noch eine Antwort: Frankreich!«

»Die Pleite begann mit Pathos«, stellt Raymond Cartier fest.

Wie erwartet, gehen Franzosen und Engländer über die Grenze, um ihren Nachbarn zu helfen. In Holland kommen sie von vornherein zu spät, aber lange Marschkolonnen der Engländer und Franzosen überschreiten die Grenze und marschieren in Belgien ein, kaum belästigt von den sonst allgegenwärtigen Geschwadern der Luftwaffe. Die Alliierten begreifen nicht, daß die deutschen Verbände den Befehl haben, sie zu schonen, um ihnen den Marsch in die Falle zu erleichtern.

Guderians Panzerverbände jagen in einem unwahrscheinlichen Tempo durch die straßenarmen Ardennen, in Richtung Sedan. Sie führen Krieg wie nie zuvor, nach einer Regel, die General Rudolf Schmidt in einem Gespräch mit Erwin Rommel wiedergegeben hat. Der frühere Vorgesetzte erläuterte dem späteren Wüstenfuchs den Panzerkrieg mit den Worten: »Es gibt immer zwei Entschlüsse; der kühnere ist immer der richtigere.«

Die Wehrmacht unterschlägt den riskanten Blitzgewinn, um die Alliierten nicht darauf aufmerksam zu machen, wo die eigentliche deutsche Stoßrichtung liegt. Tatsächlich verschlafen die Franzosen zunächst die Gefahr. Während die Generale der angreifenden deutschen Divisionen im Führungspanzer sitzen oder mitten im Flakfeuer im »Fieseler-Storch« über der Hauptkampflinie kurven, um sich mit eigenen Augen ein Bild von der Lage zu machen, tafeln die französischen Generale weit zurückgezogen mit Genuß, bedient von Ordonnanzen mit weißen Handschuhen. Sie führen Papas Krieg mit veralteten Regeln, ohne zu begreifen, daß diese bereits in Polen krepiert sind. Polen liegt überall, wo Panzer und Bomber gemeinsam operieren, wo Stukas den Weg freibomben und geschulte Artilleristen die Nerven verlieren und, aus der Stellung hastend, ums nackte Leben laufen.

Das erste prominente Opfer des deutschen Angriffs im Westen ist der britische Premierminister Neville Chamberlain; er muß Winston Churchill weichen, der ein Allparteienkabinett bildet und eine neue Qualität in den Kampf gegen Hitler einbringt. In einer Rede, die heute noch Literatur ist, verheißt er Blut, Schweiß und Tränen: »Sie werden fragen: Was ist unsere Politik? Ich erwidere: Unsere Politik ist, Krieg zu führen, zu Wasser, zu Lande und zur Luft, mit all unserer Macht und mit aller Kraft, die Gott uns verleihen kann, Krieg zu führen gegen eine ungeheuerliche Tyrannei, die in dem finsteren trübseligen Katalog des menschlichen Verbrechens unübertroffen bleibt. Das ist unsere Politik ... Sie fragen: Was ist unser Ziel? Ich kann es in einem Wort nennen: Sieg – Sieg um jeden Preis. Sieg trotz allem Schrecken, Sieg, wie lang und beschwerlich der Weg dahin auch sein mag; denn ohne Sieg gibt es kein Weiterleben ...«

Zu dem blutigen Freitag gehört ein Menetekel, das von Goebbels gefälscht und so von den meisten übersehen wird.

Am Nachmittag gehen von Süddeutschland aus die Kampfgeschwader Greif (KG 55) und Edelweiß (KG 51) in den dritten Einsatz des Tages. Die Besatzungen sind unzufrieden. Sie haben nicht das schöne Wetter, das in Nordfrankreich herrscht. Beim ersten Anflug mußten sie in der Waschküche umkehren. Erst beim zweiten kamen sie zum Wurf, und jetzt sollen sie Ziele in Südfrankreich angreifen.

Die Geräte sind abgestimmt, die Motoren vorgewärmt. Letzte Einsatzbesprechung. Eine Zigarette noch, ein Schluck Kaffee. Dann steigen die Männer in ihre Mühlen, je fünf Mann in eine He 111. Es ist der zweimotorige Standardbomber, 435 km schnell. Um auf 5000 Meter Höhe zu kommen, braucht er an die 20 Minuten. Seine Reichweite beträgt 2800 Kilometer. So weit schleppt er eine Bombenfracht von 2000 Kilo.

Die Motoren werden angeworfen.

»Alsdann Hals- und Beinbruch, Herr Leutnant«, ruft der erste Bodenwart dem Rottenführer der dritten Gruppe zu.

Es ist 14 Uhr 30.

20 Kampflugzeuge starten von ihren Basen in Landsberg und Bad Wörishofen, sammeln 1500 Meter über Grund am Mem-

minger Berg und fliegen im geschlossenen Verband den Gewitterwolken entgegen, die über dem Schwarzwald hängen. Die neunte Kette, geführt von Oberleutnant Schifferings, verfranzt sich und wird über der schweizerischen Stadt Solothurn von eidgenössischen Jägern angegriffen. Mit voller Pulle, sieben Kanonentreffern und 15 MG-Einschlägen haut der Oberleutnant ab und baut auf deutschem Boden eine Notlandung.

Leutnant Seidel ist mit seiner Kette ganz auf sich gestellt. Sein Angriffsziel ist der Flughafen Dijon-Longvic. Blindflug. Nur ab und zu macht der Himmel ein Loch auf, dann kommt unten ein Dorf oder eine Ansiedlung in Sicht. Der Offizier vergleicht sie mit seinen Unterlagen. Die Photos sind ungenau, und aus großer Höhe gleicht irgendwie ein Kaff dem anderen.

Der Uhrzeit nach muß die Kette Seidel das Ziel erreicht haben. Einen Moment wird es jetzt hell. Tatsächlich liegt unten eine Stadt. Dijon. Die Flak schießt nicht, aber die Franzosen pennen ja häufig, und mit ihren Jagdflugzeugen ist es auch nicht so weit her; die Poilus haben keine eigene Luftwaffe, und die Heereskommandeure, denen die Piloten unterstehen, verstehen wenig von ihrem Einsatz.

»Wir sind da!« ruft der Leutnant in sein Bordmikrophon. »Fertig machen zum Angriff!«

Zwar stimmt die Uhrzeit, aber er war nicht geradeaus geflogen, sondern im Kreis, und zwar nicht über Frankreich, sondern über Deutschland. Die Stadt unter ihm ist nicht Dijon, sondern Freiburg. Das Ziel, das nun wieder in einer Gewitterfront verschwimmt, ist kein Flugplatz, sondern ein Kinderspielplatz im Stadtteil Stühlingen.

Die badische Stadt in Deutschlands Freßecke hat sich schon für Pfingsten herausgeputzt. Im Kino laufen »Operette« mit Willi Forst und »Der Postmeister« mit Heinrich George und Hilde Krahl. Die Schaufenster sind noch voll, auch die Lebensmittelläden, obwohl die Bevölkerung – gemessen am Vorkriegskonsum – auf halbe Ration gesetzt wurde.

Der Normalverbraucher erhält 700 Gramm Fleisch pro Woche, 280 Gramm Zucker, 110 Gramm Marmelade, 150 Gramm

Graupen, Grütze, Grieß, Sago oder sonstige Nährmittel und ein fünftel Liter Milch pro Tag. Außerdem werden an ihn alle vier Wochen 125 Gramm Kernseife und 100 Gramm Waschmittel abgegeben.

Vor den Auslagen der Konfektionsgeschäfte bleiben Passanten stehen. Nicht der Preis wird für einen Kauf entscheidend, sondern die Reichskleiderkarte: Von 100 Punkten, die jedem Volksgenossen alljährlich zustehen, müssen für ein Hemd 20, für einen Anzug 60, für einen Schlüpfer aus Wolle 16, für einen Hüfthalter 8, für eine Krawatte 3, für ein Nachthemd 25 und für ein Taschentuch 1 Punkt abgegeben werden.

Auf dem Kinderspielplatz von Stühlingen tobt eine Horde ausgelassener Rangen. Erwachsene verfolgen ihr Spiel, schimpfen, lachen oder halten sich die Ohren zu. Auf einmal sehen alle nach oben. Starke Motorengeräusche. Es ist nichts zu sehen; die Maschinen müssen sich in die Wolken verkrochen haben, und es müssen eigene sein, denn die Sirenen heulen keinen Alarm.

Freiburgs Flugwache am Lorettoberg hatte bereits vor einer Stunde die unsichtbaren Flugzeuge als eine deutsche He-111-Rotte angesprochen. Es ist zwar ungewöhnlich, daß Kampfflugzeuge einen Übungsangriff auf eine bewohnte Stadt fliegen, aber vielleicht sind wegen der Offensive im Westen andere Lufträume besetzt.

16 Uhr 11. Die Hes fliegen nicht mehr im Kettenkeil; die linke und die rechte Zweimotorige haben sich – typische Angriffsformation – hinter die Führungsmaschine gesetzt.

Ein plötzliches Rauschen überlagert jedes Straßengeräusch, wird immer stärker, immer tödlicher. Es hört sich an wie ein Fernzug, der mit Höchstgeschwindigkeit in einen Tunnel hineinbraust.

Die ersten Bomben krepieren auf dem Kinderspielplatz. Die Kinder jagen in blinder Panik auseinander, Richtung Kolmarer Straße, genau hinein in den Bombenhagel. Sie werden von Volltreffern massakriert, vom Luftdruck an der Häuserwand zerschmettert. Splitter reißen ihnen die kleinen Körper auf, zerfetzen die Schlagadern. Passanten, die ihnen zu Hilfe kommen wollen, werden von fallenden Mauern erschlagen.

Jetzt endlich heulen in Freiburg die Sirenen und flüchten die Menschen in die Luftschutzkeller.

Die Angreifer drehen in Richtung Osten ab. Aus den Rauchschwaden schälen sich Tote und Verwundete. Endlich kommen Polizeiautos, Ambulanzen, Bergungstrupps. Die Verwundeten stoßen schreckliche Schreie aus, und viele, die nicht schreien, sind tot.

69 Bomben haben 22 Kinder, 13 Frauen und 22 Männer getötet, haben 20 Kinder, 34 Frauen und 47 Männer schwer verletzt. 22 Bomben waren – Glück im Unglück – Blindgänger gewesen. Die Feuerwerker, die sie entschärfen, sehen auf den ersten Blick, daß sie aus deutscher Fertigung stammen. An Hand der Kennzeichnung ergibt sich, daß sie an den Fliegerhorst Landsberg geliefert worden waren.

Dort landet, eine Stunde zu früh, Leutnant Seidel, der Führer der Kette, die schuldig-unschuldig eine deutsche 108 000-Einwohner-Stadt bombardiert hat.

»Wo waren Sie denn bloß, Sie Nachtwächter?« fährt der Gruppenkommandeur seinen Leutnant an.

Es stellt sich sehr schnell heraus.

»Wir mußten«, stellt der Gruppenkommandeur in seinem geheimen Bericht fest, »zu der erschütternden Überzeugung kommen, daß Leutnant Seidel nach längerem Herumirren die plötzlich vor ihm auftauchende Stadt Freiburg fälschlich als die Stadt Dijon angesprochen hatte ...«

Der Oberbefehlshaber der Luftwaffe, Hermann Göring, ordnet noch am gleichen Abend eine kriegsgerichtliche Untersuchung an, aber Propagandaminister Dr. Goebbels hat eine andere Idee und bringt sie durch: Das Debakel wird den Engländern angelastet. Die gleichgeschaltete Propaganda verbreitet Haßtiraden gegen die britischen »Kindermörder« und »Mordbrenner«, um die Kriegsstimmung gegen England anzuheizen.

»Zur Vergeltung dieses völkerrechtswidrigen Vorgehens wird die deutsche Luftwaffe in derselben Weise antworten«, steht am nächsten Morgen als Pflichtartikel in allen deutschen Zeitungen. »Von jetzt ab wird jeder weitere planmäßige feindselige Bombenangriff auf die deutsche Bevölkerung mit der fünffachen Anzahl deutscher Flugzeuge gegen eine englische oder französische Stadt erwidert werden.«

Die Wochenschau zeigt bis zur Grenze des Erträglichen die Opfer: Kinder, immer wieder Kinder. Die Freiburg-Lüge wird bis Kriegsende aufrechterhalten und gelegentlich aufgewärmt. Die Mitwisser, auf strengste Geheimhaltung vergattert, schweigen. Und Leutnant Seidel, der Hauptbeteiligte, wird am 12. August 1940 über der englischen Stadt Portsmouth fallen.

Das siegreiche Debakel

Der Tod schändet den Frühling. Das Grün der Wiesen stirbt unter Panzerketten. Pulverschwaden vergiften die Kastanienblüten, und Soldaten des britischen Expeditionskorps reißen Fliederdolden von den Sträuchern, um damit ihre flachen Stahlhelme zu tarnen. In den Ställen und auf den Weiden brüllen ungemolkene Kühe, die von den flüchtenden Bauern zurückgelassen wurden.

In Nordfrankreich läuten die Kirchenglocken, nicht immer, weil sich den Dörfern Panzer mit dem Balkenkreuz in rascher Fahrt nähern, sondern weil in diesen Maitagen im katholischen Frankreich die Schulkinder die erste Kommunion empfangen. Frankreich, Pfingsten 1940: Mädchen in weißen Kleidern und Buben in dunklen Anzügen und den ersten langen Hosen ihres Lebens laufen schreiend querfeldein, lassen Gebetbuch, Rosenkranz und Kerze fallen - um dann doch noch vom Krieg überrollt zu werden.

Die pervertierte Pfingstbotschaft des Jahres 1940 heißt: Marschieren und Krepieren, Töten und Sterben, Kain und Abel - auch wenn einer der englischen Kommandeure, der ungeduldig auf Verstärkung, auf Munition, auf Benzin und auf Luftunterstützung von der Insel wartet, hastig eine Meldung aufreißt, um darin zu lesen, daß ganz England für ihn und seine Soldaten bete.

Die Schlacht tobt auf einer Frontbreite von 280 Kilometern zwischen der Nordsee und der bereits mehrfach durchbrochenen Maginotlinie. Die Mehrzahl der deutschen Kampfwagen besteht noch immer aus leichten Panzern; sämtliche zehn Panzerdivisionen zusammen verfügen nur über 349 Panzer III und 278 Panzer IV. Stukas schlagen die Bresche. Kampfwagen jagen vor, Infanterie besetzt. Sowie der Vormarsch ins Stocken kommt, wird Luftunterstützung angefordert. Die deutschen Geschwader beherrschen den Himmel, aber sie zahlen dafür einen hohen Preis. Bereits am ersten Tag der Westoffensive verlieren sie 304 Maschinen, 51 weitere werden beschädigt, und das fliegende Personal mit der unersetzbaren Friedensqualität hat 267 Tote zu beklagen.

Erstmals stoßen die Panzerregimenter auf den französischen Somua, ein schwergepanzertes, langsames Monster, dem häufig das Benzin ausgeht, das aber wie ein Turm in der Schlacht steht.

Hauptmann Ernst Freiherr von Jungenfeld vom Panzerregiment 35 erlebt als einer der ersten, bei Merdorp, den Zusammenstoß mit dem französischen Gegner. Der Chef der 6. Kompanie, von seinen Soldaten »Pampas« genannt, berichtet: »Als ich mich orientieren will, sehe ich genau in meinem Rücken einen französischen Somua, gänzlich hinter einer Hecke getarnt. Im Nu bin ich in meinem Wagen verschwunden. Der Turm wird in Windeseile geschwenkt und der gefährliche Gegner angerichtet. Ich kann noch beobachten, daß mein Gegenüber die gleichen Bewegungen macht. Ich wäre um einige Sekunden schneller gewesen, doch als ich den ersten Schuß hinausjagen will, klemmt mein Magazin. Ich habe Ladehemmung. Da trifft unseren Wagen der erste Schuß. Er muß irgendwo hinten im Motor sitzen. Wir arbeiten mit allen sechs Händen an unserer Ladehemmung. Da schlägt der zweite Treffer bei uns ein. Diesmal ist mein Funkmeister Lang am Rücken schwer verwundet. Er stöhnt und windet sich und kann uns nicht mehr helfen. Dürr und ich, wir bemühen uns, die verfluchte Kanone in Ordnung zu bringen, denn kampflos wollen wir nicht aufgeben. Da werden wir ein drittes Mal getroffen. Diesmal erwischt es den Benzintank. Eine riesige Stichflamme schlägt in den Wagen. Jetzt hilft nichts mehr, jetzt heißt es raus, denn im nächsten Augenblick kann der Wagen in die Luft fliegen.«

An der Dyle-Stellung, bei Gembloux, kommt es zur ersten klassischen Panzerschlacht des Zweiten Weltkrieges. Der deutsche Angriff bleibt im französischen Artilleriefeuer liegen. Die

Kampfwagen gehen beiderseits Baudecet in neue Bereitstellung. Wieder rotzt die französische Ari dazwischen.

»Die Franzmänner sind vielleicht heute wespig«, sagt Kudritzky, der fixe Junge aus Essen, zu seinen Kumpels.

»Die werden auch wieder ruhiger, wenn die Stukas kommen«, erwidert Gütler. »Außerdem ist es Wurscht, ob wir in der nächsten Woche nach Paris kommen oder in der übernächsten.«

»Wo die Mademoiselles auf dich warten«, wirft Seelmann feixend ein.

»Auf dich vielleicht?« kontert Gütler gereizt.

»Auf uns alle«, stiftet Kudritzky raschen Frieden.

»Meinst du, da geht was?« fragt Seelmann.

»Wo Frauen sind, geht immer was«, versetzt Kudritzky aus dem ärmlichen Schatz seiner Erfahrungen.

»Gegen Kasse«, schränkt Gütler ein.

»Na und«, entgegnet der Junge aus dem Kohlenpott. »Lebensmut im Herzen und die Taschen voller Geld.« Er nickt den anderen zu: »Ich geh' mal aufs Klo«, sagt er, »brennt mir ja nicht inzwischen nach Paris durch.«

Kudritzky betritt einen halb zerschossenen Bauernhof eines namenlosen Dorfes, weil ein Ruinenklo noch immer bequemer ist als Mutter Natur. Zuerst springt ihn ein kleiner Hund an und beißt ihn vor Angst ins linke Bein. Dann öffnet er die falsche Tür; eine splitternackte Französin geht kreischend und fuchtelnd auf ihn los, alles andere als ein Abbild gallischen Charmes.

Kudritzky zieht sich unverrichteter Dinge zurück, ohnedies kommt jeden Moment der Einsatzbefehl. Gütler hat sich eine verstörte Henne gegriffen; er hält sie im Arm wie ein Baby.

»Was soll denn das?« fragt Kudritzky.

»Susi«, antwortet Gütler, »die nehm' ich mit.«

»In deinem Wagen?« fragt Kudritzky.

»Wo sonst?«

»Das Biest wird dir bloß alles vollscheißen.«

»Na und«, erwidert der Gefreite großkotzig. »Den Mist kannst du wegputzen, aber ein frisches Frühstücksei mitten im Gefecht, das kriegste nirgends.«

Der Vormarsch rollt wieder an.

»In den letzten drei Tagen hat das Regiment 53 französische Panzer vernichtet bzw. erbeutet«, schreibt Hans Schäufler in seinem Buch »So lebten und so starben sie«, der Chronik des Panzerregiments 35: »Der Franzose unterlag, weil er seine Panzer einzeln oder in kleinen Gruppen einsetzte und weil seine Kampfwagen nicht wendig genug waren. Seine Panzerung ist viel besser als unsere ... Der Gegner ist uns an Artillerie weit überlegen. Er legt ein Sperrfeuer, wie es im Ersten Weltkrieg nicht heftiger war. Die Panzer brechen vor. Der Kommandeurswagen erhält einen Volltreffer und fällt aus. Die I. Abteilung rollt weiter, überschreitet die große Straße und erreicht den Bahndamm. Dort steht sie nun und kann nicht weiter. Der Bahndamm bildet ein erhebliches Hindernis. An den Übergängen sind Minen, und dahinter zieht sich ein tiefer Hohlweg quer zur Angriffsrichtung. Pak-Feuer schlägt uns von vorne und von den Flanken der I. Abteilung entgegen. Vor allem die 4. Kompanie leidet schwer. Alle Panzer IV erhalten Volltreffer. Leutnant Hagen fällt. Fast der gesamte leichte Zug der Brigade fällt aus. Der Brigadekommandeur, der wie immer weit vorne ist, wird verwundet. Ebenso unser Regimentsadjutant. Als der Befehl zum Zurückgehen kommt, geschieht dieses ruhig und anständig. Die zerschossenen Wagen werden mitgeschleppt oder am Abend geholt. In der alten Stellung wird gesammelt. 6 Tote und 18 Verwundete hat das Regiment zu beklagen.«

Die Männer sitzen wieder in ihren Kampfwagen und geben Karbid, wie es in der Panzersprache heißt, Gas. Sie brauchen nicht weit zu fahren, dann stehen sie im Kampf: Panzer gegen Panzer, und der Tod frißt sich wieder auf beiden Seiten satt. Wenn sie durchkommen wollen, müssen die Stukas erst die französische Artillerie niederkämpfen. Schwere Kaliber wuchten in die gequälte Erde. Menschen verglühen in Stichflammen.

Vormarsch. Rückzug. Angriff aus den Flanken. Schneller Bewegungskrieg. Durchbruch. Noch und wieder schlagen die Soldaten mit dem Stahlhelm ihr Leben in die Schanze. Wie sie meinen, ist der Krieg bald zu Ende, und dann wird kein »Heldenblech« mehr verteilt. Ahnungslos greifen sie in wildem Ungestüm an, als würde der Heldentod bald Mangelware.

Momentaufnahme des Grauens: Kudritzky sieht, wie der vor ihm fahrende Panzer III mit seinen Kumpels Seelmann und Gütler in einer einzigen Stichflamme in die Luft fliegt, er verfolgt entsetzt, wie die Besatzung versucht auszusteigen und doch nur ein Wesen lebend herauskommt und zwischen den Fronten kopflos herumflattert: Susi, die Henne.

»Obwohl die Alliierten am 15. Mai noch die Dyle-Linie hielten, überzeugte sie der hastige Rückzug der Belgier noch mehr, daß der deutsche Hauptangriff hier erfolge«, berichtet Charles Messenger. »Sie blickten weiterhin auf die Dyle, während sie sich längst Sorgen über die Ardennen im Süden hätten machen sollen.«

Noch immer nimmt General Maurice-Gustave Gamelin – den der französische Minister Georges Mandel für einen »militärischen Präfekten« hält und der ihm unterstellte britische Luftmarschall Arthur Barrat für einen »knopfäugigen, knopfstiefeligen, dickbäuchigen kleinen Lebensmittelhändler« – an, daß die Deutschen, wie im Ersten Weltkrieg, mit aller Macht an der Nordflanke durchbrechen wollen; noch immer weiß er nicht, daß der tödliche Stoß aus ganz anderer Richtung kommen wird.

Die Meinung, daß die Ardennen mit ihrem waldreichen, bergigen Gelände und ihren schlechten Verkehrsverbindungen für Panzer unpassierbar sind und als Naturbarriere die Lücke in der Maginotlinie schließen, teilt Gamelin mit den meisten deutschen Heerführern. Aber Panzergenerale wie Heinz Guderian und Erwin Rommel pfeifen auf die Kriegsschulweisheit, und so haben ihre Oberbefehlshaber nicht selten mehr Ärger mit ihnen als mit dem Feind.

»Die Deutschen hatten den Zeitpunkt vorzüglich ausgewählt«, resümiert in seinem Buch »Blitzkrieg« der britische Autor Len Deighton. »In der ersten Maiwoche hatte General Gamelin wieder die normale Urlaubsregelung eingeführt, und General Gaston Bilotte teilte seinen Korpsbefehlshabern mit, sie sollten sich wegen fehlender Waffen nicht besonders aufregen, denn ›vor 1941 wird nichts geschehen‹. Auch der Ort, an dem der Angriff erfolgte, war eine Überraschung für die Alliierten. Das französische Oberkommando war völlig niedergeschmettert, als es erfuhr, daß die deutschen Panzer durch die für ›unpassierbar‹ gehaltenen Wälder der Ardennen vorstießen. Zunächst beruhigten sie einander damit, daß es sich hier nur um einen kleinen Verband handle und daß der Hauptstoß jener im Norden war, gegen den sie ihre Armeen in Marsch gesetzt hatten. Doch am 11. Mai – einen Tag später – mußte sich auch General Gamelin klarmachen, daß die Ardennen der Schwerpunkt des deutschen Vorstoßes waren.«

Freund wie Feind wurden von der Geschwindigkeit, mit der die deutschen Panzerdivisionen die Widerstände niederwalzten und ohne Flankensicherung weiterrollten, überrumpelt. »Ich hatte noch nicht erfaßt«, bekennt Winston Churchill, »welch große Umwälzungen sich seit dem letzten Krieg durch den Masseneinsatz schnell beweglicher Panzer ergeben hatten.«

Am Abend des 12. Mai hatte Guderian mit seinen Panzern bereits Bouillon, die letzte kleine Stadt auf belgischem Boden, erreicht. Im Hotel »Panorame«, dessen Wände mit mächtigen Jagdtrophäen bestückt waren, bezog der General sein Hauptquartier. Von hier aus hatte er einen herrlichen Blick über das Semois-Tal, aber er konnte ihn nicht genießen, denn Gamelin hatte das Fiasko erfaßt, das ihm an der Südflanke drohte, und eine Gegenoffensive bei Sedan organisiert.

Als erste warfen sich französische Flugzeuge den Angreifern entgegen. Rings um das Hotel krepierten Bomben. Fenster barsten. Glassplitter verletzten den Panzergeneral; im letzten Moment entging er dem mächtigen Kopf einer Wildsau, der sich bei dem Bombardement von der Wand löste. Der Offizier, den beinahe ein Keilerkopf erschlagen hätte, lachte einen Augenblick und war sofort wieder bei seinem Thema: dem Maas-Übergang bei Sedan.

»Eine Lawine hatte sich in Bewegung gesetzt«, stellt William L. Shirer fest. »Ein Panzerheer, wie man es in dieser Größe,

Konzentration, Beweglichkeit und Schlagkraft noch in keinem Krieg erlebt hatte, brach durch die französischen Armeen ... Dieser von Stukas begleiteten Phalanx aus Stahl und Feuer hatten die verwirrten Verteidiger nichts entgegenzusetzen.«

Sie wehrten sich verzweifelt, mit »unbesungener Tapferkeit« (Alistair Horne), aber gegen die Blitzkriegsrezeptur gab es keinen Halt. Rommels 7. PD war noch schneller gewesen als Guderians Panzer. Um 16 Uhr des 12. Mai hatten sie bereits bei Dinant die Maas erreicht. Die Taktik des späteren Wüstenfuchses richtete sich nach der Erkenntnis, »daß bei Begegnungsgefechten der Tag dem gehört, der den Gegner zuerst mit Feuer eindeckt. Der Mann, der sich duckt und die Entwicklung abwartet, ist gewöhnlich Zweiter ... Es ist grundsätzlich falsch, zu halten und Deckung zu suchen, ohne das Feuer zu eröffnen, oder zu warten, bis Verstärkung herankommt und an der Aktion teilnimmt.«

Stets ist Rommel mit seinem zum Befehlswagen umgebauten Panzer III an der Spitze, oder er kurvt in seinem »Fieseler Storch« direkt über der Hauptkampflinie. Zwei Tage nach Beginn des Angriffs hatte seine Division bereits die Maas erreicht. Einmal war Rommel mit seinem Gefechtswagen, abgeschnitten von seiner Division, mitten in eine französische Fahrradtruppe geraten und wurde im letzten Moment von seinem Adjutanten herausgepaukt.

In der Nähe des Friedhofes von Avesnes lief er in eine übermächtige französische Lastwagenkolonne. »Ein einziger schießwütiger Franzose hätte genügt, und Rommels Laufbahn wäre in diesem Augenblick zu Ende gewesen«, schreibt in seiner Biographie »Rommel« der englische Autor David Irving. »Er dachte gar nicht daran, seinen Rang oder seine Person zu verbergen. Durch seine schicke Uniform, die hohe Schirmmütze, die Orden und seine laute Stimme hob er sich deutlich von seinen Panzerkommandeuren ab. Er aber lebte sein wie durch Zauber beschütztes Leben weiter, wie zahllose Ereignisse zeigen. Da sehen wir Rommel weithin sichtbar oben auf einem Bahndamm stehen und die Schlacht leiten, während seine Männer einer nach dem anderen von schottischen Scharfschützen aufs Korn genommen werden; oder er geht durch einen Geschoßhagel auf einen bewegungslosen deutschen Panzer zu und klopft an den Turm, um festzustellen, warum er nicht feuert.«

Gamelin, der - der Taktik aller unterliegenden Armeen folgend - zunächst nur von kleinen deutschen Brückenköpfen, Frontbegradigungen und Minimaleinbrüchen gesprochen hatte, gibt den Befehl, die Stadt Sedan und das linke Maas-Ufer um jeden Preis zu halten. Wenn deutsche Panzer erst einmal den Fluß überschritten haben, ist der Weg nach Paris frei; daß ihr Ziel im Rahmen der Operation »Sichelschnitt« die Küste ist, durchschaut der französische Oberbefehlshaber noch immer nicht.

Die mörderische Schlacht Panzer gegen Bunker an der Maas beginnt in der Dämmerung eines milden Sommerabends. Der erste Schlagabtausch endet erst, als die Kampfwagen ihre Munition verschossen haben. Als eine ungeheure Waffe im Horizontaleinsatz erweist sich die 8,8-Flugabwehrkanone. Daß sie auch im Erdkampf verwendbar ist, war in Polen eine Zufallsentdekkung gewesen: Als eine Flakbatterie von einer Kavalleriebrigade attackiert wurde, war den Kanonieren keine andere Wahl geblieben, als sich über den Haufen reiten zu lassen oder mit ihren Geschützen im Direktbeschuß die Angreiferschwadronen zu dezimieren. Sie schossen über offenes Visier und verfolgten verblüfft, wie verheerend die Einschläge wirkten.

Jetzt werden die Flakrohre bewußt gegen die Schießscharten der französischen Bunker gerichtet. Ein rasantes Flachfeuer zerfetzt Geschütz um Geschütz. Die Verteidiger werden von den Splittern verstümmelt, sie ersticken im Rauch oder retten sich aus den Feuerbränden in die Gefangenschaft. Die unüberwindbare, mit Milliardenaufwand erbaute, von Experten in aller Welt als absolut sicher taxierte Maginot-Verteidigungsanlage platzt meistens beim ersten, spätestens beim zweiten Angriff wie eine Eierschale.

Am Morgen lebt die Schlacht wieder auf, wird zum Massaker: In 3000 Meter Höhe kreisen die häßlichen Todesvögel mit den Knickflügeln und dem starren Fahrwerk über der Stadt und nehmen die Maas. Mit eingeschalteten Jerichosirenen stürzen sich die Ju 87 nach unten, auf das Punktziel zu, als wollten sie es rammen. 100 Meter über Grund klinken sie ihre Bombe aus, der Tod rauscht, krepiert im Ziel, aber die psychologische Wirkung ist weit verheerender als die Sprengkraft. Die Überlebenden des Angriffs handeln nach der Devise »Rette sich, wer kann«, lassen ihre Spritzen stehen und flüchten taumelnd aus den Stellungen, nicht selten ihre Kommandeure an der Spitze.

Dem Stuka-Schock waren »bei Sedan zweitklassige französische Divisionen nicht gewachsen«, stellt Kenneth Macksey fest. »Die Soldaten warfen sich zu Boden, rannten davon oder wurden auf laxe Befehle von oben abgezogen. Fünf Stunden lang hielt die Bombardierung an; von Minute zu Minute feuerten die Franzosen schwächer zurück. Ohne Unterstützung durch die eigene Artillerie geriet die französische Infanterie in vorderster Front ins Wanken, während diejenigen, die auf die sich zusammenballende deutsche Infanterie schossen, als diese Sturmboote ans Flußufer brachte, von 88-mm-Feuer getroffen wurden, das genau durch die Schießscharten in die Bunker schlug. Als es Abend wurde, hatte die deutsche Infanterie auf dem anderen Maas-Ufer Fuß gefaßt und begann, sich weiter landeinwärts vorzuarbeiten. Die ganze Nacht hindurch wurde am Bau von Fähren für die Panzer und an Brücken gearbeitet, aber der erste Panzer konnte erst am frühen Morgen übersetzen. Inzwischen hatte Guderian selbst mit einem Boot den Fluß überquert.«

»Gegen Mittag steigerte sich die Intensität der Angriffe«, schreibt in seinem Buch »Der Frankreich-Feldzug 1940« Alistair Horne. »Die Luftwaffe entsandte jetzt Hunderte von Maschinen in dichten Formationen. Feldwebel Prümers von der 1. Panzerdivision, die immer noch unter schwerem Artilleriefeuer lag, beobachtet fasziniert die Ankunft von Richthofens Stukas: ›Drei, sechs, acht, oh, dahinter kommen noch mehr – und rechts wieder Flugzeuge und noch mehr . . . ein schneller Blick durchs Glas –Stukas. Was wir dann während der nächsten zwanzig Minuten sehen sollen, ist einer der gewaltigsten Eindrücke dieses Krieges. Geschwader um Geschwader steigt zu großer Höhe auf, bricht in Reihenformation ab – da – da stürzt sich die erste Maschine senkrecht hinunter, gefolgt von der zweiten, dritten – zehn, zwölf Maschinen sind da. Gleichzeitig, wie Raubvögel, fallen sie auf ihre Opfer und lösen ihre Bombenlast gegen das Ziel. Wir können die Bomben sehr deutlich sehen. Ein wahrer Bombenregen fällt auf die Bunkerstellungen und auf Sedan. Die Explosionen sind überwältigend, der Lärm betäubend. Alles vermischt sich, das Heulen der Sirenen beim Sturzflug der Stukas, das Pfeifen und Krachen der Bomben. Ein riesiger Vernichtungsschlag trifft den Feind. Wir stehen und beobachten wie hypnotisiert; da drunten ist die Hölle los! ... Und plötzlich merken wir, daß die feindliche Artillerie nicht mehr schießt ...‹ Die Stukas operieren in drei Gruppen von je etwa 40 Flugzeugen; die erste, die etwa 1500 Meter hoch flog, griff mit jeweils zwei, drei Maschinen gleichzeitig an, während die zweite Gruppe etwa 3600 Meter hoch in Warteposition war und die Ziele beobachtete, die die erste Gruppe verfehlt hatte; dann löste sie die erste Gruppe, die ihre Bomben geworfen hatte, ab. Die dritte Gruppe arbeitete isoliert, sie wählte einzelne oder bewegliche Ziele aus. Nach den Stukawellen nahmen die Dorniers wieder ihre Arbeit auf, dann kamen wieder Stukas. Die Me 109 und die schweren Me-110-Zerstörer umschwirrten sie und fielen jeden langsameren französischen Jäger an, der an die verwundbaren Stukas heranwollte.«

Die französische Jagdstaffel »Cigognes« (Störche), legendär bereits im Ersten Weltkrieg, greift mit veralteten Flugzeugen des Typs »Curtiss« die von dem Einsatz bei Sedan zurückfliegenden deutschen Sturzkampfflugzeuge mit den Knickflügeln an, schießt eine ganze Formation von zwölf Ju 87 ab und wendet sich unverzüglich der zweiten Stukawelle zu. Einige werden noch vor dem Einsatz abgefangen; die übrigen drehen ab, ohne zum Bombenwurf gekommen zu sein.

Aber andere Ju-87-Staffeln fliegen jetzt Sedan an, begleitet von Messerschmitt-Jägern; sie zerschlagen Bastion um Bastion. Die Verteidiger sind halbe Zivilisten, und der französische General Edouard Ruby urteilt über ihr Verhalten bei den Luftangriffen: »Die Kanoniere schossen nicht mehr. Sie warfen sich zu Boden. Die Infanteristen kauerten sich in die Gräben, betäubt vom Krachen der Bomben und dem Kreischen der Stukas. Sie hatten noch nicht die instinktive Reaktion entwickelt, zu ihren Flakwaffen zu laufen und zurückzuschießen. Sie hatten nur eine Sorge, die Köpfe drunten zu behalten. Fünf Stunden dieses Alptraums genügten, um ihre Nerven zu zerfetzen ...«

Sedan kann sich nicht halten, und auch bei Dinant bleibt Rommel, »ein Mann, der keine Bürostunden einhielt« (Len Deighton), nicht stehen. Seine Schützen waten durch das seichte Wasser, schwimmen ans andere Ufer, nähern sich im wütenden Abwehrfeuer in Sturm- und Schlauchbooten. Bei der Insel Houx staut die Schleuse Nummer 5 den Fluß. Sie war nicht gesprengt worden, um nicht durch das Absinken des Wasserspiegels den Flußübergang zu erleichtern. Über diesen intakten, nur von einem Maschinengewehr verteidigten Hilfssteg beginnt Rommels Vorhut im Schutze der Nacht über den Schleusendamm zu setzen und im Morgengrauen am Steilufer zu den bewaldeten Höhen hochzuklettern; sie wird verstärkt und dringt weiter nach Westen vor.

Bei Sedan haben Guderians angreifende Panzersoldaten längst auf Sturmbooten, Brettern und Strohballen das andere Ufer erreicht und beiderseits der eroberten Stadt Brückenköpfe gebildet, Gegenangriffe abgeschlagen und den Vormarsch fortgesetzt.

Gamelin begreift, daß er alle Reserven, vor allem sämtliche verfügbaren Flugzeuge in die Schlacht werfen muß, um die Deutschen aufzuhalten. Er wendet sich mit einem Hilferuf an den britischen Luftmarschall Barrat, den Befehlshaber der »Advanced Air Striking Force«, um die inzwischen über die Maas geschlagenen Pontonbrücken, über die ununterbrochen Kampftruppen und Nachschub fluten, zu zerschlagen.

Das englische Aufgebot: 71 »Fairey Battles« und »Blenheim«-Bomber. Die Franzosen – sie fliegen ein dem Heer unterstelltes Sammelsurium von Flugzeugen, verfügen aber auch über die ausgezeichnete »Dewoitine« und über tüchtige »Morane«-

Einsitzer – steuern dem Todeskommando 250 Maschinen bei.

Die Armada fliegt das Tal der Maas entlang, so tief, daß es die Pontonbrücken sofort im Visier haben wird, doch hoch genug, um wenigstens dem Feuer der deutschen 2-cm-Vierlings-Flak zu entgehen. Das Ziel nennen die wenigen Überlebenden des Selbstmordkommandos später das »Tal des Todes«. Zuerst greift die Staffel 12, »das schmutzige Dutzend«, bei den blutigen Einsätzen um Maastricht bereits halbiert, an. Dann kommen die »Blenheims« und geraten in das Sperrfeuer der 3,7 Flak, werden erfaßt, in der Luft zerschossen oder zerschellen brennend am Boden. Was die Flak nicht schafft, zerrupfen die Mes in der Luft.

Das Gemetzel dauert eine knappe Stunde. Keine der Pontonbrücken wird getroffen. Nach deutscher Version verlieren die Alliierten 200 Maschinen; nach alliierten Quellen sind es 40 Bomber und 50 Jäger. Die britischen »Fairey Battle«-Staffeln müssen 24 von 31 eingesetzten Maschinen ausbuchen, und in der offiziellen Chronik der Royal Air Force heißt es: »Die RAF hat niemals bei einem Unternehmen vergleichbar große Verluste in solcher Höhe erlitten.«

An der Maasbrücke von Donchery wird Rundstedt, der Oberbefehlshaber der angreifenden Heeresgruppe A, bei einem Abstecher an die Front Augenzeuge des Erd-Luft-Duells. Neben Guderian stehend fragt der Generaloberst: »Ist das hier immer so?«

»Das«, erwidert der Panzergeneral, »kann ich mit gutem Gewissen bejahen.«

Dem französischen Ministerpräsident Paul Reynaud wird die Karte eines Offiziers zugestellt, der sich aus Gram über die Niederlage Frankreichs erschossen hatte: »Ich nehme mir das Leben, Herr Präsident, um Sie wissen zu lassen, daß alle meine Männer tapfer gekämpft haben, aber man kann nicht Soldaten mit Gewehren in den Kampf gegen Panzer schicken.«

Unentwegt schmetterten die Fanfaren des deutschen Reichsrundfunks Siege, Helden und Ortsnamen hinaus. Die Amateurstrategen auf den Schulkathedern und in den Wirtshäusern hatten es schwer, beim Stecken der Fähnchen auf der Landkarte mitzukommen. Vier Tage nach dem Überfall war das kleine Holland am Ende. Alle Hilferufe an die Alliierten hatten nichts gefruchtet. Deutsche Panzer standen bereits am 13. Mai vor dem Ölhafen von Rotterdam, um die zuvor abgesprungenen, überlebenden Fallschirmjäger herauszuhauen.

Oberst Scharroo verhandelte mit Generalleutnant Ludwig Schmidt wegen der Übergabe der Stadt. Der holländische Offizier spielte auf Zeitgewinn und zog die Kapitulation hinaus, pokerte dabei mit hohem Einsatz, denn 600 000 Zivilisten wohnten in der umkämpften Stadt, deren Öltanks im Hafen bereits in Flammen standen. Um 10 Uhr 40 wurden zwei deutsche Offiziere ins holländische Hauptquartier entsandt. Die Niederländer führten sie mit verbundenen Augen durch Rotterdam. Aber erst um 12 Uhr 40 standen sie Oberst Scharroo gegenüber. Er sicherte zu, um 14 Uhr einen Parlamentär zu schicken.

General Schmidt sandte einen Funkspruch an die Luftflotte 2: »Angriff wegen Verhandlungen verschoben.«

Der Funker fummelte an seinem Gerät herum. Wellensalat; er kam nicht durch.

13 Uhr 30. Das Kampfgeschwader 54 startet in Delmenhorst, Quakenbrück und Hoya-Weser zum Angriff. 100 He 111 hoben sich in die Luft. Angriffszeit: 15 Uhr. Angriffsziel: ein Dreieck nördlich der über die Maas führenden Willem-Brücke in Rotterdam. Ein Verbindungsoffizier hatte es am Vorabend an Ort und Stelle mit dem 39. Panzerkorps abgesprochen.

14 Uhr 15. Endlich kam die Meldung mit der Angriffsverschiebung durch. Aber der Befehl aus dem Äther, Rotterdam zu schonen und das abgesprochene Ausweichziel anzugreifen, erreichte die in zwei Formationen fliegenden Kampfflugzeuge nicht mehr. Sie hatten – typische Angriffsvorbereitungen – ihre Schleppantennen bereits eingezogen.

Der Generalstabschef der Luftflotte 2, Oberstleutnant Rieckhoff, sprang in eine Me 109 und jagte hinter dem Geschwader her. Er konnte die Zeit nicht überrunden, das furchtbare Schicksal der Stadt nicht mehr abwenden.

14 Uhr 45. Die Stimmung in den deutschen Gefechtsständen war gespannt und gereizt. Noch immer keine Bestätigung der Umleitung. Der Himmel war unbewölkt, aber über Rotterdam schwebte eine Dunstglocke, dunkler Qualm stieg auf.

Motoren dröhnten. Geschwaderkommodore Oberst Lackner erreichte mit 53 Me 111 in Angriffsformation Rotterdam. Die Generale Schmidt und Student sprangen aus ihrem Gefechtsstand auf die Stieltjes Straat, schossen persönlich mit ihren Leuchtpistolen rote Signale ab, die der Dunst verschluckte.

Aus den Schächten der Hes rauschte der Tod ins Ziel. Die Sprengbomben zündeten Brände. Ölvorräte mästeten das Feuer, es fraß sich durch die Fachwerkbauten der Altstadt, durch ganz Rotterdam.

Die zweite Welle: 46 Hes, geführt von Oberstleutnant Höhne. Der Offizier gab den Angriffsbefehl. Die Automatik des Abwurfs rollte ab.

In diesem Moment sah er eine rote Leuchtkugel. Während aus der Führungsmaschine und den beiden Rotten-Hes die Bomben nach unten fielen, gab Höhne den nachfolgenden Flugzeugen des Verbands den Befehl zum Abdrehen. »Ich habe«, so berichtet er, »später keinen den Begleitumständen nach so dramatischen Angriff mehr geflogen.«

43 Bomber flogen ein Ausweichziel an. Aber die 97 Tonnen Sprengbomben, die auf Rotterdam gefallen waren, hatten in der dichtbesiedelten Stadt grauenhafte Folgen. Auf den Straßen, in den Kellern, in provisorischen Unterständen wurden Frauen und Kinder erschlagen. Die Feuerwehr, mit veralteten Handpumpen ausgerüstet, mußte zusehen, wie die Stadt niederbrannte, insgesamt 11 000 Gebäude mit 25 000 Wohnungen. 80 000 Menschen wurden obdachlos.

General Schmidt entschuldigte sich persönlich beim Oberbürgermeister und bei Oberst Scharroo für den Angriff, den er nicht gewollt hatte, aber auch nicht mehr hatte verhindern können. Eine faire Geste, die freilich die mehr als 900 toten Zivilisten auch nicht wieder lebendig machen konnte.

Durch einen Übertragungsfehler gaben die Alliierten die Zahl der Toten mit 30 000 an. Eine Kette unglücklicher Zufälle war zu einem Signal der Unmenschlichkeit geworden, was die Eskalation des Luftkrieges vorantrieb. Am 15. Mai hob Winston Churchill die Sperre gegen zivile Ziele in Deutschland auf, und noch in der Nacht griffen 99 Bomber strategische Punkte im Ruhrgebiet an. Am 15. Mai kapitulierte Holland; Königin Wilhelmina und ihre Minister gingen nach London und bildeten eine Exilregierung. Zu diesem Zeitpunkt war der deutsche Brükkenkopf bei Sedan bereits 50 Kilometer breit und 25 Kilometer tief.

Einen Tag später durchbrachen die Panzerspitzen der Heeresgruppe B auch die Dyle-Stellung. Auf dem anderen Flügel standen Guderians und Rommels Panzer bereits 100 Kilometer westlich von Sedan und rollten durch offenes, unverteidigtes Land. Zwischen der Angriffsspitze und Paris stand keine einzige französische Kampfeinheit mehr. Die Franzosen hatten noch ihre trotz aller bisherigen Verluste intakte »Armée de l'air«. Die Industrie arbeitete auf Hochtouren. Ausgebildete Piloten standen ausreichend zur Verfügung. Sie zeigten Mut und Kampfmoral, aber ihre Führung wußte nichts damit anzufangen.

»Die Bodenorganisation war eine Scham, Luftangriffsvorwarnung praktisch nicht existent und die Flak-Abwehr mehr als Scherz zu betrachten«, schreibt in seinem Buch »Die Me 109« der amerikanische Autor Martin Caidin. »Dutzende nagelneuer Jagdflugzeuge standen auf den Flugplätzen im Hinterland, wertlos für jede Luftschlacht, weil ihnen ein Visiergerät oder eine Luftschraube oder ein anderes wichtiges Element fehlte, um sie als Jagdflugzeug einsetzbar zu machen. Währenddessen lagen die Frontplätze unter dem erbarmungslosen Angriffshagel der Luftwaffe. Die alliierten Piloten hatten Mangel an Munition, Treibstoff und Ersatzteilen, eine Situation, die dem deutschen Geheimdienst wohlbekannt war ... Zur Zeit des Kampfes um Dünkirchen schien sich die deutsche Armee auf der Erde so rasch vorwärtszubewegen, daß in Panik befindliche französische Truppen und Nachschubeinheiten rasch alle Lager an Benzin und Munition in Flammen setzten, während etliche französische Piloten auf Flugplätzen landeten, die bereits verlassen waren und brannten – und dies durch die Schuld der eigenen Leute.«

Unter den französischen Fliegern machten zwei später berühmt gewordene Schriftsteller, Sergeant Romain Gary, Besatzungsmitglied eines »Bloch 210«-Bombers, und Capitaine Antoine de Saint-Exupéry, unvergeßliche Erfahrungen. Auf dem Flugplatz in Bordeaux, wo Gary nach seinem letzten Einsatz landete, stieß er auf eine Ansammlung teils abenteuerlicher Maschinen, die in Platznot herumstanden: »Das Flugfeld wurde zu einer Art von Musterschau sämtlicher Flugzeugtypen, die im Laufe der letzten zwanzig Jahre für die ›Armée de l'air‹ entwickelt worden waren; bevor sie starb, erinnerte sich die französische Luftwaffe noch einmal ihrer Vergangenheit . . . Ich sah einen jungen Marinepiloten mit einer der eindrucksvollsten Ordensspangen, die je die Brust eines Kriegers geschmückt hat, aus dem Führersitz seiner Maschine klettern. In seinen Armen trug er ein schlafendes kleines Mädchen, das er während des Fluges auf seinen Knien gehalten haben mußte. Ich sah einen anderen Piloten aus seiner ›Goeland‹-Maschine in Gesellschaft von Damen steigen, die offensichtlich Insassinnen eines drittklassigen Provinzbordells waren. In einer ›Simoun‹-Maschine sah ich einen weißhaarigen Unteroffizier und eine Dame in Hosen mit zwei Hunden, einer Katze, einem Kanarienvogel, einem Papagei, zwei zusammengerollten Teppichen und einem Gemälde von Hubert Robert, das an der Seitenwand des Führersitzes lehnte . . . Ich sah – und ich werde sie nie vergessen – die Gesichter meiner Kameraden, der Piloten der Jäger vom Typ ›Dewoitine 520‹ und ›Morane 406‹, die mit zerschossenen Tragflächen aus ihrem letzten Kampf zurückgekehrt waren und deren junger Kommandeur sich sein Croix de guerre abriß und auf dem Boden zerstampfte. Ich sah an die dreißig Generale, die sinnlos wartend beim Kontrollturm herumstanden . . . Und überall die ziemlich merkwürdige Ansammlung einer Flugzeugfauna, die dem Himmel noch einmal entflohen war . . .«

Capitaine de Saint-Exupéry gehörte zu den Fernaufklärerpiloten, die verbittert den Niedergang erlebten, der ihrer Meinung nach durch klare Befehle und exaktes Zusammenspiel der Waffengattungen aufzuhalten gewesen wäre: »Es ist Ende Mai 1940, mitten im Rückzug, im vollen Zusammenbruch. Besatzungen werden geopfert, als gieße man glasweise Wasser in einen Waldbrand. Wie soll einer die einzelne Gefahr auch abwägen, da alles zusammenbricht? Für ganz Frankreich sind wir noch fünfzig Fernaufklärerbesatzungen. Fünfzig Besatzungen zu je drei Mann. Davon haben wir dreiundzwanzig in unserer Gruppe II/33. In drei Wochen haben wir siebzehn von unseren dreiundzwanzig Besatzungen verloren. Wie Wachs in der Sonne sind wir zusammengeschmolzen. Gestern habe ich zu Oberleutnant Gavoille gesagt: ›Erst nach dem Krieg werden wir dahinterkommen.‹ Und Gavoille antwortete mir: ›Sie denken doch wohl nicht diesen Krieg zu überleben, Capitaine?‹«

Paris erhielt in diesen Tagen Staatsbesuch: Churchill war, geleitet von einigen Jagdflugzeugen, in die französische Hauptstadt geflogen. Während ihm Regierungsmitglieder versicherten, daß ihr Land »bis zur letzten Patrone« kämpfen werde, verfolgte er, wie im Hof des Quai d'Orsay bereits die Akten verbrannt wurden. Alle Welt rechnete damit, daß die deutschen Panzer in zwei, drei Tagen in Paris einziehen würden. Überraschend drehten sie jedoch zur flandrischen Küste ab.

Am 19. Mai erreichte die »militärische Touristenfahrt« (Raymond Cartier) Abbéville und die Somme-Mündung. Der Sichelschnitt stand vor dem Gelingen.

Der achtundsechzigjährige Oberbefehlshaber Gamelin wurde abgelöst und durch den dreiundsiebzigjährigen Maxime Weygand ersetzt, einen »müden, vertrocknet wirkenden kleinen Mann, von dem ein Bekannter sagte, er sehe aus wie ein Jockey im Ruhestand« (Len Deighton). Marschall Henri Philippe Pétain, ein vierundachtzigjähriger Held des Ersten Weltkriegs, rückte zum stellvertretenden Ministerpräsidenten auf. Weygand, bisher Oberbefehlshaber der Orientarmee, brauchte zwei Tage, um nach Paris zu kommen, wo er in Breeches und auf Hochglanz polierten Reitstiefeln erschien und seine Verachtung aller Politiker bekundete.

Die Kampfwagen mit dem Balkenkreuz rollten weiter. Wiederholt versuchte der übervorsichtige Rundstedt, doch auch der Hasardeur Hitler, sie zu bremsen, da sie häufig von ihrem Nachschub abgeschnitten waren und die Luftwaffe, vor allem die Transportgeschwader, die in Holland und Belgien schwere Verluste hatten hinnehmen müssen, längst überfordert waren. Die gepanzerte Vorhut fügte sich nur ungern dem Befehl, gemächlicher voranzurollen, und operierte mitunter ungestüm auf eigene Faust weiter - Panzergenerale waren zu den Condottieri dieses Jahrhunderts geworden.

Am 20. Mai stand die Speerspitze des Angriffs an der Somme, womit nördlich des Sichelschnitts eine Million alliierter Soldaten und eine Million geflüchteter Zivilisten, die alle militärischen Bewegungen behinderten, eingeschlossen waren. Am 22. Mai griffen Lord Gorts Truppen bei Arras an und wurden in schweren Kämpfen abgewiesen. Zwei Tage später standen die deutschen Panzer am La-Bassée-Kanal. Das britische Expeditionskorps unter Gort, einem Haudegen des Ersten Weltkriegs, der inzwischen Fett angesetzt und damit gerechnet hatte, eine »bequeme, gemütliche Schlacht zu liefern« (Raymond Cartier), saß in der Falle. In Dünkirchen bahnte sich für die Engländer eine beispiellose Katastrophe an. Nur ein Wunder konnte sie retten. Hier waren die Alliierten, vorwiegend Briten, auf einen Brückenkopf zusammengedrängt. Die Munition wurde täglich knapper; alle Angehörigen des Expeditionskorps waren auf halbe Ration gesetzt, auch Benzin wurde rar. Was es in ungeheuren Mengen gab, war Whisky.

London erwog, ohne die französischen Bundesgenossen zu verständigen, die Evakuierung seiner Truppen über den Kanal. Lord Gort wehrte sich dagegen. »Als ich Soldat wurde, habe ich nicht gedacht, daß ich die englische Armee einmal in ihre schwerste Niederlage führen würde«, telegraphierte er an seine Regierung.

»Die Möglichkeit einer solchen Niederlage war mit erschrekkender Plötzlichkeit aufgetaucht«, schreibt in seinem Buch »Dünkirchen« der britische Autor Richard Collier, der 1070 Überlebende der Katastrophe interviewt und ihre Einzelschicksale aufgezeichnet hat. »Acht Monate lang hatten die 390 000 Mann Lord Gorts herrlich und in Freuden gelebt. Von der Illusion der Sicherheit gewiegt, die 400 Kilometer lang nach Süden verlaufende Maginotlinie sei unüberwindlich, hatten sie an die vierhundert Zementbunker gebaut, Splittergräben und Panzerfallen nach dem Muster des Ersten Weltkrieges ausgeworfen und auf den Angriff der Deutschen gewartet. Abends tranken und sangen sie in diesen langen Monaten des ›faulen Krieges‹ in Zehntausenden von Dorfschenken und schlossen Freundschaft mit den Mädchen ... Die Engländer wie Franzosen waren ausgerüstet, als sollten sie noch einmal den Ersten Weltkrieg führen. Den 2700 modernen deutschen Panzern konnte Gort nur plumpe, schwere Panzer entgegenstellen wie die ›Mathilda‹ mit ihrem einen, unzulänglichen 37-mm-Geschütz. Die englische Artillerie war so unterlegen, daß die besten Geschütze Gorts wenig mehr als die halbe Reichweite der neuesten deutschen Modelle besaßen.«

Das »miracle of Dunkirk« bahnte sich in der letzten Maiwoche an. »Am 23. Mai hielt ein rollendes Hauptquartier in einem kleinen Bahnhof bei Münstereifel«, schreibt der französische Autor Raymond Cartier. »Göring rief den Führer an. Er hatte allen Grund zu triumphieren. Seine Luftwaffe war, noch mehr als die Panzer, die entscheidende Waffe in den Kämpfen seit dem 10. Mai gewesen. Aber Göring beklagte sich in seiner grenzenlosen Ruhmsucht, die Luftwaffe werde nicht in ausreichendem Maße herangezogen. Die Lorbeeren würden ihm von der Armee genommen, deren Generale die nationalsozialistische Bewegung im Grunde verachteten. Göring verlangte seinen Anteil. Er forderte insbesondere, es ihm zu überlassen, die britische Armee zu vernichten, die in der Falle von Dünkirchen gefangen saß. Er bot sich an, England durch Zerstörung seiner Häfen zur Kapitulation zu zwingen ...«

Es war nicht Görings Großsprecherei allein, die Hitler bewog, einen entscheidenden Fehler zu begehen. Er bangte um seine Panzer mit den verschlissenen Motoren und abgekämpften Besatzungen, und er wußte, daß Flandern kein ideales Operationsgelände für Raupenfahrzeuge ist.

Am 24. Mai hielt der Diktator an der Aa zwischen St. Omer und Gravelines seine Panzer endgültig an; die Besatzungen beugten sich murrend, wenige Kilometer vor dem Ziel, sie standen auf der Stelle und drehten Däumchen, Blick zum Feind, Feierabend. Die Luftwaffe würde ihnen den Sieg stehlen.

In London paßten müde Gesichter zu dem trüben Wetter. Am 26. Mai hingen dicke Wolken so tief über dem Häusermeer, daß es aussah, als wollte ihnen der Glockenturm von Big Ben die Haut aufschlitzen. Soweit die Politiker, Bankiers und Wirtschaftsleute, die in dunklen Anzügen mit feierlichen Gesichtern in die düstere Westminster Abbey strömten, etwas von militärischen Dingen verstanden, mußten sie wissen, daß für Großbritannien in diesen Tagen das Schlechtwetter der einzige Lichtblick war.

Die Räumung Dünkirchens wurde mit einem Bittgottesdienst in London eingeleitet. Was Rang und Namen hatte, strömte in Großbritanniens Krönungskirche mit dem Grabmal des Unbekannten Soldaten. Es war eine kurze, stumme und würdige Zeremonie, so sie nun Frömmigkeit oder Ohnmacht offenbarte. Dem neuen Regierungschef – erst seit 16 Tagen im Amt – war keinerlei Regung anzumerken, obwohl es sicherlich nicht Winston Churchills Temperament entsprach, in dieser Stunde einen harten Chorstuhl zu drücken. Er hatte mit dem Räumungsbefehl lange, vielleicht zu lange auf seine französischen Bundesgenossen Rücksicht nehmen müssen.

Nunmehr war der Premier dabei, das Anlaufen der »Operation Dynamo« zu befehlen, den Rückzug seiner Elitetruppen über den Kanal im Bombenhagel deutscher Kampflugzeuge. Die Admiralität rechnete damit, daß nur jeder zehnte Evakuierte die rettende Insel lebend erreichen würde, im ganzen vielleicht 45 000 Soldaten. Winston Churchill zögerte nicht, den erbarmungslosen Kostenvoranschlag an Menschenleben zu akzeptieren. Letztlich zählen im Krieg die Resultate mehr als die Verluste.

Im Dämmerlicht von Westminster Abbey wirkte sein breites bulliges Gesicht wie handgeschnitzt. Es war ihm weder Entscheidungsnot noch Zeitdruck anzumerken, noch nicht einmal der Grimm gegen seine vielen hier anwesenden politischen Gegner von gestern, die durch ihre Nachgiebigkeit gegenüber Hitler die tschechoslowakische Republik, Polen, Dänemark, Norwegen, Holland, Belgien, Luxemburg und Frankreich unter die deutschen Soldatenstiefel gebracht hatten. Vielleicht sahen sie nunmehr ein, daß wegen ihrer Säumigkeit aus einem böhmischen Gefreiten ein Welteroberer geworden war. Womöglich wäre aber auch heute noch mancher dieser Versager bereit gewesen, sich mit Hitler zu arrangieren, nicht, weil er ihn mochte, sondern weil ihm die schönen Golfplätze leid taten, die derzeit als Scheinflughäfen hergerichtet wurden, um die Reihenwürfe der deutschen Bomber anzuziehen.

»Den Engländern widerstrebt es, ihre Gefühle zur Schau zu stellen«, schrieb Kriegspremier Winston Churchill später in seinen – mit dem Nobelpreis ausgezeichneten – Memoiren, »aber in meinem Sitz im Chor konnte ich die verhaltene, leidenschaftliche Bewegung der Gemeinde spüren und auch ihre Angst – nicht vor Tod und Wunden und materiellen Einbußen, sondern vor der Niederlage und dem Zusammenbruch Englands.«

Um 18 Uhr 57 des gleichen Tages gab Vizeadmiral Bertram Ramsay in Dover den Befehl zum Anlaufen der »Operation Dynamo«, die britische und französische Soldaten vom Brückenkopf in Flandern auf die Insel schaffen sollte.

Die Engländer nennen die seltsame Evakuierungsflotte von 848 Schiffen, die noch am Sonntagabend ausläuft, spöttisch »Mückenarmada«. Die Admiralität hat die Schlepper von der Themse und die Rettungsboote der Luxusdampfer, Krabbenkutter, Fischerboote, Schaluppen und Prähme, Privatjachten und Ausflugsdampfer requiriert. Holländische Küstenfahrer und britische Kanalpostschiffe stehen im Dienst einer scheinbar aussichtslosen Rettungsaktion. Nachts laufen die Schiffe in den südlichen und südöstlichen Häfen der Insel aus. Manche, die ein privates Motorboot haben, verschwinden aus ihren Büros in London, schließen sich, in einer nützlichen Verbindung von Patriotismus und Abenteuerlust, der Mückenarmada an und stampfen, tuckern und rattern über den Kanal nach Dünkirchen. Nur segeln können sie nicht; es rührt sich kein Windhauch. »Das Meer erwies sich wieder einmal als alte Freundin Englands und blieb völlig ruhig«, schreibt Raymond Cartier. »Die geringste Brandung hätte den Strand unbenutzbar gemacht und die Zahl der Evakuierten um die Hälfte verringert.«

Am 27. Mai kommt es zu einem verheerenden Eröffnungsbombardement in Dünkirchen. Dann zieht dichtes Gewölk auf, das Wetter pfeift auf Führerbefehle. In den nächsten beiden Tagen prallen dem Oberbefehlshaber der Luftwaffe Regen, Sturmböen und Nebelschwaden in die Fetthalde von Gesicht. Die Piloten fluchen. Die Kuttenzwerge vom Bodenpersonal sind froh darüber, denn viele Maschinen sind zuletzt in einem erbärmlichen Zustand gestartet, die Geschwader haben bis zu 50 Prozent ihrer Sollstärke verloren. Die Männer kauern in freiwilliger Bereitschaft neben ihren Mühlen und starren nach oben, bis ihr Nacken steif wird. Das Schlechtwetter bleibt, ihre miese Laune auch.

»Na, Richthofen«, wendet sich Generaloberst von Kluge, der Oberbefehlshaber der 4. Armee, nach der befohlenen Erstarrung des Blitzkrieges an den kommandierenden General des VIII. Fliegerkorps, »haben Sie Dünkirchen schon aus der Luft genommen?«

»Ich habe es noch gar nicht angegriffen, Herr Generaloberst«, erwidert der Fliegerführer verärgert.

Der Brückenkopf, den die Engländer halten, ist noch 150 Kilometer lang. Die Basen der deutschen Kampfflugzeuge sind bis zu 500 Kilometer entfernt. Nahe am Feind sind Jäger und auch einige Stuka-Staffeln. Die schnittigen Mes waren oft auf Plätzen gelandet, die noch umkämpft wurden. Sie können über Graspisten starten, und nicht nur die Piloten der JG 27 und 51, die sich die E-Häfen bei St. Pol teilen, fliegen täglich acht, neun und noch mehr Feindeinsätze; der Rekord steht zur Zeit auf 13 Starts in 24 Stunden, und zwischen den einzelnen Starts liegt oft nur eine halbe Stunde.

Jagdflugzeuge sind Großverbraucher an Sprit; nur mangelnder Treibstoff kann ihre Aktivitäten in der Luft begrenzen. Einmal haben die Männer des JG 27 der Hitler-Maschine die Hälfte ihres Sprits aus dem Tank gesaugt. Aber dann ist wieder Sense, und sie müssen warten, bis die gute Tante Ju neuen Treibstoff heranschafft und das in dem Moment, wo die Engländer seit Tagen mit einer Überraschung aufwarten: »Spitfires«, bisher geschonte Jagdflugzeuge, die den Mes mindestens ebenbürtig, wenn nicht überlegen sind. Jetzt schwimmen sie in Sprit und können der Waschküche wegen nicht starten.

Vor Tagen strahlte die Sonne, und die Jagdflugzeuge hatten keinen Treibstoff. Nur eine halbbetankte Maschine stand am Rand der Rollpiste. Sie gehörte Hauptmann Galland, dem späteren General der Jagdflieger, der zu seinem Ärger in seinem Gefechtsstand, einem ausrangierten Zirkuswagen, Papierkrieg führen mußte. Der Einsatzberater konnte Frontflüge allenfalls als Freizeitbeschäftigung einplanen.

»Sie kommen!« rief plötzlich ein bulliger Feldwebel vom Bodenpersonal, und sein Ruf pflanzte sich wie Donnerhall über den E-Hafen fort.

Die Männer starrten nach oben. Ein kleiner Punkt. Die erste Transportmaschine kam in Sicht, wurde größer. Dahinter die nächste. Die vordere »Tante Ju« setzte zur Landung an. Betulich, mit sattem Motorengebrumm.

»Die lassen sich vielleicht Zeit«, schimpfte einer.

Und dann sagte keiner mehr ein Wort. »Spitfires«, der von den Engländern erstmals eingesetzte Dernier cri des Luftkriegs. Sie griffen an, drei, vier braungrüne Raubvögel. Ein ganzer Schwarm. Sie stürzten sich von oben auf die wehrlose Ju an der

Spitze.

Ein Feuerstoß – ein Feuerball.

Die Trümmer der Transportmaschine flogen den entsetzten Männern über die Köpfe.

Und den übrigen würde es nicht besser gehen.

Oben rackerte der Flugzeugführer der zweiten Ju um sein Leben. Er »pumpte« den schweren Vogel, drückte ihn nach unten, riß ihn wieder hoch, mühsam, immer wieder. Und das mit Benzinfässern an Bord.

Hauptmann Galland jagte über den E-Hafen, sprang auf die linke Tragfläche seiner Me, riß das Kabinendach hoch, schwang sich in den Sitz. Während er sich anschnallte, hastete sein Bordwart aus dem Splittergraben, riß die Bremsklötze weg, steckte das Anlasserkabel in die Maschine.

Der Pilot drückte auf den Starter. Die Me sprang an. Der Propeller drehte sich, wurde immer schneller. Die Maschine flitzte über die Graspiste, erreichte die Abhebegeschwindigkeit, löste sich vom Boden. Inmitten des Infernos zauberte der Offizier einen Blitzstart.

Seine Me blieb ganz knapp über dem Boden; es sah so aus, als würde sie die Baumwipfel rammen. Der Pilot klebte so tief auf der Erde, um sich ungesehen von den »Spitfires« in Angriffsposition hochzuschrauben.

Der linke Motor der zweiten Ju brannte. Plötzlich wurde der gedrungene Wellblechrumpf zu einer einzigen Fackel – und flog noch immer.

Endlich fiel die Fackel vom Himmel, knallte in den Wald neben der Piste. Eine riesige Stichflamme markierte den Aufprall. Die dreiköpfige Besatzung hatte das Material für ihre formlose Feuerbestattung gleich mitgebracht.

Oben griff Hauptmann Galland an. Er hatte eine »Spitfire« im Visier, zielte mit der ganzen Maschine, feuerte mit der Bordkanone. Gleichzeitig, offensichtlich befohlen, drehte der ganze »Spitfire«-Schwarm nach Westen ab – und in diesem Augenblick landete die dritte Ju unversehrt.

Die festgezurrten Benzinfässer wurden vorsichtig aus ihrem

Bauch geholt. Das Entsetzen wich der Geschäftigkeit. Die leeren Mes wurden sofort betankt.

Gallands Me kam vom Blitzstart zurück. Der Pilot kletterte aus dem Cockpit, ein drahtiger Offizier: dunkle Augen, korrekter Schnurrbart auf der Oberlippe. Hauptmann Galland war mit neun Luftsiegen schon legendär und noch immer leger, wenn auch nicht gerade der nordische Modetyp seiner Auftraggeber.

60 Stunden stehen die Panzer regungslos vor Dünkirchen. 36 Stunden fällt keine Bombe auf den Brückenkopf. In der Straße von Dover herrscht reger Schiffsverkehr, aber die Geretteten des ersten Tages scheinen der düsteren Prognose recht zu geben: Nur 7669 Engländer erreichen die Küste. Am Dienstag muß die Luftoffensive wegen Regens wieder ausfallen – und 17 804 Engländer und Franzosen gelangen auf die Insel. Die Landungsorte an der Küste gleichen Überlebensbasaren. Die Freigelassenen der Feuerhölle werden von Blaskapellen empfangen, von Dorfbürgermeistern in flotten Reden begrüßt. Sie erhalten heißen Tee, Rum und Zigaretten. Hübsche Mädchen überreichen ihnen Blumen und geben ihnen Küßchen. Spätestens jetzt, da die ausgemergelten Gestalten, die eher Piraten als Soldaten gleichen, von einer patriotischen Inseljungfrau umarmt werden, erfassen sie, daß es sich rentiert hat, das Inferno zu durchschiffen.

24 Stunden später, nach zweieinhalb Tagen, werfen die Panzer ihre Motoren wieder an. Hitler hat einen harten, letzten Sturm auf Dünkirchen befohlen, und nunmehr beginnt eine Entscheidungsschlacht, aus der beide Seiten, die Deutschen wie die Engländer, gleichermaßen als Sieger wie als Besiegte hervorgehen werden.

Über dem tausend Jahre alten Hafenstädtchen herrscht die Ruhe vor dem Sturm. Dann rumpeln Panzermotoren, schießt die Artillerie, und gleich werden auch die Flugzeuge da sein. Der Wind reißt die Wolkendecke auf: Dünkirchen steht ein blutiger Mittwoch bevor.

Aus dem Rhein-Main-Gebiet, aus dem Raum von Düsseldorf,

aus notdürftig geflickten E-Häfen in Holland fliegen Kampfverbände den englischen Brückenkopf an. Am Himmel herrscht Platznot. Hundertfaches Dröhnen und Grollen kündigt den Weltuntergang in Flandern an.

Langsam nähern sich die Angreifer dem Ziel, schwenken vom Kanal nach Dünkirchen ein, suchen sich im Schiffsgewimmel unter ihnen die dicksten Dampfer aus. Die Stukas nehmen Maß. 848 Schiffe aller Art, nur durch einige Zerstörer geschützt, bieten sich als Zielscheibe an. Die Todesvögel schalten die automatische Abfangvorrichtung und die Jerichosirenen ein, fahren die Sturzflugbremsen aus, stellen sich auf den Kopf, stoßen wie Falken nach unten, mit 600 Kilometer Geschwindigkeit, auf das Punktziel zu.

»Der Sturz ist eine normale Fluglage mit rapider Höhenänderung«, stellt in seinem Buch »Stuka« der Autor und frühere Angehörige dieser Waffengattung Valentin Mikula fest. »Die Ohren fielen dabei zu, sie waren nur durch fortwährende Gähnbewegungen in Funktion zu halten. In 3000 Meter Höhe war es kalt, und die Spritdämpfe in der Maschine multiplizierten sich. Die Augen begannen zu tränen, die Tränensäcke schwollen an. Es gab keine automatische Abfangvorrichtung, die diesen Arbeitsgang besorgte, während die Besatzung in einer legendären Ohnmacht vom Christkind träumte. Die Abfangvorrichtung waren die Arme des Flugzeugführers, und wenn er beim Ziehen etwas übertrieb, verpaßte er sich und seinem Holzauge eine Mattscheibe, die im Höchstfall eine Sekunde dauerte ... Den ersten Feindflug fliegt man wie im Trancezustand mit automatischen, gelernten Handgriffen. Die Gefahren erkennt man erst nachher. Nach der Landung fühlt man sich als reifer Mann, wozu man im Erdeinsatz Monate gebraucht hätte. Der Tod lauert nicht nur beim Feind, er fliegt grinsend zwei Stunden lang mit und läßt seine neckischen Spielereien immer zur Unzeit aufblitzen und erlaubt sich die unmöglichsten Späße. Wenn er dann einmal ganz unschicklich hell auflacht und die Maschine zu schwappen beginnt, dann erstarrt das Blut zu Eis und treibt die Augen aus den Höhlen. Die Maschine stürzt, die Gedärme dehnen sich wie Gummibänder, und der Bandwurm feiert Weltuntergang.«

Immer wieder greifen die Stukas an, im 90-Grad-Winkel stürzen sie sich auf die Schiffe. 600 Meter über dem Meer werden sie abgefangen. Erst in 150 Meter Höhe ist das Manöver beendet. In diesem Moment sind die Todesvögel am wehrlosesten.

Angriff: Die erste, zweite, dritte Ju 87. Jede hat einen dicken Pott als Opfer ausgewählt, aber im letzten Moment wandert das Ziel jeweils aus dem Visier. Die Schiffe ziehen mit dem Heck einen Halbkreis. Die Bomben klatschen ins Wasser. Die Flugzeugführer fangen die Stukas ab, ziehen sie hoch, versuchen es immer wieder im »Treppensturz«. Sie bringen den Tod – oder sie sterben selbst.

Frühere Luxusdampfer brechen mittschiffs auseinander, drei überfüllte Zerstörer versinken im schmutzigen Kanalwasser, sieben werden schwer beschädigt. Die Fährschiffe »Queen of the Channel«, »Fenella«, »Normannia«, »Lorina«, »King Orry« zerbersten im Bombenhagel. Zwischen den Wracks treiben Hunderte von Schiffbrüchigen, ersticken oder ertrinken, werden gerettet und erneut angegriffen. Abgeschossene Stukas knallen in die brennenden Deckaufbauten ihrer Opfer. Die Verluste sind auf beiden Seiten fürchterlich – der Krieg frißt seine Helden.

Rollender Einsatz der Hes, Dos, Jus und Mes. Dünkirchen ist ein Hexenkessel, der auf tausend Feuern kocht. Pulverbeize färbt die Gesichter der Verteidiger schwarz, Blut das Hafenbekken rot. Tote mit aufgequollenen Leibern und aufgerissenen Augen treiben schlingernd neben ausgebrannten Wracks.

Öltanks explodieren. Riesige Rauchschwaden verdunkeln für die nächste Welle die Angriffsziele. Aus der Hauptpost schlagen hohe Stichflammen. Das Rathaus brennt. Die Docks sind zerschmettert. Der Hafen ist so schwer getroffen, daß sich bei Ebbe seine Schleusen nicht mehr schließen lassen. Und weiter rollen die Luftangriffe. Unter Bombenteppichen sterben die Menschen und ihre Träume, ihre Kinder und ihre Häuser.

Die Jagdwaffe der Royal Air Force, das Fighter Command,

hat mit den »Spitfires« eine böse Überraschung aus der Geheimhaltung gezaubert. Piloten wie Maschinen sind auf einmal den deutschen Jägern ebenbürtig und mitunter überlegen. Wer das bessere Auge hat, die schnellere Reaktion, die stärkeren Nerven und wer Glück hat, ist nunmehr im Luftkampf Mann gegen Mann Sieger – ob seine Maschine ein Balkenkreuz zeigt oder die Kokarde.

Die erstmals eingesetzten 200 »Spitfires«, die über Dünkirchen ihre Feuertaufe erleben, haben einen gewaltigen Vorteil: Sie starten von den nahen Basen an der Küste, setzen mit einem Sprung über den Kanal, ihre kurzen Anflugwege machen sie allgegenwärtig. Und auch die langsameren »Hurricanes«. 16 Staffeln setzt das Fighter Command über Dünkirchen ein. Sie schießen 262 deutsche Maschinen ab, bei 133 Verlusten.

Auf einmal – und nur örtlich – beherrschen die Engländer den Himmel. »Bei allen deutschen Berechnungen war man davon ausgegangen, daß Messerschmitts Flugzeug sich als das bessere der beiden erweisen würde«, schreibt in seinem Buch »Die Tragödie der deutschen Luftwaffe« David Irving. »Jetzt aber richtete die Spitfire große Verheerungen unter den deutschen Jagdstaffeln an, und in den Anflugschneisen nach Dünkirchen wurden die Bomber eine leichte Beute für sie. Eine Ju-88-Staffel wurde fast völlig zerschlagen, als sie von ihrem fernen Stützpunkt in Holland einflog. Göring konnte sein prahlerisches Versprechen nicht einlösen ...«

Die deutschen Panzer kommen nicht voran. Die Verteidiger verkaufen ihre nackte Haut mit Verve und Todesmut. An der vormals mondänen Strandpromenade von Malo-les-Bains stehen die englischen Soldaten mit den Füßen schon im seichten Wasser, geduldig hintereinander, Stunde um Stunde, lassen sich von Kampfflugzeugen bombardieren, von Tieffliegern beharken. Deckung gibt es nicht, aber der Sand schluckt wenigstens die Bomben, mildert die Detonationen.

Der Pendelverkehr zieht sich durch die ganze Nacht.

Der Zerstörer »Wakeful«, ein unbequemer alter Kasten, hatte bereits 600 Angehörige des Expeditionskorps auf die Insel gerettet. Am Mittwoch halb ein Uhr nachts will er abermals eine Fuhre Schicksale über den Kanal schaffen. Kapitän Ralph Fisher hält auf der Brücke gespannt Ausschau. Er hat eine Warnung vor deutschen U-Booten erhalten.

Plötzlich sieht er zwei helle Streifen, die auf das Schiff zulaufen: Torpedos.

»Hart Backbord!« schrie er.

»Aber es war zu spät«, schildert Richard Collier die Tragödie. »Ein Torpedo traf die ›Wakeful‹ genau mittschiffs. Der alte Zerstörer brach knirschend in zwei Teile; Bug und Heck richteten sich hoch im Wasser auf.

Die 640 Soldaten an Bord waren verloren; sie saßen unter Deck in der Falle. Aber es sollten noch Stunden vergehen, bevor ihr Todeskampf zu Ende war. Kapitän Fisher hingegen und andere Überlebende wurden von dem schottischen Fischdampfer ›Comfort‹ aufgenommen, weitere von dem Minensucher ›Gosamer‹.

Zu diesen beiden Schiffen stießen noch der Zerstörer ›Grafton‹ und der Minensucher ›Lydd‹. Um 2 Uhr 50 wurde die ›Grafton‹ ihrerseits von zwei Torpedos getroffen. Sie sank nicht, aber einer der Torpedos fuhr durch die Offiziersmesse und tötete 35 Offiziere.

Jetzt herrschte allgemeine Verwirrung. Die ›Lydd‹ eröffnete in der Dunkelheit auf ein vermeintliches deutsches Schnellboot das Feuer. Die ›Grafton‹ begann ebenfalls zu feuern. Ihre Besatzung jubelte, überzeugt, sie hätte den Vernichter der ›Wakeful‹ vor sich. Aber das war ein tragischer Irrtum: In Wahrheit schossen beide auf die ›Comfort‹.

Die Überlebenden von der ›Wakeful‹ auf der ›Comfort‹ packte Ensetzen. Nackt – ihre Kleidung hing zum Trocknen in der Kombüse – rannten sie an Deck. Dort wurden sie von Gewehrfeuer empfangen. Wild schrie Fisher: ›Um Gottes willen, aufhören! Wir sind Engländer!‹

Aber das hörte keiner. Mit einem markerschütternden Krach rammte die ›Lydd‹ die ›Comfort‹. Und erst als ihre Mannschaft enterte, um Gefangene zu machen, und nur noch zwei Überlebende vorfand, begriff sie ihren unglücklichen Irrtum.

Wenige Stunden später erreichte die Tragödie ihren Höhepunkt. Den Männern an Bord der ›Ross‹, die auf dem Weg nach Dünkirchen war, lief es es kalt den Rücken hinunter. Aus dem Morgennebel tauchten wie ein groteskes Ungetüm Bug und Heck der ›Wakeful‹ auf. Aus dem Inneren hörte man das schauerliche Schreien von hoffnungslos eingeschlossenen Menschen.

Eine Zeitlang brachte keiner ein Wort heraus. Dann wandte sich Fregattenkapitän James Follington Apps an die Geschützbedienung der ›Ross‹. ›Ich gebe Ihnen keinen Befehl‹, sagte er, ›aber wenn versehentlich ein Geschütz losgehen sollte, würde ich kein Wort dazu sagen.‹

Die Gnadenschüsse hallten über das Wasser. Dann glitt die ›Wakeful‹ in einem Strudel aufsteigender Luftblasen in die Tiefe.«

Weiter gehen die Pendelfahrten zwischen Tod und Freiheit. Immer wieder laufen Schiffskonvois in Margate, Dover, Portsmouth und Sheerness aus. Neue Freizeitskipper kommen hinzu. »Alles Gute«, sagen die Transportleiter hastig und geben als Navigationsanweisung: »Steuern sie einfach auf das Geschützfeuer zu.«

»Eine Armada wie diese hatte es noch nie gegeben«, stellt Richard Collier fest. »Bemannt mit Berühmten und Unbekannten, mit Alten und Jungen, war es eine internationale Flotte der Solidarität. Ein Dominikanermönch führt die Jacht ›Gulzar‹. Ein Angestellter der Bank von England meldet sich zum Dienst auf einem Rettungsboot mit Regenschirm, Melone und gestreifter Hose. Der chinesische Steward Ah Fong bereitete auf der ›Bildeford‹ den Tee zu, und der Earl of Carven diente auf dem Bergungsschlepper ›St. Olave‹ als dritter Ingenieur. Auf dem Minensucher ›Fitzroy‹ arbeitete eine gälisch sprechende, irische Mannschaft mit eigenem Dolmetscher.«

Jetzt erst begreifen die Franzosen, daß die Engländer sich ganz aus Dünkirchen absetzen wollen. Es kommt zu einem Zusammenstoß zwischen dem französischen Admiral Jean Abrial und dem englischen Befehlshaber. »Wofür hält sich dieser Lord Gort eigentlich?« tobt der Franzose. Er droht, den Hafen zu sperren und den ihm unterstellten Chef des Expeditionskorps verhaften zu lassen.

Dünkirchen ist eine Hölle, in der das Feuer brennt. Zwei Millionen Tonnen Öl laufen aus den bombardieren Tanks aus und bilden ein Flammenmeer von eineinhalb Kilometern Länge. Seit Tagen ist die Stadt ohne Wasser. Auf dem brennenden Raddampfer »Crested Eagle« wölben sich die Deckplatten »wie der Rücken einer Schildkröte« (Richard Collier). »Tausende an Land sahen mit Entsetzen, wie die Matrosen, von Kopf bis Fuß brennend, wie irrsinnig herumliefen und schreiend ins Wasser sprangen.«

Die Pulverbeize läßt die Augen tränen. Auf den Pupillen spiegeln sich die Horrorszenen wider. Auf den Wracks kämpfen Schiffbrüchige ums Überleben, ersticken und ertrinken. Öltanks explodieren. Docks bersten. Das Rathaus von Dünkirchen ist ein Trümmerhaufen. Die Hauptpost steht in Flammen. Rauchschwaden ziehen träge und schräg nach oben wie von Kains, des Brudermörders, Altar. Die Hafenschleusen lassen sich nicht mehr schließen. Tote treiben schlingernd zum Strand; sie haben schwarze Gesichter, aufgerissene Augen und gedunsene Bäuche. Wieder nehmen die häßlichen Vögel mit den geknickten Flügeln Maß, um im Treppensturz den Tod auszuklinken. Hunderte englischer Soldaten stehen im seichten Wasser und lassen den Angriff gleichmütig über sich ergehen. Einer hinter dem anderen, wie an einer Bushaltestelle in London, als betrieben die Tommies ihren Nationalsport, das Schlangestehen. Und zwischen den Wartenden schwimmen Leichen, werden von den Wellen gewendet, im seichten Küstengewässer auf das Gesicht gelegt, dann wieder umgedreht; ein gräßlicher Anblick, der keinen mehr erschreckt.

Matrosen auf kleinen Küstenbooten stochern mit langen Stangen nach Lebenden. An der Ost- und Westmole des Hafens legen nur noch kleinere Schiffe an. In der Dämmerung, als die Luftangriffe endlich abflauen, tuckern immer mehr Boote der

Mückenarmada heran.

Nicht alle Soldaten des Expeditionskorps zeigen die sprichwörtliche englische Disziplin. Kapitän zur See William Tennant, der von Admiral Ramsay nach Dünkirchen entsandte Marineeinsatzleiter, begegnet mitten in der Stadt einer Gruppe marodierender Soldaten, angeführt von einem Sergeant, der sich mit einer Federboa dekoriert hat. Eine Gewehrkugel pfeift an Tennants Kopf vorbei. Er geht auf den Sergeant zu, nimmt ihm die Waffe ab. »Hier, alter Freund«, sagt er und überreicht ihm eine Feldflasche mit Schnaps, »ein Schluck, und Sie fühlen sich wohler.«

Der Mann ist zu verblüfft, um Widerstand zu leisten, und die Marodeure beugten sich wieder dem Befehl des Einsatzleiters.

Lord Gort sitzt noch in Bastion 32. Auf die Nachricht, daß die Belgier nach tapferem Kampf am 28. Mai kapituliert haben, erwidert er im ersten Zorn: »Was sind das für Schweine!« Seine Nordflanke steht jetzt völlig offen für die deutschen Panzer. Wie um es vorzuführen, vertauscht ein hoher belgischer Offizier, eingekeilt in eine Menschenmenge, in seinem Wagen die Uniform mit dem Zivilanzug. Gerüchte jagen sich, schüren eine Panik, als die Falschmeldung umgeht, deutsche Fallschirmspringer seien, als Nonnen verkleidet, bei Dixmuiden abgesprungen.

Die Welt hat erfaßt, daß in der Straße von Dover die Schlacht um Englands Überleben geschlagen wird. »Schwarze Rauchsäulen von fünf Kilometer Höhe wiesen der Luftwaffe und der R. A. F. gleichermaßen den Weg«, berichtet US-Autor Herbert Molloy Mason. »Das englische Jägerkommando konnte für den Einsatz bei Dünkirchen nur 200 ›Spitfires‹ und ›Hurricanes‹ abstellen, die in dem Versuch, den ganzen Tag über Luftabwehr zu gewährleisten, staffelweise eingesetzt wurden. Die Jagd- und Kampfflieger der Lufwaffe stellten fest, daß sich der Gegner durch ein Stärkeverhältnis von 3 oder 4 zu 1 zu seinen Ungunsten nicht abschrecken ließ. Major Werner Kreipe vom KG 2 kehrte von Dünkirchen in einem zerschossenen Bomber zurück und berichtete, daß die feindlichen Jäger ›mit der Wut von Verrückten‹ angegriffen hätten. Zwölf ›Spitfires‹ der 610. Staffel, die in Biggin Hill südlich von London stationiert waren, stießen auf 40 Me 109 und schossen bei zwei eigenen Verlusten drei deutsche Jäger in Brand. Zwölf Do 17 wurden von anderen ›Spitfires‹ angegriffen; nur sechs deutsche Bomber kehrten heim. Das II. Fliegerkorps allein verlor am ersten Tag 23 Maschinen und 64 Mann Besatzung; das waren schwerere Verluste als in den zehn vorangegangenen Kampftagen. Aber Dünkirchen wurde Tag und Nacht in immer neuen Wellen von He 111, Ju 88 und Ju 87, die von Plätzen in Deutschland, Holland, Frankreich kamen, angegriffen; Schwärme von Me 109 und Me 110 waren fast pausenlos über der Stadt. Der Hafen war voll von Schiffen; einige versuchten die lange hölzerne Mole zu erreichen, die eineinhalb Kilometer weit in die See ragte und auf der hungrige, verdreckte Soldaten darauf warteten, an Bord zu gehen. Andere steuerten hektische Ausweichkreise im von Bomben aufgewühlten Wasser oder trieben nach Treffern hilflos dahin. Der französische Frachter ›Aden‹ sank in den Morgenstunden, und der Truppentransporter ›Côte d'Azur‹ ging am Nachmittag unter . . .«

200000 Soldaten verteidigten noch immer Dünkirchen, jeweils 50 000 machten sich fertig zur Evakuierung. Den britischen Matrosen gehen die Stahlhelme aus. Um sich vor Granatsplittern zu schützen, halten sie sich Zinkeimer und Emailleschüsseln über den Kopf. Abgekämpfte Soldaten des Expeditionskorps reiten auf Kühen an den Strand und erfinden neue Methoden, an Bord zu kommen: Ein Mann schifft sich auf einer Tür ein, ein anderer benutzt einen Spind als Rettungsboot. Viele haben sich aus Fässern Flöße gebastelt, und einer kommt auf einem aufgepumpten Autoschlauch und rudert mit dem Gewehrkolben.

Gleichmut, Todesverachtung und Stumpfsinn in Tuchfühlung. Die im Wasser Stehenden – unter ihnen führt ein Tommy Kartenkunststücke vor, muß vor einem Tiefangriff unter Wasser und zeigt dann seinen größten Trick, das Überleben – verfolgen, wie die vor ihnen an Bord eines Truppentransporters Geretteten von deutschen Flugzeugen beschossen werden, die Toten wegschaffen und sich immer wieder in Linie zu drei Gliedern aufstellen, zweimal, dreimal hintereinander.

Unter den Überlebenden, mit denen Richard Collier sprach, ist der Gefreite David Minton von den »Hampshires«. Er hat alles verloren, schleppt aber noch 50 Haarschneidemaschinen mit sich, um nach dem Krieg damit ein Friseurgeschäft zu eröffnen. Der Obergefreite Sidney Huntlea hat in einem zerstörten Haus ein Barometer erbeutet; es hängt heute noch in seiner Wohnung in Newcastle. Hauptmann Morton Fisher von den »Cameronians« kam ohne Unterwäsche, hielt aber beidhändig seine Angelrute fest.

»Andere hatten gewichtigere Beute. Der Gefreite Herbert Stern vom Nachschubkorps sah am Rand des Verteidigungsgürtels Männer mühsam ihre Fahrräder führen, an deren Lenkstangen Radioapparate mit Plattenspielern und Kühlschränke hingen. Der Pionier Georges Lawson, ein ehemaliger Jahrmarktschausteller, schleppte eine Teekiste voller Puppen mit sich. An der Küste von La Panne eilte ein Mann auf Oberleutnant John Crosby von der ›Oriole‹ zu und fragte ihn: ›Können Sie mein Motorrad mitnehmen? Es hat erst 400 Kilometer drauf.‹

Einige dachten sogar an die Nachwelt. Leutnant Anthony Noble von der ›Loncolns‹ wollte ursprünglich zu seinem Schiff hinausschwimmen, entschied sich dann aber anders, weil das Salzwasser der hübschen, deutschen Schmeisser-Maschinenpistole schaden konnte, die er für das Regimentsmuseum mitgenommen hatte. Der Musiker George ›Jekyll‹ Hyde vom Royal Sussex Regiment hielt den Ort der Handlung selbst für erinnernswert. Er nahm in einem Briefumschlag Sand von Dünkirchen mit.

Ein grausiges Souvenir trug der Kraftfahrer Rowland Cole mit sich – acht Kugeln, die bei einer standrechtlichen Erschießung in Tournay acht Spione getötet hatten. Cole hatte sie mit dem Klappmesser einzeln herausgebohrt, zum Gedenken daran, welche Hölle der Krieg war.

Für Tausende ist Dünkirchen noch heute der Inbegriff der größten Menge unversteuerten Tabaks, die sie je gesehen haben. Kaum einer hatte nicht mindestens 500 Zigaretten in der Patronentasche, im Tornister oder sogar im Stahlhelm.

Major Edward Poulton hielt in Newport am Verteidigungsring einen Unteroffizier an: ›Haben Sie wohl eine Zigarette für mich? Ich habe keine mehr.‹ Als der Unteroffizier ihm einen Karton mit zweihundert Stück geben wollte, wehrt Poulton ab: ›Nein, nein, behalten Sie noch etwas für sich, ich möchte mir nur zwei Schachteln nehmen.‹ Doch der Unteroffizier drängte mit der ausgelassenen Großzügigkeit eines Partygastes, dessen Zigarettenetui voll ist: ›Bitte, behalten Sie den Karton, Sir, ich habe zehntausend Stück.‹

Scharenweise hatten die Männer ihre Lieblingstiere bei sich. Die englische Tierliebe war stärker als das Blutbad ringsum. Hauptmann Edward Bloom hatte den Wolfsspitz Hugo, der Obergefreite Eric Stocks immer noch Tippy, den Dackel, der aus seinem Tornister heraussah; andere wateten mit Kanarienvögeln in Käfigen hoch über dem Kopf in die See. Ein völlig nackter Mann drückte ein schwarzweißes Kaninchen in einem Korb an sich . . .«

Soweit die Soldaten überlebten, lohnte sich ihre Geduld. Selbst am blutigen Mittwoch hatten 47 310 Mann die britische Seite des Kanals erreicht. Kein Flugwetter am Donnerstag: 53 823 Engländer und Franzosen entkommen dem Inferno. Und weiter läuft die Rettungsaktion; das Schiffskarussell dreht und dreht sich, zur Ostmole, zur Westmole.

Am 1. Juni bessert sich das Wetter, und die dezimierten deutschen Bomberverbände mit den viel zu langen Anflugwegen setzen zum blutigen Finale an, das noch vier Tage dauern wird. Zu den Angreifern gehört das Lehrgeschwader 1, das im Raum Düsseldorf startet. Es ist mit der brandneuen Ju 88 ausgerüstet, die von der Propaganda bereits als »Wunderbomber« verkauft wird. Sie schleppt 2500 Kilogramm Last (später 3500), erreicht 470 Kilometer in der Stunde (später fast 600) und hat eine Reichweite von 3120 Kilometern. Die Ju 88 ist in erster Linie ein Mittelstreckenbomber, wird aber auch als Horizontal- und Sturzkampfflugzeug, als Nachtjäger und Aufklärer eingesetzt.

Die Vielzweckmaschine hat eine so starke Feuerkraft, daß sie sich auch ungeleitet Feindjägern stellen kann – theoretisch wenigstens.

Als einer der ersten macht der Kapitän der sechsten Staffel des LG 1, Oberleutnant Erich von Oelhaven, diese Erfahrung. Von mehreren »Spitfires« angegriffen, fängt seine Ju 88 plötzlich Feuer. Er muß aussteigen; aber was zur Erde schwebt, ob Freund oder Feind, wird von Kugeln durchsiebt.

»Während er langsam an einem Fallschirm nach unten sank«, schreibt in seinem Buch »Dunkirk« der britische Autor Robert Jackson, »platzen rund um ihn Geschosse. Doch wie durch ein Wunder blieb er unverletzt. Er landete in den Dünen, mit leichtem Seitenwind. Oelhaven konnte sich selbst vom Fallschirm lösen und fand sich einer Gruppe bewaffneter britischer Soldaten gegenüber. Ihre erschöpften, übernächtigten Gesichter ließen keinen Zweifel, was passieren würde, wenn er versuchte zu fliehen.

Er hob die Hände.

Schon während der nächsten paar Stunden konnte Oelhaven erfahren, was es hieß, auf der Empfängerseite der eigenen Bomben und Granaten zu stehen. Zusammen mit den britischen Soldaten, die ihn gefangengenommen hatten, suchte er Deckung in einem oberflächlichen Fuchsloch in den Dünen, während rund um sie Fontänen von Sand und Dreck aufspritzten. Angetrieben von einem Gewehrlauf, wechselte Oelhaven in der Dämmerung mit den Soldaten zum Rand des Wassers hinab. Hier war eine Landungsbrücke aus verlassenen Armeefahrzeugen gebildet worden. An ihrem Ende wartete ein Trawler.

Wenn er erst einmal an Bord eines Schiffes war, das wußte der abgeschossene Oberleutnant, gab es nur zwei Möglichkeiten: von den Bomben der Luftwaffe versenkt zu werden oder in einem Gefangenencamp in England zu überleben. Wenn er flüchten wollte, mußte es in den nächsten paar Minuten geschehen, wenn die Schlange der dreckverschmierten Soldaten langsam von Lastwagen zu Lastwagen schlurfte, dem wartenden Schiff entgegen. Verstohlen blickte er sich um. Die Engländer neben ihm schliefen fast im Stehen.

Unbemerkt wechselte Oelhaven an das Ende der Schlange. Dann holte er tief Luft und sprang ins Wasser. Er hörte noch eine konfuse Schießerei, dann schloß sich das Wasser über seinem Kopf. Er tastete sich an den Lastwagen entlang, preßte sich zwischen zwei von ihnen, tauchte hoch, schnappte nach Luft. 30, 40 Zentimeter über ihm dienten ein paar Bretter als Brücke zwischen zwei Vehikeln. Sand rieselte beständig hindurch, während die Soldaten darübertrampelten ...

Die Stunden der Dunkelheit erschienen Oelhaven endlos. Das Wasser, das immer wieder über ihn schlug, war rot vom Feuer über Dünkirchen, und der faulige, ölige Geschmack ließ ihn sich immer wieder erbrechen. Am Anfang konnte er aufrecht im Wasser stehen. Seine Füße berührten den Boden, doch als die Flut kam, mußte er angestrengt rudern, um an der Oberfläche zu bleiben. Als sie am höchsten stand, konnte er den Kopf in eine kleine Luftblase zwischen Wasser und Planken hineinzwängen.

In der Morgendämmerung hörten die Bewegungen auf dem Landungssteg auf. Das letzte Truppenkontingent duckte sich in die Dünenlöcher ... Inzwischen bombardierten deutsche Stukas und beschoß die Artillerie unaufhörlich den immer kleiner werdenden Brückenkopf. Nach und nach zersplitterte der ›Landungssteg‹ im Bersten der Bomben und Granaten.

Der Tag begann, Oelhaven wurde von Hunger und Durst gequält. In der Tasche seiner Kombination hatte er eine Notration, aber die schützende Verpackung war aufgerissen, der Inhalt ein pappiger Brei. Er versuchte, etwas von dem Zeug herunterzuwürgen, aber sein Magen streikte. Der Durst war das Schlimmste, gesteigert noch durch das ungenießbare Wasser rings um ihn.

Die Nacht brach herein, und die Verladung der Soldaten begann von neuem. Oelhaven wühlte sich vorsichtig aus seinem Versteck, riskierte einen Wechsel zurück ins seichtere Wasser, arbeitete sich mühsam an den Lastwagen entlang, bis er Grund unter den Füßen spürte. Dann suchte er wieder Deckung unter den Planken. Er war hier noch enger hineingepreßt als vorher, aber wenigstens teilweise aus dem Wasser.

Als die Sonne an diesem 4. Juni aufging, verstärkte sich der deutsche Beschuß. Oelhaven folgerte daraus, daß das Ufer noch in britischer Hand sein mußte, und entschied sich zu bleiben, wo er war. Gegen zehn Uhr tauchte er aus dem Wasser in eine unwirkliche Stille. Das Ufer war verlassen.

Er stolperte durch das seichte Wasser und brach im Sand zusammen. Das letzte, was er fühlte, bevor er in einen Erschöpfungsschlaf fiel, war die Wärme der Sonne auf seinem Rücken – und so fanden ihn etwas später deutsche Soldaten.«

Finale in Dünkirchen. Neun Tage des Schreckens gehen ihrem Ende entgegen. Deutsche Infanteristen stehen noch acht Kilometer vor den Ruinen von Frankreichs viertgrößtem Hafen. Am 2. Juni werden die letzten Engländer hinübergeschafft. In der Nacht zum 3. laufen noch einmal 11 Torpedoboote, 13 Postdampfer, 2 Frachtschiffe, 5 Radbagger und eine riesige Zahl kleiner Schlepper und Privatboote aus, verstärkt durch 100 französische Fischerboote. Die Konvois fahren jetzt nur noch im Schutze der Nacht und schaffen noch einmal 26 000 Eingeschlossene, jetzt ausnahmslos Franzosen, auf die Insel. Die britische Admiralität ordnet an, daß am 4. Juni 3 Uhr 30 die Operation Dynamo enden muß. Danach soll der Hafen endgültig durch versenkte Sperrschiffe unbrauchbar gemacht werden. An Bord der Mückenarmada drängen sich die Überlebenden unvorstellbar eng zusammen. Am Ufer stehen noch 34 000 kampffähige, wenn auch abgekämpfte Soldaten und sehen den letzten Rettungsschiffen nach. Ihre Zukunft wird jahrelange Gefangenschaft sein.

338 226 Soldaten, darunter 123 000 französische, sind, wenn auch meistens ohne Ausrüstung, nach Südengland entkommen. Unversehrt hat Dovers Steilküste auch die englische Kriegskasse mit einem Barbestand von 2 090 000 Pfund Sterling erreicht. Die Briten haben 272 Schiffe, darunter neun Zerstörer, zumeist durch Luftangriffe verloren. An den kilometerlangen Stränden von Dünkirchen liegen 50 000 zerstörte und unzer-

störte Fahrzeuge. Auf den Feldern brüllt das verlassene Vieh. Ringsum liegen Schuhe, Waffen, Fahrräder, Lastwagen und unvorstellbare Mengen leerer Champagner- und Whiskyflaschen.

Von 600 Panzern werden nur neun, von 1000 Geschützen nur zwölf auf die Insel zurückgeschafft. Material läßt sich ersetzen, Menschen nicht. Für die zu erwartende »Battle for Britain«, die Schlacht um England, stehen Hunderttausende junger geretteter Soldaten Churchill zur Verfügung. So ist Dünkirchen für die Deutschen ein verschenkter Sieg und für die Briten eine siegreiche Niederlage.

Nach der Schlacht in Flandern war Frankreich das Rückgrat gebrochen. Zwar kämpften der Oberkommandierende Weygand und seine Truppen, die nun den Stuka-Schock allmählich verwunden hatten, tapfer weiter, aber wenn die Angreifer die Luft-Panzer-Durchbrüche geschafft hatten, wurde die Eroberung des Landes zur Spazierfahrt. Zudem erwartete das französische Oberkommando, daß der Britischen Insel »binnen drei Wochen der Hals umgedreht würde wie einer Henne der Kragen«.

92 000 Franzosen fielen bei der Verteidigung ihres Vaterlandes, 200 000 wurden verwundet. Das britische Expeditionskorps verlor 68 000 Mann und 1526 Soldaten des fliegenden Personals, vorwiegend Jägerpiloten.

»Die offensichtliche Entschlossenheit der Engländer weiterzukämpfen scheint Hitler keine Sorgen gemacht zu haben«, stellt William S. Shirer fest. »Er meinte, sie würden schon zur Vernunft kommen, wenn er Frankreich erledigt hätte. Dazu schickte er sich nun an. Am Morgen nach dem Fall Dünkirchens, am 5. Juni, starteten die Deutschen einen Großangriff an der Somme und griffen kurz darauf an der ganzen 650 Kilometer langen Front, die quer durch ganz Frankreich lief, mit überlegener Stärke an. Die Franzosen waren von vornherein geschlagen. Den 143 deutschen Divisionen vermochten sie nur 65 meist zweitrangige entgegenzustellen, denn ihre besten Einheiten hatten sie in Belgien verloren. In ›siegreichem Durcheinander‹ (Telford Taylor) überschwemmten die deutschen Truppen

Frankreich wie eine Flutwelle. Am 10. Juni wurde das unverteidigte Paris besetzt. Am 16. Juni trat Ministerpräsident Reynaud zurück. Er wurde durch Pétain ersetzt, der am Tag darauf um Waffenstillstand bat.«

Zuletzt hatte sich noch Benito Mussolini als trauriger Held eingeschaltet und einen lächerlichen Feldzug gegen die besiegten Franzosen begonnen, ohne dabei wesentliche Fortschritte zu machen. Bereits am 17. Juni standen Guderians Panzerspitzen an der Schweizer Grenze. Die Fortsetzung des Kampfes durch die Franzosen war dadurch illusorisch geworden. Seit dem 25. Juni, 21 Uhr 35, herrschte in Frankreich Waffenruhe. Die Deutschen hatten 1,9 Millionen Kriegsgefangene gemacht und selbst während des Sechs-Wochen-Feldzuges 27 074 Tote, 111 034 Verwundete und 18 384 Vermißte verloren.

Der Feldzug der 40 Tage, die Schlacht um Frankreich, war zu Ende. Hitlers Bedingungen wurden den französischen Unterhändlern am 20. Juni überreicht, im gleichen Eisenbahnwagen im Wald von Compiègne, in dem die deutschen Kapitulanten den Waffenstillstand von 1918 unterzeichnet hatten. Der deutsche Vormarsch ging jenseits der Loire weiter, während noch die Verhandlungen liefen, aber am 22. wurden schließlich die deutschen Bedingungen angenommen. Der Waffenstillstand trat am 25. Juni um 1 Uhr 35 morgens in Kraft. Er sah die Besetzung Frankreichs nördlich der Linie Genf–Tours sowie der französischen Atlantikküste bis zur spanischen Grenze vor, beließ jedoch die (zu demobilisierende) Flotte sowie das Kolonialreich in der Hand der französischen Regierung. Eine kleine Luftwaffe und ein 100 000-Mann-Freiwilligenheer wurden Vichy ebenfalls zugestanden.

Am Tag der Kapitulation war Charles de Gaulle, ein französischer Panzeroffizier und Staatssekretär, nach England entkommen, entschlossen, mit einer späteren Befreiungsarmee den Kampf fortzusetzen.

Hitler beherrschte Europa. Der russische Außenminister Molotow bestellte den deutschen Botschafter in den Kreml und drückte ihm die Glückwünsche der Sowjetunion zum Sieg im

Westen aus. In Amerika, Englands letzter Hoffnung, herrschte Wahlkampf, und beide Kandidaten, Franklin D. Roosevelt und Wendell Willkie, beteuerten um die Wette, ihrem Land um jeden Preis den Frieden erhalten zu wollen.

Noch Wochen nach der Kapitulation wurden am Strand von Dünkirchen die Leichen Ertrunkener angespült. Zwischen dem deutschen Machtbereich und den Britischen Inseln lagen an der engsten Stelle nur noch 36 Kilometer Kanal. Die deutschen Militärs erörterten bereits, wie man in einem »erweiterten Flußübergang« in Großbritannien landen könne.

Zeittafel

1939

1.9. Beginn des deutschen Angriffs auf Polen.

3.9. Großbritannien und Frankreich erklären Deutschland den Krieg.
U 30 versenkt – ohne Vorwarnung – den Passagierdampfer »Athenia«.

12.9. Hitler erklärt seinen Generalen seine Absicht, nach Beendigung des Polenfeldzugs die Westoffensive zu starten.

17.9. Zwei sowjetische Heeresgruppen marschieren in Polen ein.

25.9. Bombardierung Warschaus.

28.9. Deutsch-sowjetischer Grenz- und Freundschaftsvertrag in Moskau unterzeichnet.

6.10. Kapitulation der letzten polnischen Truppen.

14.10. U 47 versenkt im britischen Kriegshafen Scapa Flow das Schlachtschiff »Royal Oak«.

7.11. X-Zeit für die Westoffensive zum erstenmal verschoben (neunundzwanzigmal).

9.11. SD-Agenten entführen auf holländischem Gebiet in der Nähe von Venlo zwei Offiziere des englischen Geheimdienstes und verwunden dabei den holländischen Leutnant Klop tödlich.

8./9.12. Admiral Canaris, Chef der deutschen Abwehr, trifft in Bukarest mit der rumänischen Regierung Geheimabsprachen für die Sicherung des Öltransports nach Deutschland.

17.12. Das Panzerschiff »Admiral Graf Spee« beendet nach

einem Seegefecht in der La-Plata-Mündung seinen erfolgreichen Kreuzerkrieg durch Selbstversenkung entgegen Hitlers ausdrücklichem Befehl.

1940

5.-8. 1. Finnische Verbände vernichten östlich von Suomussalmi die 44. sowjetische Schützendivision.

17. 1. Durch die Notlandung zweier Fliegeroffiziere in der Nähe von Mecheln fallen den Alliierten die deutschen Pläne zu einer Westoffensive in die Hände.

16. 2. Der englische Zerstörer »Cossack« überfällt in norwegischen Gewässern das deutsche Troßschiff »Altmark« und befreit 303 Gefangene. Die norwegische Regierung protestiert, greift jedoch nicht ein.

5. 3. Hitler bespricht mit den Oberbefehlshabern der drei Wehrmachtsteile die Operation »Weserübung«, die Besetzung Dänemarks und Norwegens.

28. 3. Der alliierte Kriegsrat in London beschließt – als Vorbereitung der Besetzung Norwegens – die Verminung der norwegischen Küstengewässer.

5. 4. Britischer Anschlag auf das »Eiserne Tor« in Rumänien zur Unterbindung der Öltransporte nach Deutschland, was durch das Eingreifen der Spezialeinheit Brandenburg scheitert.

9. 4. Beginn der Operation »Weserübung«.

24. 4. Die Engländer landen in Harstadt nördlich Narvik Truppen.

2. 5. Die britischen Streitkräfte räumen Namsos und Andalsnes.

10. 5. Beginn der deutschen Offensive im Westen.
Premierminister Neville Chamberlain wird im Unterhaus gestürzt, sein politischer Intimfeind Winston Churchill als Chef einer Koalitionsregierung zu seinem Nachfolger gewählt.

Freiburg wird versehentlich von deutschen Kampfflugzeugen bombardiert.

11. 5. Deutsche Fallschirmjäger erobern das belgische Sperrfort Eben Emael.

13. 5. Panzergeneral Erwin Rommel überschreitet bei Dinant die Maas.

15. 5. Holland kapituliert.

19. 5. Die Panzergruppe Kleist erreicht Abbéville.

24. 5. Hitler hält seine nach Dünkirchen vordringenden Panzerverbände an und entschließt sich – auf Görings Vorschlag –, die Luftwaffe mit der Vernichtung des alliierten Brückenkopfs zu beauftragen.

27. 5. Anlaufen der Operation »Dynamo«: Die britischen Streitkräfte werden von 848 Schiffen – Mückenarmada – auf die Insel evakuiert.

28. 5. Der belgische König Leopold III. unterzeichnet die Kapitulation.

4. 6. Beendigung der Operation »Dynamo«: 338 226 alliierte Soldaten sind der Falle von Dünkirchen entkommen.

5. 6. Beginn der Schlacht um Frankreich.

8. 6. Deutsche Truppen erobern Narvik zurück.

12. 6. Sowjetische Truppen besetzen nach einem erpresserischen Ultimatum die litauischen Städte Kowno und Wilna.

14. 6. Deutsche Verbände marschieren in Paris ein.

22. 6. Abschluß eines deutsch-französischen Waffenstillstands im Wald von Compiègne.

25. 6. Waffenruhe in Frankreich. 1,9 Millionen Franzosen geraten in deutsche Kriegsgefangenschaft.

Quellennachweis

Hanson W. Baldwin: Große Schlachten des Zweiten Weltkriegs. Lübbe-Verlag, Bergisch Gladbach
Cajus Bekker: Angriffshöhe 4000. Stalling Verlag, Oldenburg
Cajus Bekker: Augen durch Nacht und Nebel. Heyne Verlag, München
Cajus Bekker: Das Bildbuch der deutschen Kriegsmarine 1939-45. Heyne Verlag, München
Cajus Bekker: Verdammte See. Ullstein Verlag, Berlin
Will Berthold: Der Sieg, der vor die Hunde ging. Hestia-Verlag, Bayreuth
Will Berthold: Division Brandenburg. Heyne Verlag, München
Alex Buchner: Narvik. Heyne Verlag, München
Martin Caidin: Die Me 109. Moewig Verlag, Rastatt
Raymond Cartier: Der Zweite Weltkrieg. Piper Verlag, München
Richard Collier: Adlertag. Heyne Verlag, München
Richard Collier: Dünkirchen. Heyne Verlag, München
Richard W. Condon: Winterkrieg Rußland-Finnland. Moewig Verlag, Rastatt
Len Deighton: Blitzkrieg. Hestia-Verlag, Bayreuth
Len Deighton: Unternehmen Adler. Hestia-Verlag, Bayreuth
Wolfgang Dierich: Kampfgeschwader 51. Motorbuch-Verlag, Stuttgart
Adolf Galland: Die Ersten und die Letzten. Heyne Verlag, München
Karl Gundelach: Kampfgeschwader 4. Motorbuch-Verlag, Stuttgart
Liddell Hart: Geschichte des Zweiten Weltkriegs. Fourier Verlag, Wiesbaden

Werner Haupt: Fallschirmjäger 1939-1945, Podzun-Pallas-Verlag, Friedberg
Hans Herlin: Verdammter Atlantik. Heyne Verlag, München
Andreas Hillgruber und Gerhard Hümmelchen: Chronik des Zweiten Weltkriegs. Athenäum-Verlag, Kronberg, und Droste Verlag, Düsseldorf
Alistair Horne: Der Frankreichfeldzug 1940. Heyne Verlag, München
David Irving: Rommel. Heyne Verlag, München
David Irving: Die Tragödie der deutschen Luftwaffe. Ullstein Verlag, Berlin
Robert Jackson: Dunkirk. The British Evacuation. Verlag Barker, London
Franz Kurowski: Der Panzerkrieg. Moewig Verlag, Rastatt
Kenneth J. Macksey: Guderian. Heyne Verlag, München
Kenneth J. Macksey: Deutsche Panzertruppen. Moewig Verlag, Rastatt
David Mason: Deutsche U-Boote. Moewig Verlag, Rastatt
F. W. von Mellenthin: Deutschlands Generale des Zweiten Weltkriegs. Bastei-Verlag, Bergisch Gladbach
Charles Messenger: Blitzkrieg. Bastei-Verlag, Bergisch Gladbach
Herbert Michaelis: Der Zweite Weltkrieg. Vertriebsgesellschaft Modernes Antiquariat, Wiesbaden
Martin Middlebrook und Patrick Mahoney: Schlachtschiffe. Moewig Verlag, Rastatt
Léonce Peillard: Die Schlacht im Atlantik. Heyne Verlag, München
Janusz Piekalkiewicz: Luftkrieg. Südwest-Verlag, München
Alfred Price: Luftkampf. Stalling Verlag, Oldenburg
J. Rohwer und G. Hümmelchen: Chronik des Seekrieges 1939-45. Pawlak Großantiquariat und Verlagsgesellschaft, Herrsching
Hans Schäufler: So lebten und so starben sie. Das Buch vom Panzer-Regiment 35. Privatdruck
Walter Schellenberg: Aufzeichnungen. Limes-Verlag, München

Edward H. Sims: Jagdflieger. Motorbuch-Verlag, Stuttgart
Gerald S. Snyder: Husarenstück in Scapa Flow. Heyne Verlag, München
Edward L. Spears: Prelude to Dunkirk. William Heinemann Ltd., London
Time-Life-Buch: Der Angriff auf Rußland. Time-Life-International, München
Otto Zierer: Rot scheint die Sonne. Bastei-Verlag, Bergisch Gladbach

Goldmann Sachbücher

Zeitgeschehen

Allgeier, Kurt
Tierexperimente.
Pro und Contra.
(11277) DM 6,80

Astor, David / Yorke, Valerie
Frieden in Nahost?
Eine grundlegende Analyse der Friedensmöglichkeiten vor und nach Camp David.
(3749) DM 6,80 DE

Balkhausen, Dieter
Die dritte industrielle Revolution.
(11283) DM 7,80

Bruckmann, Gerhart
Sonnenkraft statt Atomenergie.
Der reale Ausweg aus der Energiekrise.
(11274) DM 8,80

Buchholz, Axel / Kulpok, Alexander
Revolution auf dem Bildschirm.
Die neuen Medien Videotext und Bildschirmtext.
(11265) DM 6,80

Engelmann, Bernt
Krupp. Die Geschichte eines Hauses — Legenden und Wirklichkeit.
(11924) DM 12,80
Deutschland ohne Juden.
Eine Bilanz.
(11240) DM 12,80
Die vergoldeten Bräute.
Wie Herrscherhäuser und Finanzimperien entstanden.
(6363) DM 7,80
(Hrsg.) VS vertraulich—Band II
(3747) DM 5,80
(Hrsg.) VS vertraulich—Band III
(3885) DM 7,80
(Hrsg.) VS vertraulich—Band IV
(3997) DM 7,80
(Hrsg.) Literatur des Exils.
Eine P.E.N.-Dokumentation.
Mit einem Verzeichnis der Mitglieder des P.E.N.-Zentrums Bundesrepublik Deutschland.
(6362) DM 7,80
(Hrsg.) Bestandsaufnahme.
(3955) DM 12,80

Europäische Perspektiven
Herausgegeben von der politischen Redaktion des Saarländischen Rundfunks.
(3840) DM 6,80

Fuchs, Eberhard
Jugendsekten.
(3839) DM 5,80

Fucks, Wilhelm
Mächte von Morgen.
Tendenzen — Konsequenzen.
(11279) DM 7,80

Gaedemann, Claus Weber, Sybille /
Singles
(11262) DM 7,80

Galbraith, John K.
Mächte, Märkte & Moneten.
Die Tyrannei der Umstände
(11292) DM 9,80

Gloede, Walter
Sport, die unbekannte Größe im politischen Spiel.
(11286) DM 9,80

Gregor-Dellin, Martin (Hrsg.)
P.E.N.
Bundesrepublik Deutschland.
Seine Mitglieder, seine Geschichte seine Aufgaben.
(3682) DM 9,80

Hacker, Friedrich
Freiheit die sie meinen.
(11254) DM 9,80

Hackethal, Julius
Operation — ja oder nein? Ein Ratgeber für Gesunde und Kranke.
(11295) DM 9,80

Harriman, W. Averell / Abel, Elie
In geheimer Mission.
Als Sonderbeauftragter Roosevelts bei Churchill und Stalin 1941-1946
(11293) DM 9,80

Hiebeler, Toni
Eigerwand. Von der Erstbegehung bis heute.
(11163) DM 7,80

Hirsch, Kurt
Die heimatlose Rechte.
Die Konservativen und Franz Josef Strauß.
(11264) DM 6,80

Höhne, Heinz
Der Orden unter dem Totenkopf.
Die Geschichte der SS.
(11179) DM 9,80
Canaris. Patriot im Zwielicht.
(11196) DM 10,80

Horbach, Michael
So überlebten sie den Holocaust.
Zeugnisse der Menschlichkeit 1933-1945.
(3845) DM 6,80

Javers, Ron / Kilduff, Marshall
Der Selbstmordkult.
Die Hintergrundgeschichte der »Volkstempel«-Sekte und das Massaker von Guayana.
(3837) DM 5,80 DE

Kissinger, Henry A.
Amerikanische Außenpolitik.
Analysen und Tendenzen.
(11284) DM 6,80

Klump, Brigitte
Das rote Kloster.
Eine deutsche Erziehung.
(11291) DM 9,80

Konzelmann, Gerhard
Die Islamische Republik und die Schiiten.
(11275) DM 7,80

Krewerth, Rainer A. (Hrsg.)
Papst Johannes Paul II in Deutschland.
Im Großformat 21 x 28 cm.
(10000) DM 16,80
Papst Johannes Paul II — Seine Reden in Deutschland.
(11309) DM 4,80

Lambsdorff, Otto Graf
Zielsetzung.
Aufgaben und Chancen der Marktwirtschaft.
(11229) DM 7,80

Lehmann, Johannes
Die Kreuzfahrer. Abenteurer Gottes.
(11281) DM 12,80

Leonhard, Wolfgang
Eurokommunismus.
Entstehung und Entwicklung.
Herausforderung für Ost und West.
(11256) DM 12,80
Was ist Kommunismus?
Wandlungen einer Ideologie.
(11221) DM 7,80

Lohmar, Ulrich
Wo uns der Schuh drückt.
Zwanzig Beiträge zur deutschen Politik.
(11278) DM 7,80
Staatsbürokratie.
Das hoheitliche Gewerbe.
(11186) DM 5,80

Nollau, Günther
Das Amt.
50 Jahre Zeuge der Geschichte.
(11210) DM 7,80
Wie sicher ist die Bundesrepublik?
(11220) DM 5,80

Peccei, Aurelio (Hrsg.)
Club of Rome
Zukunftschance Lernen.
Bericht für die achtziger Jahre.
(11289) DM 6,80

Picker, Henry
Hitlers Tischgespräche im Führerhauptquartier.
(11234) DM 14,80

Ponto, Jürgen
Mut zur Freiheit.
(11214) DM 6,80

Protokoll der Bundesregierung zur Entführung von Hanns Martin Schleyer.
(11154) DM 5,80